JN056894

大都市東京の「多文化空間」で生きる人びと

新宿・大久保の 24 時間保育園の記録

大野光子

ハーベスト社

目次

序章　都市の吸引力

0.1 研究の背景と目的

　「都市とはなんぞや」とは，日本の都市社会学の創立を担った奥井復太郎
の有名な言葉である．奥井は彼の主著である『現代大都市論』が刊行された
1940年以来，自身の半生を「都市とはなんぞやの課題」(奥井1940: 3) に費やし
た．また，同じく日本の都市社会学の立ち上げに貢献した鈴木栄太郎は，自
らの長い闘病生活のなか都市研究へ専念するあまり「公私の関係において義
理を欠き礼を失する事ばかりであった」(鈴木1957: 1) ことを告白している．そ
の後，現在まで多くの都市社会学者において都市は様ざまな角度から見られ，
それを成り立たせているものの解明が試みられてきた．都市は，人びとに学
問的関心を引き出させ多くの者を引き付けてきたのだ．しかし当然のことな
がら，彼らのように都市に引き寄せられてきたのは，研究者だけではない．
　東京都の調べでは，2010年の東京都区部における1日の就業者及び通学者
の数は，おおよそ1,171万人で区部の総人口約895万人と比べると，1日で約
276万人もの人びとが仕事や学校のために東京都心部に通って来ている[1]．こ
の数は，就業者と通学者に限定されているため余暇を過ごしに都心に集まる
買い物客などの娯楽客を含めると，かなりの数になるだろう．東京都心には，
新宿，渋谷，原宿・表参道，六本木など国内屈指の盛り場が形成されており，
平日休日昼夜間，国内外問わず大勢の人びとが訪れていることは有名だ．こ
のように，余暇を楽しむ場所として人びとから選ばれてきた都心部だが近年
では，生活を営む居住地としても人気が上がっている．
　過去に遡ると東京は，1950年代から高度経済成長を背景として，未曽有の

---

[1] 東京都総務局統計部, 2013,『平成22年　東京都の昼間人口』を参照.

1

都市化を経験した．この時期以降，特に東京都心部には地方からの若年移住労働者が大量に流入し，1965年まで人口が急増した．しかし，その後郊外化の時代に突入し，人口は減少していく．やがて家族形成期を迎えた移住労働者たちが，新たな居住地を求めて郊外へと移動を始めたのだ．またこの時期，都心部の脱工業化を要因として，職場を求めてブルーカラー労働者も郊外へ移住しさらに都心で働くホワイトカラー労働者は，郊外に子育ての場を求めて移住するなど都心部における人口流出に拍車をかけていた．その後，1980年代後半から始まるバブル経済を背景とした都心部における地価高騰が不動産価格の値を上げたことによって，多くの人びとが郊外への移転を余儀なくされ人口は減少し続けていく（松本 2004: 17-49）．このように1965年以来東京都心部は，定住先としては人びとから選択されづらい傾向にあり，1990年代後半までその人口は減少し続けてきた．しかし，1990年代末からこの流れが転換する．1990年代末以降現在まで，東京都心部の人口は，増加傾向にある．本書で対象としている新宿区では，人口減少は1997年でストップし1998年から増加に転じ以降，現在（2016年5月現在）まで増加を続けている．再び，都心に人びとが引き寄せられているのだ．いわゆる人口の都心回帰現象，又は「再都市化」（松本 2004）と言われるものだ．

　本研究は，以上のような都市化―郊外化―再都市化といった社会変動の過程において，その影響が顕著に現れてきた現代の東京の都心部，特に都心周縁のエリアである「インナーシティ」[2]に関心を寄せるものである．インナーシティを調査対象とする都市の社会学的研究は，1892年の「シカゴ大学」の創立と同時に同大学にアメリカで最初の社会学部が設置されて以来，シカゴ大学社会学部において盛んに取り組まれてきた．日本の都市社会学におい

2　この用語については，使用者によって「インナーシティ」又は「インナーエリア」のどちらかが用いられるケースが多く，統一されていない．このような用語の不揃いについて竹中（1994）は，次のように述べている．「ちなみに，『インナーシティ』問題であるとか，大都市の『インナーエリア』といういい方は一種の略記法であって，正確には『インナーシティエリア』というべきであろう．しかし欧米の文献でも，冗長な表現を避けて，単に"inner city"ないしは"inner area"と表記している場合が多いようである」（竹中 1994: 38）．竹中の説明を踏まえたうえで，本書では，同エリアに関して，「インナーシティ」との省略表現を使用する．

てもインナーシティを調査対象とする研究は数多く存在する．そのなかで，1980 年代後半以降にインナーシティに大量に流入した外国人住民の生活世界や生き方に照準する研究の一群がある．先にも触れたように，この時期バブル景気を背景として日本人が郊外へ流出していたが，それと交代するようにインナーシティには，近隣アジア諸国からの「デカセギ」外国人労働者が大量に流入してきていたのだ．先に挙げた，インナーシティに流入してきた外国人住民に照準する研究の一群では，このような社会現象を背景として，インナーシティにおけるエスニック・マイノリティの多様性に着目し，それらをインナーシティ及び大都市構造の積極的な特性として取り上げてきた．そして，近年これらの研究の連なりは，都市エスニシティ研究と呼ばれ都市社会学のなかの 1 つの潮流を成すまでになっている．

　以上のように，インナーシティを対象としそこに生きる人びとの生活世界を通して，インナーシティの特質や都市の社会構造にアプローチする研究は，都市エスニシティ研究によって先導されてきた．1980 年代後半以降の外国人住民の急増と地域への定着という現代の日本社会の変遷を考えると，「外国人住民」という観点から地域社会を見たとき，現代的な社会の特質が見えやすくなることに間違いはない．確かに，都市エスニシティ研究が提示してきた都市の内実やそこに潜んでいた社会構造は，学問的な発展や実社会における課題の解決に貢献してきた．しかし，筆者の考えによると，現代の大都市インナーシティの特質は，先にも述べたような再都市化を背景として，その社会的多様性は進行するばかりであり新たな段階に入っている．従ってそれは，エスニック・マイノリティの多様性がインナーシティの主たる特質であるとの従来通りの枠組みでは捉えきれなくなっている可能性が高いと考える．このことは言い方を変えると，人びとの生活世界などを通して大都市インナーシティの特質を分析してきたこれまでの日本のインナーシティ研究は，エスニシティ研究に傾倒し過ぎてきたきらいがあり，そのことによって社会的多様性が見えづらくなってきた可能性があるといえる．

　松本 (2004) によると，1990 年代後半以降，東京の都心やインナーシティで起きている再都市化の中心的な担い手は，20 歳代後半から 40 歳代前半の「ヤ

ングアダルト[3]」の専門・技術的職業従事者と販売・サービス職従事者である．当然のことながら，専門・技術的職業従事者や販売・サービス職従事者がこれまでインナーシティに居住していなかったわけではなく，従来であれば家族形成期を迎えると郊外へ流出していた彼らが，インナーシティに留まり定住を始めたのだ．松本は，彼らの生態を次のように説明している．

> ［ヤングアダルトの専門技術職層と販売・サービス職層は］高度経済成長期のホワイトカラーとは違って，かれらは，郊外の一戸建て住宅よりも，都心に近い集合住宅を好む．フルタイム就業の夫と専業主婦の妻に子ども2人の核家族を「標準」とは考えず，DINKs (Double Income No Kids)，DIWKs (Double Income With Kids)，シングルなど多様な世帯を形成する．かれらにとって，豊かさの基準は，耐久消費財に代表されるモノの消費よりも，サービスの利用，すなわち快適で充実した時間と空間の消費におかれる（松本, 2004: 48–49）．

　以上のような，都心やインナーシティにおける新住民層としての再都市化の担い手たちの生活や意識は，インナーシティに特徴的な住民層としてその存在が以前から強調されてきたエスニック・マイノリティの生活様式とは異なるものである．このことは，専門・技術的職業従事者の経済的生活レベルは，夜間，深夜までのサービス職に就く傾向の強い外国人住民と比較して高い場合が多い，という一般的知識を持ってしても容易に想像が付く．
　以上のように，現代の東京のインナーシティには，エスニック・マイノリティの多様性に加えて新住民層としての専門・技術的職業従事者や販売・サービス職従事者の意識や価値観が持ち込まれ，その多様性はさらに進行しているものと思われる．そのため，現代のインナーシティの特質を分析するにあたっては，再都市化の担い手となっている彼らの存在を見逃すわけにはいかない．

3　松本（2004）では，20歳代後半から40歳代前半の人びとを，「ヤングアダルト」と呼んでいる．本書における「ヤングアダルト」についてもこの年齢層の設定に従っている．

　都心回帰組の担い手がインナーシティの住人として新たに加わることによって，地域にどのような影響を与えているのだろうか．都心回帰現象の主な要因としては，都心部の再開発事業などによる都心部の住宅（マンション）建設の大幅な増加が指摘されている（富田 2004; 川相 2005）．新宿区においても，1981年以来現在まで市街地の再開発事業による住宅建設などが継続的におこなわれてきた[4]．このような，都心部の再開発を要因とする中高所得者層の人口増加はジェントリフィケーションに他ならないが，ジェントリフィケーションにおいて近年問題視されている低所得者層の地域からの排除といった負の側面は，インナーシティ新宿，大久保では見られるのだろうか．また，都心回帰の担い手たちの生活や価値観とは具体的にはどのようなものなのだろうか．本研究の目的は，インナーシティに住まう外国人住民とさらに再都市化の担い手となる人びとの価値観，生活様式や地域へ与える影響などを保育所の事例を通して明らかにし，さらに，現代の大都市東京のインナーシティの特性を分析することである．

0.2　分析方法

0.2.1　インナーシティ研究のための「多文化空間」という視点

　近年，日本の大都市におけるインナーシティを対象とし，外国人住民の存在や彼らの生活様式を通して都市の社会構造にアプローチしようとする研究では，「多文化共生」や「トランスナショナリズム」[5]の概念が頻繁に使用されてきた．これらの概念は，インナーシティの特徴として注目され続けてきた外国人住民の地域社会における定着や彼らの国境を越えた実践といった，近年の外国人住民の特徴を上手く捉えており，インナーシティにおける彼らの生活様式や当該地域の特質を分析するのに有効な概念だ．しかし，上述の通り，現代の東京のインナーシティは，ヤングアダルトの専門・技術的職業従事者と販売・サービス職従事者を中心的な担い手として，人口の都心回帰を

4　新宿区都市計画部地域整備課, 2015,「まちづくり『昨日・今日・明日』」を参照．

5　「多文化共生」と「トランスナショナリズム」については，第2章において詳説する．

起こしていることが特徴であるため，彼らの存在を逃しては現代の東京のインナーシティの特質を分析することは難しい．

　従って本研究では，インナーシティ新宿，大久保において，さらに増加を続ける外国人住民と彼らの流動性の高さ，外国人住民の形成するマルチエスニックな社会空間における彼ら／彼女らとホスト社会，又は母国を繋ぐ結節機関の集積の様相といった，従来からインナーシティの特徴として取り上げられてきたエスニック・マイノリティに関連する地域の多様性に加えて，ジェントリフィケーションを主な要因とするヤングアダルトの中高所得者層を担い手とする人口の都心回帰現象とインナーシティにおける新住民層としての彼ら／彼女らの意識や価値観も当該エリアを分析する際の項目として重要視する．そして本研究では，このようなエスニック・マイノリティに関連した多様性だけではなく，新住民層としての都心回帰の担い手の生活様式や価値観といった多様性を全て含みこんだ現代の東京のインナーシティを「多文化空間」と位置付ける．そして，インナーシティ性の高い地域である新宿の大久保を「多文化空間」に特徴的な生活様式が顕著に見られる空間として捉え，そこに住む人びとの生活世界や生き方に照準することで，現代の大都市東京のインナーシティの特徴を明らかにすることを試みる．

0.2.2　「多文化空間」大久保の24時間保育所をめぐるモノグラフ

　本研究は，「多文化空間」大久保にある24時間開所の「エイビイシイ保育園」をめぐるモノグラフである．稲葉 (1994) の言葉を借りると，大久保は，JR山の手線・新大久保駅とJR総武線・大久保駅を中心に広がる地域で，地域の広がりとしては，東は明治通り，西は小滝橋通り，北は早稲田大学理工学部，南は職安通りに囲まれた一帯のことだ (稲葉 1994: 76)．この一帯は，コリアンタウンとして有名だが，大久保通りと職安通りを中心に日本や韓国の飲食店やスーパーのみならず，中国・台湾，タイ，ネパール，インド，バングラデシュなど多数のエスニック系のレストランや食材店が立ち並ぶ他，複数の国旗を並べて外国人住民にアピールする不動産屋やイスラム教モスクも在り，街を歩いてみるだけで大久保にマルチ・エスニックな空間が広がっ

ていることに気づかされる．

　このように，様ざまなエスニシティが集まり交差する大久保に24時間開所の「エイビイシイ保育園」ができたのは，1983年のことである．はじめは無認可の24時間保育園としてのスタートだったが，その後，地域の変化やニーズを反映し，さらにエイビイシイ保育園の起こした保育運動の成果が実り，エイビイシイ保育園は，2001年に東京都で初そして唯一の認可の24時間保育園となる[6]．

　本研究は，以上のようなエイビイシイ保育園の存在またそこに関わる保育者，保護者，地域住民，そしてエイビイシイ保育園が24時間保育園として認可を獲得した際の行政側の担当者の声をもとに，大久保に生まれた保育に関する課題やニーズ，生活様式を明らかにし，さらに現代の東京のインナーシティの特質を分析するものである．

0.2.3　データの収集方法

　筆者は，2012年から大久保を拠点にフィールドワークとインタビュー調査をおこなってきた．事例の中心となるのは，上述の通り，「エイビイシイ保育園」である．筆者は，「エイビイシイ保育園」へボランティアスタッフとして通い，観察を続けてきた．「エイビイシイ保育園」が認可を獲得するために起こした運動を記述する際は，インタビューデータを中心に当時保育園が発行したビラ，行政に提出した嘆願書，そして行政側の記録を資料として，運動の背景と展開過程を詳細に記述した．

　他に，筆者が継続的に関わってきた場所として，在日コリアンの子どもの学習支援をおこなうボランティア団体「チャプチョ」がある．ここでの繋がりから，インタビュー対象となる複数の方と知り合ってきた．また，同団体の方々から，地域の歴史や変化などについて口頭で多くの教示を得てきた．

6　現在（2016年5月現在）もその立場は変わっていない．

0.3 本書の構成

　本書は，8つの章によって構成されている．各章に沿って，その概要を説明する．

　第1章「インナーシティに関する社会学的研究の系譜」及び第2章「インナーシティに関する近年の動向」では，本研究における事例分析のための枠組みの構築をおこなった．そのため，インナーシティを対象とした社会学的な研究において，これまでインナーシティがどのような場所として語られてきたのかを示しながら，事例分析のための項目について検討した．その結果，次の5つの分析項目を設定した．(1)「盛り場」形成を中心としたインナーシティの地域史，(2)人口動態，(3)多様性と流動性の分析，(4)地域における「多文化共生」の取り組み，(5)国境を越えた移住者の形成する社会空間，である．また各項目の分析課題は，次の通りである．(1)インナーシティは，歴史的に「盛り場」が形成されてきた特徴がある．そのため，対象地域の「盛り場」形成を中心とした地域史を知る必要がある．これによって，その地域がどのような特性をもったインナーシティなのかを描き出すことができる．(2)人口動態については，インナーシティの人口動態の特徴として，「1965年以降一貫した人口減少」が指摘されてきたが，これは1980年代後半から1990年代初頭時点のインナーシティの人口に関する特徴である．現代の東京のインナーシティでは，人口の都心回帰が起きており1990年代後半以降から現在まで人口は増加を続けている．このように，郊外化による人口減少から，近年人口増加へと向かっている現代の大都市東京のインナーシティの人口動態を，本研究の調査対象地域である新宿区をもとに分析する．(3)多様性と流動性の分析については，ハーバート・ガンズの提示した「インナーシティ住民の5類型」を手掛かりとして，当該地域の現在の住民構成の特徴を探る．(4)地域における多文化共生の取り組みに関しては，近年，大都市インナーシティにおいて，「多文化共生」が強調されるようになってきたことを踏まえて，当該地域での多文化共生の取り組みから調査対象地域において多文化共生がどのように理解されているのかを分析する．(5)国境を越えた移住者の形成する社

会空間では，新宿のなかでも外国人住民の集住地域となっている大久保地区に焦点を絞り，現代の外国人住民の活動，生活拠点となる空間がどのような施設によって形成され，そこではどのような生活の営みや活動がおこなわれているのか，またそのような空間は彼らにとってどのような意味をもった場所なのかを分析する．以上が本研究の事例分析の枠組みとなる．

　第3章「大都市東京のインナーシティとしての新宿，大久保」では，大都市東京の現代のインナーシティの特質を探るため，第2章において提示した分析枠組みを用いて，新宿，大久保の現在を分析した．その結果，現在のインナーシティ新宿，大久保においては，さらに増え続ける外国人住民と彼らの流動性の高さ，ニューカマーとしての都心回帰の担い手たちの存在，そして国境を越えた移住者の形成するマルチエスニックな社会空間における，彼ら／彼女らとホスト社会，又は母国を繋ぐ結節機関の集積といった諸特徴から明らかなように，その多様性はエスニック・マイノリティの多様性のみならず日本人住民の多様性も包摂しておりこれまで以上に進行していることが明らかになった．そして本研究では，インナーシティ新宿，大久保を，その多様性の進行する様を表して「多文化空間」と呼ぶこと，さらに第3章以降の各章は，「多文化空間」の実例として準備されたものであり，これらを通して現代のインナーシティの特徴としての「多文化空間」の様相をさらに現実味をもったものとして提示するとして本章を締めくくった．

　第4章「認可の24時間保育園『エイビイシイ保育園』——『多文化空間』新宿，大久保に生まれた保育のニーズ」では，新宿区大久保にある24時間開所の認可保育園「エイビイシイ保育園」における利用者の職業と利用している保育時間を通して，この地域に夜間保育，特に24時間保育という独自のニーズが生まれていることを明らかにした．「多文化空間」形成の要因となる1990年代後半以降のインナーシティの住人としてのヤングアダルトの専門・技術的職業従事者，販売・サービス職従事者，そして事務職従事者は，夜間まで働く就労形態を普通としており，特に販売・サービス職は，シフト制のフレキシブルな勤務形態をとる場合が多く，また勤務時間も他の職種と比較して遅くなるため，この地域において必要となる保育時間が固定化でき

なくなっている事情がある．さらに，「多文化空間」形成の一要素である外国人住民の働き方をみると，彼らは深夜，朝方までの飲食業に従事している傾向が強く，彼らの存在が保育時間における多様性を一層強化している．このため「多文化空間」では，24時間保育というニーズが生まれている．そしてさらに，都心回帰の担い手の女性における「働く」という価値観とそれに連動した生活様式について言及した．彼女たちにとって，「働く」ということは，パートやアルバイトではなく独身社員と同じようにフルタイムで働くことを志向しており，そのため夜間まで働くことを厭わない生活様式となっているのだ．「多文化空間」における24時間保育という独自のニーズは，以上のような都心回帰の担い手の子育てに関する価値観や生活様式に下支えされて生まれている．

　第5章「エイビイシイ保育園の認可獲得の運動」では，エイビイシイ保育園がおこなった認可獲得のための保育運動を取り上げ，日本における保育運動史を踏まえながら，また第4章において提示したインタビューデータを改めて分析し，それがなぜ新宿の大久保において成功したのかについて，大久保の地域性との関連から明らかにした．大久保は，日本人カップルの家庭は当然のことながら，国際結婚カップルの家庭や外国人カップルの家庭，そして母子／父子家庭のようなひとり親家庭といった複数の家族形態が違和感なく共存している空間であり，さらに多様な職業を背景として子育てに関する多様な価値観が許容される空間である．この点についてEさんは，「同じ新宿区内であっても他の場所ではこうはいかない」と話した．以上のような，大久保独特の地域性が，24時間保育の認可獲得を導いた．「多文化空間」とは，多様なエスニシティに関連した働き方，子育て，家族の在り方についての多様な価値観やそれと連動した生活様式，それら全てを包摂した空間のことである．そして大久保は，「多文化空間」に特徴的な生活様式が顕著に表れている場所なのだ．

　第6章「無認可の24時間保育園における利用者の実態と子育て」では，無認可の24時間保育所「I保育園」を通して，行政や一般社会においてもその実態が把握されづらい無認可保育園の利用者の職業や親の生活，またそこを

利用する母親の生活や子育ての内情に迫った．そして，このような調査を通して，無認可の24時間保育園が，認可や認証保育園の待機児童の経由地として利用されていること，また認可保育園の入園制度に適合しない風俗業に就くシングルマザーの受け皿として機能していることを明らかにした．

　第7章「『多文化空間』における保育所の利用者及び利用状況について——調査票調査の結果をもとに」は，本書の質的調査によるデータによって得られた知見を補強する重要な章となっている．本章では，新宿区内にある保育所5ヶ所，計115人に対しておこなった調査票調査の結果をもとに，「多文化空間」における保育ニーズと課題について，量的調査の手法を用いて改めて分析をおこなった．その結果，対象とした地域では，利用者の職業上の特徴と関連して保育時間のニーズを固定化することが難しく，多様な保育時間のニーズに応えるためには，「24時間保育」というかたちが必要となることが改めて示された．また利用者の特徴として，世帯年収の高額な家庭がその中核を成している一方で，シングルマザーと外国人住民の世帯年収の低さが浮き彫りになり，彼ら／彼女らが保育所利用において，経済的に厳しい状況に置かれていることが明らかになった．このように，保育所利用において経済的に厳しい状況に置かれていることと裏腹に，シングルマザーと外国人住民においては，24時間保育のニーズが切実であることが第4章，5章において明らかになっており，そのため彼ら／彼女らについてはエイビイシイ保育園のような認可の24時間保育園の入園が適切であることを主張した．しかし同時に，認可保育園がサービス職に就く外国人やシングルマザーにとって入園のハードルが高いところとなっていることが同章において明らかになっており，特に風俗業に就くシングルマザーは，認可保育園の入園制度の枠外に置かれていることを指摘した．故に，24時間保育のニーズが明らかとなっている「多文化空間」においては，ニーズのあるひとに適切なかたちで保育サービスを提供する仕組みを考え直す必要があることを課題として提起した．

　終章「現代の大都市東京のインナーシティの特徴」では，本書の結論としてこれまでの各章の結果を踏まえて，現代の大都市東京に特徴的な生活様式を中心にその特質を明らかにした．

第1章 インナーシティに関する社会学的研究の系譜

本章の目的は，社会学においてこれまで都市のインナーシティがどのような空間として語られてきたのかを示し，現代のインナーシティを分析する際の指標を設定することにある．そのため本章1.1〜1.3においては，シカゴ学派都市社会学の遷移地帯研究，シカゴ学派以降の都市研究，そして日本の都市社会学における都市及びインナーシティの扱いについて見ていく．本章1.4以降では，インナーシティ分析の枠組み構築に向けて，これまでの議論を整理しながら分析の指標となる項目を設定していく．

1.1 「シカゴ学派」都市社会学における都市研究とインナーシティ

シカゴ大学は，アメリカのイリノイ州シカゴ市に1892年に設立した大学で設立と同時に社会学部が設置された．このシカゴ大学の社会学部が，アメリカで最初の社会学部となる[1]．その後シカゴ大学社会学部において展開されたシカゴの都市をフィールドとした調査研究は，後に「シカゴ学派」と呼ば

---

[1] シカゴ大学は，シカゴのジャクソンパークに隣接する場所に大富豪ジョン・D・ロックフェラーの多大な資金により，1892年秋に創立された大学である．ロックフェラーから依頼されて，ウィリアム・レイニー・ハーパー (William Rainey Harper) が，初代学長兼理事として，大学の制度設計をおこなった．ハーパーは，メイン州コルビー大学にいたアルビオン・スモールを社会学部主任教授に迎え，設立と同時に社会学部を設置した．また，『アメリカ社会学雑誌 (*American Journal of Sociology*)』は，1895年にシカゴ大学出版局から創刊したもので，スモールがその創始者である (Faris, 1967= 奥田・広田 1990: 30–34; 松本 2011: 206)．このように，シカゴ大学にアメリカ初の社会学部が設置されて以降，いくつかの大学でも社会学部が設置されるようになった．「シカゴ大学に遅れること1年か2年で，コロンビア大学，カンザス大学そしてミシガン大学が社会学部を置いた．エール大学やブラウン大学もこれに続いた（しかし，ハーバード大学，プリンストン大学，ジョンズ・ホプキンス大学，カリフォルニア大学などに社会学部が開設されたのは，それからさらに数十年してからである）．」(Faris 1967= 奥田・広田 1990: 33)．

れ，アメリカの社会学を先導していく存在となった．1892年に開設したシカゴ大学社会学部は，1910年代に世代交代を迎える（松本 2011: 207）．1913年に着任したロバート・E・パーク（Robert E. Park）と1916年に着任したアーネスト・バージェス（Ernest Burgess）は，都市研究における「人間生態学」や「同心円地帯理論」[2]といった，独特の都市研究のパラダイムを確立させ学生たちを指導した．学生たちは，パークとバージェスの指導の下で参与観察法，生活史法，インタビュー調査などのフィールドワークを主要な調査法として，数多くの実証研究を生み出した．これらの調査研究は，パークとバージェスの指導が始まって「その後，20年もたたないうちに2ダース近い出版物として刊行されていった」という（Faris 1967= 奥田・広田 1990: 101）．このように，パークとバージェスの指導のもと彼らの提唱した「人間生態学」や「同心円地帯理論」の枠組みに依拠，又は影響を受けながら生み出された調査研究が後に言われる「シカゴ学派」の都市社会学である．

1.1.1　シカゴ学派都市社会学の「遷移地帯」研究

近年の日本の社会学において，これらシカゴ学派の調査研究は，理論的なものと実証的なもの両方を含め日本語の訳書が出版され，その価値が再評価されるなど注目度が高い存在となっている（宝月・中野編 1999; 松本編 2011; 秋本 2002; Faris 1967= 奥田・広田訳 1990: Zorbaugh 1929= 吉原・桑原・奥田・高橋訳

2　ロバート・エズラ・パーク（Robert Ezra Park）とアーネスト・W・バージェス（Ernest Burgess）が都市研究に与えたパラダイムの影響は大きい．彼らが提唱した都市研究における人間生態学では，都市は単なる個々人の集まりや社会的施設の集まりではなく，人間の慣習や伝統の集合体である生きた実態として扱われる．パークは，都市の構造は人間の性質に基礎を置いており，人間性質の表現が都市構造であると述べている（Park 1925= 松本 2011）．また，バージェスは，都市の発展と拡大のプロセスを「同心円地帯理論（concentric zone theory）」として理論化した．「同心円地帯理論」は，それぞれ特徴を異にした5つの地帯を同心円状に配置し，それぞれの内側の地帯が外側の地帯に侵入（invasion）し，遷移（succession）していくことによって都市が拡大していく過程を明らかにした（Burgess 1925= 松本 2011）．侵入や遷移といった用語及び概念は，植物生態学から都市研究に援用したものである．

1997; Anderson 1923= 広田訳など）[3]．パークとバージェスの指導のもと発展した
シカゴ学派の研究とはどのようなものだろうか．その特徴の 1 つとして，「遷
移地帯」を調査対象地として扱うものが数多く存在することが挙げられる．
「遷移地帯」とは，バージェスの提唱した「同心円地帯理論」における用語
で，同心円状に配置された 5 つの地帯のうち同心円の中心となる地帯である
「ループ (loop)」[4]の周縁に位置する地帯のことを指す．つまり「遷移地帯」と
は，一般的な言葉では都心の周縁地域である「インナーシティ」を意味して
いる．そこで本項では，「シカゴ学派」都市社会学におけるインナーシティ研
究として，遷移地帯を扱った調査研究を取り上げる．

　「シカゴ学派」の調査研究として，まずネルス・アンダーソン（Nels Ander-
son）の『ホーボー』を挙げることができる．本書は，シカゴ大学出版局から
社会学シリーズの第 1 巻として 1923 年に出版されたもので「同シリーズの
なかでもとりわけ生彩をはなつ書物であった」(Faris 1967= 奥田・広田訳 1990:
102)．『ホーボー』は，シカゴの 西マディソン街 (West Madison Street) を 中心
とするホーボー[5]の集住する地区であるホボヘミアを調査対象地としたもの

3　水上（2004）は，このような近年の初期シカゴ学派の研究に対する再評価の動きについて次
　のように述べている．「エスニシティのイッシューが主要な研究領域のひとつとして確立して
　いる現代の社会学で，その当時に示された理論や視座はいまだに影響力があり，文化人類学
　の方法論を都市研究に適用した実証的手法は現在でも受け継がれている．この十数年の間に
　も（中略）シカゴ社会学にたいする批判や再検討した研究論考が発表されており，グローバ
　ル・マイグレーションの注目度が高まった 1980 年代半ば以降，都市社会を舞台としたエスノ
　グラフィックな調査も再評価されるようになってきた」（水上 2004: 1）．

4　バージェスの提唱した「同心円地帯理論 (concentric zone theory)」における呼び名．「ループ
　(loop)」とは，同心円状に配置された 5 つの地帯のうち，中心となる第 1 の地帯のことである．
　「ループ」は，一般的には「中心業務地区 (CBD)」と呼ばれるエリアである．その他の地帯の
　呼び名は以下の通りである．第 2 の地帯：「推移地帯 (zone in transition)」，第 3 の地帯：「労働
　者の居住地域 (zone of workingmen's homes)」，第 4 の地帯：「住宅地帯 (residential zone)」，
　第 5 の地帯：「通勤者地帯 (commuters zone)」（Burgess 1925= 松本 2011: 26–27）．

5　ホーボー (= hobo, homeless man) は，日本語で浮浪者，無宿者を意味する．浮浪者，無宿
　者は，「定職もなく，定住もせず，野宿したり，ドヤ（簡易宿所）を転々としたりしている者．
　近代資本主義の発展とともに農村からの移住者や，都市生活での落後者のなかに，職場と住
　居を確保できない浮浪者層が増大するようになった．しかし，アンダーソン (N. Anderson)
　が『無宿者 (hobo)』の研究で指摘したように，無宿者にも大きくわけると無職放浪の寄生的
　生活者（乞食などの純然たる浮浪者）と，不安定な底辺労働市場の犠牲になって定職につけず

で，参与観察とインタビュー調査を用いてホーボーの生活様式を明らかにした．アンダーソンによるとホボヘミアは，ループ (loop) の周縁に位置する4つの地区に分散しており，この4つの地区のどれもがループの中心から5分とかからない距離にある．そして，この4つの地区には，「落ちぶれた人々 (down and outs)」が住んでいる (Anderson 1923= 広田 1999: 17–18)．このようにホボヘミアは，中心業務地区を取り囲むインナーシティに形成されており，アンダーソンは，当時のシカゴ市のインナーシティに住み込み，調査，研究をおこなった．以下に，対象地域に関するアンダーソンの記述を引用する．

　　どのような都市においてもホームレスの人たちが引き寄せられる地域がある．(中略) ホームレスの人たちにとって，そこは家であり，彼の運命がどんなにみじめなものであっても，ここに来れば自分を理解してくれる友人を見つけることができる場所なのである．放浪のベテランは同じようなベテランと，老人は老人と，そして不満家はその支持者に出会えるところであり，それがどんなラジカルな運動家であろうが楽観主義であろうが，そしてそれが詐欺師であろうが酔っぱらいであろうが，全ての人々が自分と波長のあう相手を見つけることができる，そのようなところなのである．だが，(中略) 基本的にそれは，その日限りの友人であり敵であるということについても断っておかなければならない．彼らはここで出会い，そして別れていくのである (Anderson 1923= 広田 1999: 17)．

　アンダーソンは，自身の1年間のホボヘミアでの生活とホーボーの生活世界を通して，遷移地帯を上記のような空間として記述した．ホーボーの生活世界を通して見えてきた遷移地帯とは，「全ての人々が自分と波長のあう相手を見つけることができる」空間として説明されている一方で，「基本的にそれは，その日限りの友人であり敵である」との記述もあり，この地区の人びとの移動性，流動性の高さが読み取れる．

放浪している移動労働者 (臨時日雇) の2種類に区別できる」(大橋・四方・大藪・中編 1973: 110–111)．

　1929年に出版された，ハーベイ・W・ゾーボー (Harvey Warren Zorbaugh) の『ゴールド・コーストとスラム』もニア・ノース・サイドという「ループと中央ビジネス地区から歩いて10分以内，路面電車やバスなら5分以内のところにある」(Zorbaugh 1929＝吉原ほか 1997: 3) シカゴの遷移地帯を調査対象地としている．ニア・ノース・サイドには，シカゴで最大の金持ちが集住する「ゴールド・コースト」地区と貧困や悪徳のはびこるスラム地区[6]が隣接している．ゾーボーは，ニア・ノース・サイドにおいて，隣接するこの2つの対照的な地区の人びとの生活世界を詳細に記述した．裕福な「ゴールド・コースト」の住民の生活世界に対して，興味を引くのはスラム地区の住民の多様性である．ゾーボーによると，ニア・ノース・サイドのスラム地区には，地方からの移住労働者，犯罪者，ギャング，ホーボー，芸術家とその卵，そして移民といった様ざまタイプの人びとが住んでいる．さらに移民のなかには，ポーランド人，アイルランド人，スラブ人，ギリシャ人，そしてペルシャ人のように多数のエスニシティが含まれており，各々のコロニーを形成している．そして，これら様ざまなタイプのスラム地区の住人は，匿名性，そして家賃の安さに惹かれてスラム地区に集まってくるという (Zorbaugh 1929＝吉原ほか 1997: 10)．以下にニア・ノース・サイドに関する，ゾーボーの記述を引用する．

6　「スラムの語源は「slumber」(まどろみ) からきている．当初は都市の路地裏で静かに眠っている貧民街というイメージがもたれていた．スラムはしだいに抽象的用語となり，具体的なスラム地区は「ゲットー」(ghetto) や「スキッドロウー」(skidrow) とよばれている．ゲットーは当初，ワース (L. Wirth) が用いたユダヤ人のスラム街であったが，現在では特定の人種が一定の地域に集合的に居住しているスラム的地区をさす言葉として用いられる．スキッドロウーとは社会的地位をすべり落ちた人びとが集まっている地区という意味である．スラムの概念や性格は社会的・経済的条件の変化につれて変化する．したがってスラムを単一の基準や特定の時点によって定義することは困難である．このため，スラムの歴史的変遷や現実的実態のなかから，その特質や機能を摘出し，両者の組み合わせによって現実の個々のスラムを具体的，構造的に掌握するという方法がとられる．スラムの特質はつぎの5点に要約される．(1) 物的環境の荒廃性，(2) 生活状態の低劣性，(3) 社会全体からの隔離，「分凝現象」(segregation)，(4) 生活意識の低下，逸脱性，(5) 性別，年齢別人口構成の不均衡，職種や人種の雑多性など，社会構造の特異性である」(大橋・四方・大藪・中編 1973: 71)．

ニア・ノース・サイドはまばゆいばかりの光と影の地域，つまり古い
　　ものと新しいもの，土着の人と外国人というだけでなく，富裕と貧困，
　　悪と尊敬，因襲的なものとボヘミア的なもの，浪費と困苦というあざや
　　かな対象からなる地域である（Zorbaugh 1929＝吉原ほか 1997: 4）．

　以上のように，ゾーボーの『ゴールド・コーストとスラム』からは，ニア・
ノース・サイドというシカゴのインナーシティが，住民の種類と生活様式に
関する多様性がみられ，移動性や流動性の高さから匿名性をもつ地域である
ということが理解できる．この他，ルイス・ワースの『ゲットー』（Wirth 1928＝
今野訳 1981），クリフォード・ショウの『ジャック・ローラー』（Shaw 1930＝玉
井・池田訳 1998），フレデリック・スラッシャーの『ギャング』（1927 出版）など，
1920 年代から 1930 年代にかけてのシカゴ学派の調査研究の多くは，スラム
地区や移民の集住地域を対象地域としており（Faris 1967＝奥田・広田訳 1990; 宝
月・中野編 1999），いずれも遷移地帯に関心を寄せるものであった．
　なぜ，シカゴ学派の都市研究は，遷移地帯を集中的に取り上げてきたのだ
ろうか．それは，そもそも彼らの指導者で，調査研究の枠組みとなっていた
パークとバージェスの都市研究が，犯罪，貧困，売春，不衛生や無秩序といっ
た社会問題へ向けられており，それら社会問題の集積地として遷移地帯が位
置付けられていたからである．遷移地帯で起こっていることの実態や発生要
因を明らかにすることが社会問題の解決へと繋がるというのが，シカゴ学派
の研究の大前提となっている．バージェスは，以下のように遷移地帯を説明
している．

　　中心業務地区をとりまく劣悪な地帯には，いわゆる「スラム」や「悪
　　地」がつねに見いだされる．ここは，貧困や墜落や疾病に沈んだ地域で
　　あり，犯罪や悪徳に満ちた暗黒街である．劣悪化しつつある地域には，
　　「地獄に落ちた魂」の煉獄である下宿屋街がある．その近くに，ラテン
　　街がある．ここは，創造的で反逆的な精神が滞在するところである．ス
　　ラムもまた密集しており，移民の入植地がひしめきあっている．ゲッ

トー［ユダヤ人の居住地］，リトル・シシリー［イタリア人，とくにシチリア
島出身者の居住地］，グリーク・タウン［ギリシャ人街］，チャイナ・タウン
など，旧世界の遺産とアメリカ的適応の魅力的な結合がある．ここから
くさび状に突き出して，自由で無秩序な生活のみられるブラック・ベル
ト［黒人の居住地帯］がある．この劣悪な地域は，本質的には，墜落し，
停滞し，衰退しつつある人びとの地域であるけれども，伝道団体やセツ
ルメントや芸術家のコロニーや過激派のセンターなど——どれもみな，
新しい，より良い世界のヴィジョンにとりつかれている——が証拠立て
ているように，再生の地域でもある（Burgess 1925= 松本 2011）．

　以上のように，シカゴ学派によって取り上げられてきた遷移地帯とは「犯
罪や悪徳に満ちた暗黒街」であり，ホボヘミアや移民の集住地区が形成され
ており，当時の社会問題の集積地であった．一方で，それらを支援する社会
活動の拠点や芸術家の居住地にもなっており，遷移地帯が「再生の地域」で
あることも指摘されている．

1.2 シカゴ学派以降の都市研究とインナーシティ

　本章1.1では，インナーシティを調査対象地域として都市の社会学的研究
を最も早く開始したシカゴ学派都市社会学の研究を通して，これまでイン
ナーシティがどのような空間として語られてきたのかについて述べた．本節
では，シカゴ学派以降の都市研究におけるインナーシティの捉え方につい
て，エドワード・ソジャ（Edward W. Soja）の研究を通してみていく．
　ソジャは，1940 年にアメリカで生まれた地理学者で1990 年代に UCLA な
ど南カリフォルニアに集まった都市研究者の一群である「ロサンゼルス学
派」の中心人物だ（町村 2011: 308）．彼は，「現象学的地理学などの潮流を先導
するなかで，H・ルフェーブルの空間論の影響を強く受け，独自の都市理論
を展開していく」（前掲書: 308）．そのなかでも本節では，彼の「ポストメトロ
ポリス」の概念を通して，現代的な都市の特徴及びインナーシティの捉え方

をみていく．

1.2.1 都心—サバーブの2軸から，多核的都市「ポストメトロポリス」へ

第2次世界大戦以前の都市構造の特徴は，これまでシカゴ学派の都市社会学にみてきた通り，都市機能が集中している都心を中心にそれを取り囲むかたちで配置されたサバーブやその他の地帯があり，サバーブは都心へ通勤する人びとの居住地として担保された地帯として特徴付けられ，都心—サバーブの2軸が都市の特徴として理解されてきた．第2次大戦以前の都市は，都心を中心に都市が構成されていることが強調されており，シカゴ学派都市社会学においても都市に特徴的な生活様式のほとんどは，都心でみられることが前提として議論されてきた．第2次世界大戦以前の都市は，まさに都心の時代であったといえる．

しかし第2次大戦以降，この都心中心の都市論は，著しい郊外化により転換へと向かう．水上 (2000) によると，「郊外化自体は戦後の特徴ではなく，すでに19世紀の近代化過程における都市生活の変化と関連して発生していたが，この時代とは比較にならないほど大戦後に著しく発展した」(水上 2000: 251)．また，郊外化が進展していった要因について以下のように述べている．

　　ワースが分析した都市の特徴は[7]，喧騒と混雑，汚染された地域であり，インナーシティからの逃避がアウター・サバーブへの押し出し要因となる．比較的安価な土地の提供を含む経済的な理由に加えて，自然環境および社会文化的要素，さらにそれらと関連した郊外生活の肯定的イメージが吸引要因として働く．「郊外生活者 (suburbanites)」になることは，共有された価値観を保有する同胞居住者との生活を意味して，同種の社会階層が集住する中流階級のユートピアとの発想も生まれた (前掲書: 252)．

7　ルイス・ワース (Wirth)，1938年発表の「生活様式としてのアーバニズム (Urbanism as a Way of Life)」を指している．ワースの論じた都市研究の特徴については，本章1.4において言及．

　以上のような要因により急速に進展していった郊外化は，やがて都市構造の変化とそれに伴い都市論におけるフレームの変化を生み出した．水上（2002）によると，「第 2 次大戦後に著しく進展した郊外化 (suburbanization) による周辺への居住地域の拡大は，一部の大都市圏の構造変化をもたらした．従来のサバーバナイツ (suburbanites) は，主に中心市街地への通勤人口を対象としていたが，アウターシティで生活圏を形成する都市周縁住民 (fringe dwellers) の増加などに注目した都市論として，ポストサバーブ論やポストメトロポリス論が，1990 年代初頭より活発に議論されている」(水上 2002: 25)．郊外化の進展により，郊外の外延化が進行し従来の都市構造では郊外のさらに外側に配置されていたアウターシティにおいて,「多様な活動が完結される自立した生活圏であるサブセンター」(前掲書 : 27) が形成されるに至った．「サブセンターの形成は，都市機能が多核化あるいは分散化してきた状況を示している」(前掲書 : 27–28)．

　以上のように従来の都市構造は，都市機能が集積した「都心」と都心に通勤する人びとの住宅地域としての「郊外」という 2 軸から考察されてきたが，第 2 次世界大戦後の顕著な郊外化の進行により郊外が広範に外延化し，アウターシティの住民が増加した．それに影響を受け，アウターシティでは，都心に通わずとも社会生活が完結する機能を備えた小都市 (サブセンター) が点在するようになった．つまり，郊外化の顕著な進展により，従来の都心のみに都市の核を備えるというような都市構造ではなく，核が点在している多核的都市構造，もしくは分散化都市構造が成立したのである．この点について水上は，以下のように述べている．

　　かつてのアウターシティを含めて中心地が至るところに点在する多核的な都市形成は，単純な中心市街地を 1 つの核とした周辺への発展構図とは異なる．(中略) 上記のような都市全体の地域構造や機能面の変化を対象に，新しいセツルメント形態あるいは新種の都市の創造という議論となり，それがポストサバーブ論あるいはポストメトロポリス論として展開されている (水上 2002: 29)．

つまり，ソジャの「ポストメトロポリス」に拠れば，これまで都心に特徴的だった生活様式は，特に都心に限定されるものではくなり，アウターシティを含めた都市の至る所でみられるようになったのだ．では，今日の都市の生活様式の象徴であると言われた「郊外の時代」は終焉を迎えたのか．水上は，「このような変化［都心を1つの核とした発展構図から多核的都市への移行］をサバーブあるいはメトロポリス時代の終焉とみなす主張もあるが，中心部の都市機能が完全に消滅するわけではない」(前掲書：32) 点に留意している．つまり，ポストメトロポリス時代では，都心が都市における唯一の核であった都市構造は変化し，核は分散し多核的になるが，都心の都市機能が無くなるわけではない．そしてこのことは，都心のすぐそばを取り囲むインナーシティは残るということを意味している．

　以上のような多角的都市論から，本書との関連においては，次の3つの重要な示唆を受けることができる．まず，分散した都市機能構造をもつ現代の都市にあっても，依然，都心の都市機能は消滅せず残っていること．第2に，ロサンゼルス学派では，都市の空間構造の変化について照準しており，都心やインナーエリアの性質に関する記述は弱いことから，本書の目的である現代的な都市，及びインナーシティの性質を分析しようとする場合，都心やそれを取り囲む地域であるインナーシティを調査対象としてきたシカゴ学派の都市社会学や，日本においてシカゴ学派都市社会学を引き継いで発展した研究群を選ぶことは有効である．最後に，本書で扱うインナーシティ新宿，大久保の特質は，単にこの地域固有のものとしてみるに留まらず，アウターシティにまで分散した，現代の広範囲で多角的な都市においても適応する可能性があるということだ．

1.3 日本の都市社会学における都市研究とインナーシティ

　ここまで本章1.1では，インナーシティの社会学的研究として1920年代初期から始まったシカゴ学派都市社会学の遷移地帯を対象とした調査研究を取り上げ，都市の遷移地帯，つまりインナーシティがどのような空間として

語られてきたのかを示した．続く本章1.2では，シカゴ学派以降に展開した都市研究のなかから「ポストメトロポリス」の概念を取り上げ，グローバリゼーション以降の「都市」の見方がどのように変化したのかを示した．では，日本の都市社会学において都市及びインナーシティは，社会学的にどのような場所として取り上げられてきたのだろうか．まず，日本における都市社会学の展開を概観した後，インナーシティの扱いについて詳細に述べる．

　日本の都市社会学の創立を担った人物が奥井復太郎[8]であることは周知の通りだ．奥井は，シカゴ学派の都市研究を学び，それに依拠しながら日本の都市研究を開始した．彼は，その成果を1940 (昭和15) 年に『現代大都市論』として発表した．同書において奥井は，人口量や人口密度などから日本の各都市の分析をおこなった．彼が提示した都市の人口量及び人口密度による特質とは，「人口量及び人口密度が大きくなる程，より都会的となり，反対に是等が小さくなればなる程，非都会的，農村的となる」(奥井 1940: 16) であり，まさにシカゴ学派のワースの都市理論に倣ったものであった．また奥井は，大都市について,「人口百萬を以って単位となし得る程度のものを指す」(奥井 1940: 161) と述べ，日本における大都市として東京と大阪を挙げている．このような奥井の研究を初めとして日本の都市研究は，第2次世界大戦終戦以降発展を遂げていく．日本は，終戦後の1950年代から高度経済成長期に突入し，未曽有の都市化を経験する．それに伴い社会学者のみならず，他の学問分野の研究者，また広く世間の関心も都市及び都市化に集まる．このような社会状況のなか磯村英一は，1950年代から東京の都心及びそこに形成された「盛り場」[9]の研究を開始し，この「盛り場研究」を通して大都市構造の把

8　「奥井は大正の思想的高揚のなかで，クロポトキンの無政府主義に関心をもった．その後，ジョン・ラスキンの研究を経て，社会改良と都市経済の研究のためにドイツへ留学することになる．奥井は足掛け4年間の留学から帰国後,『社会政策論』の研究を進める一方で，都市研究の体系化のために新たにシカゴの社会学者の都市研究を導入するようになる」(藤田 2012: 279)．

9　「商店街，歓楽街であり，都市固有の構造的産物である．盛り場の形成は，都市への人口集中を重要な要件として発達し，また交通体系と密接な関連のうえに存立する．盛り場には，規模の大小や都心的盛り場，副都心的盛り場など種々さまざまな形態がみられ，あるいは，その機能は盛り場によって商業的機能が強かったり，歓楽的機能が強かったりする．これは

握に迫った（磯村 1959; 1961; 1962; 1989）．磯村は，大都市構造の特徴としてま
ず，住居と職場が分離していること，すなわち「職住分離」を挙げた．そし
て，職場から住居への途中で「機能的生活協同体関係」が形成されることを
発見し，この関係の形成こそ都市社会を農村と区別するきわめて重要な特質
であると主張した（磯村 1959）．また，鈴木栄太郎は，1957年に『都市社会学
原理』を発表した．彼は，磯村と同様に都市構造の1つとして「職住分離」[10]，
また「正常人口の正常生活」による社会構造を挙げているが，都市構造の特
質として強調したのは，都市における「結節機関」の機能である．彼は，都
市が人びとの社会的交流の中枢を担う「社会的結節」であることを指摘して
いる．そして社会的交流は，都市に所在する「結節機関」を介して営まれる．
従って，「結節機関」が多ければ多いほどその都市の都市度は高くなるという
（鈴木 1957）．鈴木の都市構造における「結節機関論」である．このように磯
村と鈴木は，シカゴ学派都市社会学に依拠しつつも，高度経済成長期の東京
を舞台に独自の都市構造論を展開した．

　以上のように，日本の都市社会学は，上述の3人の研究者によって先導さ
れてきた．その後，日本の都市研究はどのような過程を経てきたのだろうか．
日本は，1950年代から1960年代後半までの高度経済成長を終えると，1960年
代後期以降，都市化から郊外化の時代に突入し，都市から郊外への人口移動
が始まる．以後，郊外化の影響が東京の都市において顕在化しはじめ，また
グローバリゼーションの進展をみる1980年代は，都市社会学においても転
換期となっており，現在に直接繋がるテーマを扱った研究が出揃う．例えば，
奥田道大の『大都市の再生』(1985年出版) は大都市の衰退やインナーシティ問
題を扱った代表的研究として挙げることができる．また，倉沢進の『東京の

生態学的にみれば都市地域が，商業や歓楽の機能が分化し，それによって生じた地域分化に
みられる現象である．都心的盛り場は発生的にみて，それぞれの都市の生態学的中心に位置
したもので交通体系にはさほど規制されないが副都心的盛り場は，都市人の生活構造の特性
である職・住の分離に伴う通勤現象からの「乗換地点」として発達し，ヒンターランドとの
関連をもつ．とくにこの副都心線的盛り場は，歓楽的要素も強く，小暴力などの犯罪の頻度
も高い」(大橋・四方・大藪・中編 1973: 43)．

10　鈴木は，都市の人びとの生活の型について，「世帯」と「職域集団」を基本軸として形成され
　　ていると述べた（鈴木 1957: 152–154）．

社会地図』(1986年出版) は，大都市東京の社会地図化をおこない，その空間構造を明らかにした[11]．町村敬志の『「世界都市」東京の構造転換——都市リストラクチュアリングの社会学』(1994年出版)[12] と園部雅久の『現代大都市社会論：分極化する都市？』(2001年出版)[13] は，1980年代以降の都市研究に大きな影響を与えた「世界都市論」の枠組みから，東京の都市構造を実証的な方法によって明らかにした．都市研究のより近年のものとして，以上のような研究の知見の整理と方法論的課題を明らかにし，現在の大都市東京の姿や展望を示した，和田清美の『大都市東京の社会学』(2006年出版) や空間としての都市の再検討を試みた，園部雅久の『都市の再魔術化』(2014年出版) を挙げることができる．

　以上のように，日本における都市の社会学的研究は，シカゴ学派の都市社会学がシカゴの都市を舞台に展開されたように，東京という都市をフィールドに発展してきた[14]．本研究が東京を調査地と据えるゆえんもここにあり，その意味で本研究は，都市社会学的な都市研究の本流に位置付けられる．ま

11　倉沢は，1970年，75年のセンサスデータ等を用いて，東京の社会地図化に成功し，またその結果から，大都市東京の空間構造を明らかにした．かれは，東京の空間構造が土地利用形態の分化及び，人口の年齢構成と家族構成については，基本的に同心円構造を示していること等を明らかにした (倉沢 1986: 302)．また，倉沢は，2004年に『新編　東京圏の社会地図』を発表している．本書では，研究対象エリアを1998年時より広げ，更新されたデータをもとにグローバル化の影響下にある東京の大都市空間構造を再調査した．その結果，「1975年時点では，東側の市街地化が遅れ不完全な同心円構造を呈していた東京圏は，90年までの間にほぼ完全な同心円構造を示すようになっていた」(倉沢 2004: 44) こと等が明らかにされた．

12　同書では，東京が1980年代に経験した変動を事例として，「世界都市論」の有効性を検討することが研究課題として設定されている．そこで得られた結論とは，「世界都市」という概念は，東京の変動の現実を捉えるということについては有効的ではあったが，それは同時に，東京が「未完の世界都市」であるという事実を証明し，世界の他の都市も含めて，東京は，まだモデルの存在しない巨大都市を形成しつつあるということだった (町村 1994: 283–285)．

13　園部は同書において，世界都市論ではなく，世界都市論において都市の社会的不平等の拡大や社会階層の分極化が頻繁に議論されてきたことから，「分極化する都市論」という用語を使用している．

14　但し，近年では関西の都市圏などをフィールドとする，関西のエスニシティ研究の優れた業績が目立つ．代表的なものとして，谷富夫編『民族関係における結合と分離』(2002年出版)，二階堂裕子『民族関係と地域福祉の都市社会学』(2007年出版)，金菱清『生きられた法の社会学』(2008年出版)，谷富夫『民族関係の社会学』(2015年出版)，徳田・二階堂・魁生『外国人住民の「非集住地域」の地域特性と生活課題』(2016年出版) が挙げられる．

た，以上に挙げた日本の都市研究は，奥田の研究を除き，都市の社会構造や空間構造，空間論の解明を主眼に置いたものであり，本研究が目指すところのインナーシティの性質を知る際に直接的な参照点とはならない．そこで以降では，本研究の目的に直接関連する先行研究を挙げながら，インナーシティがこれまでどのような場所として語られてきたのかを示す．本研究では，これらの研究を「インナーシティ論」と位置付ける．

1.3.1 「インナーシティ論」としての磯村英一の「スラム」と「盛り場」の研究

上述では，大都市空間論を展開した草創期の研究者として取り上げた磯村英一の研究を，本項では改めて「インナーシティ論」と位置付けて，そのインナーシティ性への記述に注目しながらかれの研究について言及する．

磯村は，1950年代から「スラム」，そして「盛り場」の研究を始めた．磯村の「スラム」と「盛り場」を事例とした都市研究は，1989年に出版された『磯村英一都市論集』(1〜3巻) において，その内容が網羅的，体系的に述べられている．そのなかで磯村は，スラム成立の地理的条件を自然的条件 (地理的・気候的・環境的な内容) と社会的条件 (経済的・心理的な内容を含む) に分けたうえで，自然的条件として6つの項目を挙げている．自然的条件の1項目に挙げられている内容を以下に引用する．

> 都市社会が圏状に構成されている場合，スラムはその圏状の地域が相互に接触している部分，即ち各地域層の接触地帯層に多く発生する．例えば，都心の盛り場とその周辺の地区との接触部分，商業地区と工業地区とが交差している部分，工業地区の周辺の部分などがその地域である (磯村 1989: 775)．

以上の記述からインナーシティに関わる部分について言及すると，「盛り場」は都心に形成されるものであり，スラムは，「盛り場」とその周辺の地区との接触部分，つまりインナーシティに形成されるということが分かる．では，「盛り場」は都心のみに形成されるものなのだろうか．磯村 (1989) では，

26

渋谷，新宿，池袋といった副都心地域の「盛り場」の実態を調査している．このことから「盛り場」は，六本木や銀座のような都心エリアにのみ形成されるものではなく，インナーシティにも形成されることが分かる．

　磯村は，都心及びインナーシティに形成された「盛り場」や「スラム」といった具体事例を通して，都市構造の解明にアプローチした．以降では，磯村の「盛り場」そして「スラム」に関する記述を通して，都心及びインナーシティがどのような場所として捉えられていたのかを示してみよう．

a. 盛り場

　磯村（1961）は，「東京のような都市では，その生活が住居と職場とに分離することが特徴である」（磯村 1961: 33）と，東京の都市の特徴として職住分離を指摘している．そして，「生活の第 1 次根拠地」として「住居」を，また「生活の第 2 次根拠地」として「職場」を位置付けており，さらに「生活の第 3 次根拠地」として「盛り場」を位置付けている（磯村 1961: 33–36）．磯村の「盛り場」の説明の一部を以下に引用する．

　　　住居と職場とに分離された生活のなかに，もう 1 つの根拠地がある．それを盛り場という．盛り場は，生活や職場とはちがって，時間的な定着性の少ない場所であるが，すでにふれたように，そこの居住人口にくらべて何百倍何千倍の人口を吸収する．集まる人口は，多くの場合 "客" という資格になる（磯村 1961: 35）．

　以上のように盛り場は，その地域の実際の居住人口の何千倍もの人びとが，日々流入し流出する場所であり，時間的な定着性が少ない空間である．インナーシティの移動性や流動性といった 1920〜30 年代のシカゴ学派都市社会学の調査研究で観察された特徴が，1960 年代初頭の東京のインナーシティの特徴としても指摘されていることに注目できる．

b. スラム

　磯村 (1962) は，日本のスラムの形成を人的構成の面から以下の5つのタイプに分類，整理している.

　　　(1)農村および大都市周辺部からの国内流入人口，(2)国外からの流入移
　　　民——「少数民族」，(3)浮浪者，偏倚者，犯罪者，非行者，家出人などの
　　　流動人口，(4)戦災，疎開による内地引揚，外地引揚などによる，多少と
　　　も直接的な戦災による被害を契機として，急激な社会的変化に遭遇し，
　　　転落を余儀なくされた被害人口，(5)特定の職業に従事することによって，
　　　社会的抑圧を感じながらも社会生活を維持するために，職場と直結した
　　　一定の地域に「凝集」しているもの，いわば職業的階層において同質同
　　　種の人口集団によって形成されているものである (磯村 1962: 9).

　上述のように日本のスラムは，地方からの国内移住者，海外からの移民，浮浪者や犯罪者など流動性の高い人びと，戦災による被害者，そして職業的階層における同質同種の人びとによって構成されている．そして磯村は，このような人びとにとってスラムが果たす役割について，永久の「隠れ場」であり一時的な「避難所」の機能をもつ一方で，生活を破壊しようとする「どん底」的機能をそなえている場所として説明している (磯村 1962: 12).

　以上のように，都心やインナーシティに形成された日本のスラムは，もともと，それを構成する人びとに流動的な人びとが含まれていることに加えて，「スラム」という空間自体が一時的な住処としての性格をもっているため，非常に流動性の高い場所になっているということが理解できる．スラムの住民のタイプ，また彼らや地域自体の流動性の高さという特徴もまた，先にみたシカゴ学派の遷移地帯に関する諸特徴と大部分が重なっている.

1.3.2　「インナーシティ論」としての奥田道大の外国人住民の研究

　既に述べたように，日本の都市社会学においてインナーシティを調査対象とする研究は数多く存在する．そのなかでも，本研究との関連から考えると，

奥田らが東京のインナーシティにおいていち早く開始した，外国人住民の研究に注目すべきだろう．奥田らは，1980 年代以降にインナーシティに大量に流入した外国人住民の生活世界や生き方を通して，インナーシティにおける生活様式の特質を分析した．本研究では，インナーシティに居住する人びとを通して，当該地域の特質や生活様式の解明を試みるこのような研究を，「インナーシティ論」と位置付けている．

　奥田は，1991 年に『池袋のアジア系外国人──社会学的実態報告』，そして 1993 年に『新宿のアジア系外国人──社会学的実態報告』を発表した．この 2 つの著作は，日本における外国人住民，都市エスニシティ研究の嚆矢と考えられる．本項ではこれらの研究のインナーシティに関する記述に照準するが，その前に奥田がインナーシティにおいて外国人住民の研究を開始するきっかけとなった『大都市の再生』(1985 年出版) について述べる．同書において奥田は，1980 年代当時郊外化の影響を受けて社会問題化していたインナーシティ問題[15]に端を発して，インナーシティ問題の現場である都心及び周縁地域にコミュニティ形成の先端事例があるとの立場のもと[16]，大都市東京のインナーシティをフィールドとして，コミュニティ形成の新たな型の模索を試みた．しかし，「都心地域に馴じむ都市的居住形態やライフスタイルを具体的に構想できない段階では，居住空間やコミュニティの回復じたいの強調は，説得力に欠ける．都心地域の変容，変質を勘案したとき，リアリティのあるコミュニティ像を描けないというのが，実情ではないか」(奥田 1985: 154) との言葉通り，1980 年代前半段階においては，インナーシティにおいて

15　東京の文脈におけるインナーシティ問題とは，一般的に，1960 年代後半から始まった郊外化による影響が都心周縁部において顕在化してきた，1980 年代の当該地域の社会状況を指す．具体的には，都市から郊外への人口流失による都市内部の人口減少，それに伴う住宅の老朽化，脱工業化による資本の流失，そして住民の高齢化などを指しており，このような現象をもって，都市の衰退化が取りざたされた．インナーシティ問題とは，都市の衰退化を意味する言葉である．

16　奥田は，1960〜70 年代においては，大都市郊外をフィールドにまちづくり運動としての住民活動・運動を通して，コミュニティの形成過程を示してきた．奥田は当時，大都市郊外を「アーバニズムの型の変容の先端的部分 (新しい素材の社会的実験室)」(奥田 1985: 18–19) と位置付けており，ここで観察されたコミュニティ形成を，最新のアーバニズムとして捉えていた．

具体的なイメージとしてのコミュニティの形成や回復を見いだすに至らなかった．しかし，本書のタイトルが『大都市の再生』であるように，奥田は，当時衰退化が騒がれていた都市，特に都心及び周縁地域における新たなコミュニティ形成の可能性を観念上は見いだしていたといえよう．

以上のように1980年代から始まった奥田の東京のインナーシティを調査地とする研究は，その後対象が外国人住民へと移り継続されていく．その調査結果の成果として出版されたのが，本項冒頭で挙げた大都市インナーシティの外国人住民を対象とした研究である．以降では，主に本研究の調査地である新宿を扱った『新宿のアジア系外国人』を参照しながらインナーシティの特性について言及をおこなうが，奥田が『大都市の再生』以降，研究対象を外国人住民に照準していった理由について，先に述べておく必要があるだろう．

奥田が，池袋とその後約1年後に新宿の調査を開始した1980年代後半は，日本において外国人登録者数が急増した時代である．この時期日本はバブル景気に突入し，かつてない好景気を迎えていた．バブル景気を背景とした労働力不足も重なり，日本は近隣のアジア諸国を中心にデカセギ労働者を引き付けていた．そして，このような外国人労働者たちの多くは，居住先として郊外ではなく大都市のインナーシティを選んだのだ．以下に奥田の言葉を引用する．

　　　　1980年代中後期，とりわけ1988年を画期とするアジア系外国人の「団塊」としての来日は，日本社会を揺さぶる大きな出来事であった．当時の新聞紙面には，「アジア系外国人，金満日本をめざして」「出稼ぎ型外国人労働者，日本社会に到着」その他のタイトルが踊っていた．しかしニューカマーズとしてのアジア系外国人が実際に居住先を求めたのは，日本社会のあちこちではなく，東京をはじめとする大都市圏，とりわけ大都市インナーシティに他ならなかった（奥田 2004: 89）．

インナーシティ問題と向き合うため，1980年代前半から東京の大都市イン

ナーシティでの調査を開始していた奥田は，池袋や新宿といった東京のイン
ナーシティにアジア諸国からの外国人労働者が流入してきている実態にいち
早く気が付き，調査対象を外国人住民へと移していく[17]．

　1980年代後半に急増したアジア系の外国人労働者のなかには，日本での
結婚や出産といったホスト社会での家族形成を通して滞在歴が長くなり，次
第に地域社会へと定着していった例も少なくない．そのため，後の研究者ら
によって引き継がれた奥田のインナーシティの外国人住民を対象とした研究
は，生活場面における様ざまな事柄をテーマ化していく．また，これらの研
究の連なりは，後に，「都市エスニシティ研究」と呼ばれ，都市社会学のなか
のひとつの潮流をなすまでになった．このようなインナーシティに関する社
会学的研究の系譜が示すように，筆者は，日本におけるインナーシティ論は，
インナーシティにおける外国人住民の生活世界の分析を通して都市の社会構
造を明らかにしようとする，「都市エスニシティ研究」により先導され，発展
してきたとものと考えている．それ故，冒頭で挙げた奥田の2冊の著作は，
日本のインナーシティ論の先駆けであると言えるだろう[18]．なお，本研究で
「インナーシティ論」と位置付けた「都市エスニシティ研究」の近年の動向に
ついては，次の第2章において詳説する．

　また奥田は，都市エスニシティ研究の蓄積が重なるにつれて，大都市イン
ナーシティを，都心と郊外を結ぶ「第3の空間」あるいは「第3の類型」とし
て位置付け，これを，21世紀の超大都市のヒナ型として位置付けるとの立場

17　奥田は，インナーシティにおいて，まちづくり運動や活動を手掛かりとしてコミュニティ
　　形成の可能性を探る試みから，調査の対象を外国人住民へと移していった経緯について，
　　後年，次のようにその理由を述べている．「筆者は1980年代から90年代にかけて郊外，都
　　心，インナーエリアとフィールドを進めるなかで，東京・池袋界隈，次いで新宿界隈で越境
　　ニューカマーズとしての『アジア系外国人』との出会いがあった．東京・既成中心市街地界
　　隈では，やはりコミュニティ形成とまちづくりの観点から人びととの再居住の可能性をさぐ
　　るテーマではあったが，調査地の居住者に『最近この地域界隈でとくに気になった変化，出
　　来事は何か』を問うたところ，『白い高い建物が建つ』と並んで『韓国や中国からの若者が目立
　　つようになった』との回答が寄せられた．1998年にはじまるニューカマーズとしてのアジア系
　　外国人調査のキッカケがこの住民回答にあったといえる」（奥田 2006: 113）．
18　1990年代前半の奥田道大らの研究として，他に，1994に明石書店から出版された，奥田道
　　大・広田康生・田嶋淳子編著の『外国人居住者と日本の地域社会』が挙げられる．

を明らかにしている (奥田 2006: 113). このような立場は，大都市インナーシティを都心でも郊外でもない新たな都市空間として位置付け，その上で，大都市インナーシティにおいて，都市としての先端的な型を見いだそうとする／見いだせるはずであるという立場，ないし認識であると筆者は理解しているが，本研究においても，大都市インナーシティの捉え方としては，奥田のこのような認識に依拠している[19].

a. 奥田道大らの池袋と新宿の調査研究

　これまで述べてきたように，日本における外国人住民の研究を早くから開始した奥田らは，1991年に『池袋のアジア系外国人——社会学的実態報告』，1993年に『新宿のアジア系外国人——社会学的実態報告』を発表した．これら2つの研究では，そのタイトルにもあるように，東京のインナーシティである池袋と新宿を調査地としている．そして，外国人の数の多さや比率の高さに加えて，歴史的に「盛り場」として発展してきたこと，他のインナーエリアと同様に，1965年以降一貫して人口減少傾向が続いてきたことが調査地の特徴として挙げられている．この他，本研究で対象地としている新宿の説明では，「外国人登録者数が日本人住民の減少を補う形で人口増加を記録している」(奥田・田嶋編 1993: 25)，地域の変化の勢いが激しいことに関連して，匿名性や地域環境の悪化が進み，既存の地域住民を転出させ，現在の住民構成は，「残った高齢者と新たに流入したアジアの若者たちの町になりつつある」(前掲書: 26) ことが示されている．さらに，以下のような説明が続けられる．

　　調査地 [新宿] はもともと地方からの若年単身者を受け入れてきた実績をもつので，人の出入りが多い．したがって人のプライバシーに立ち入らない．そっとしておく．その人が本当に困ったときには手助けをす

19　奥田 (2006) では，ここでいう「第3の空間」は，ソジャ (= Soja) の「第3空間 (third-space)」の概念を想定していると述べている．しかし，本研究では，大都市インナーシティをソジャのいう「第3空間」として扱う立場，というよりは，大都市インナーシティを，21世紀の大都市のヒナ型として位置付ける立場の方に依拠している．

る，手助けできないまでもそのような心の用意をするのが，地域生活上
のルール，けじめであった．そのような土地の気風が残っているだけ
に，国内でなく海外からのニューカマーズといっても，とりたてて「異
邦人」視しない（前掲書：307）．

　以上のような奥田らの記述から，インナーシティとしての新宿は，歴史的
に移住労働者の住処として，外部からの人びとを受け入れてきており，その
ため，昔から住民の移動性／流動性が高く，人間関係の匿名性をもつ地域で
ある．従って，海外からの移住者についても，とりたてて「異邦人」視しない．
このようなインナーシティに関する記述は，本章1.1において示した，シカ
ゴ学派都市社会学の調査研究において提示された遷移地帯の特徴と一致する
ものである．しかし奥田は，インナーシティ新宿と池袋を通して，日本の大
都市インナーシティの特徴としてさらに以下のことを挙げている．

　　　大都市インナーエリアが地方出身者受け入れの「宿所」（居場所）とし
　　て機能していたことを先に指摘した．併せて指摘しておきたいのは，大
　　都市インナーエリアは1960, 70年代当時において地域社会再生を見通し
　　たまちづくり・むらおこし運動の諸経験が蓄積された地区でもあること
　　だ．私どもを含め社会学者，建築・都市計画家等が現地調査や運動に参
　　画した地区だけ挙げてみても，新宿・十二社，豊島区・旧日出町（東池
　　袋4・5丁目），墨田・京島，品川・北品川，世田谷・太子堂，名古屋・
　　旧栄東，京都・唐橋，大阪・上六，鶴橋，神戸・真野，丸山，広島・基
　　町，その他の数えきれない．敗戦後の混乱期をひきずったこれらの地区
　　は，海外引揚者，敗戦者，闇市不法占拠者，第三国人，その他のたまり
　　場となっていた（前掲書：312）．

　以上のように奥田は，シカゴ学派都市社会学の調査研究が指摘した都市
及びインナーシティの特徴に加えて，日本のインナーシティの特徴として，
1960〜70年代に地域社会再生のまちづくり・むらおこし運動の現場になっ

た地域であることを指摘する．

　本項では，奥田らがおこなってきた東京のインナーシティにおける外国人
住民を対象とした研究から日本のインナーシティの特徴を示した．最後に，
奥田の研究を通したインナーシティの特徴を次の6項目に整理する．まず，
⑴インナーシティを対象地として調査研究が展開されてきた都市エスニシ
ティ研究では，外国人住民の数の多さと比率の高さが，インナーシティの特
徴の前提とされている．以下，列挙する．⑵「盛り場」として発展してきた
地域，⑶1965年以降の一貫した人口減少傾向を示す地域，⑷地方からの移
住労働者受け入れの歴史がある地域，⑸住民の移動性，流動性が高い地域，
⑹1960〜70年代に地域社会再生のまちづくり・むらおこし運動の現場に
なった地域である．以上が，奥田の研究から摘出した大都市東京のインナー
シティの特徴である．

1.4「インナーシティ論」としてのワースとガンズの研究
——インナーシティ研究の分析枠組み構築に向けて

　本章では，ここまでインナーシティに関する社会学的研究の系譜を辿りな
がら，都市のインナーシティがどのような空間として語られてきたのかにつ
いて，主にシカゴ学派都市社会学の遷移地帯を対象とした実証研究や日本の
スラム，盛り場や東京のインナーシティにおいて外国人住民を対象として研
究を進めてきた，日本の都市社会学の実証的な研究から示してきた．それを
整理すると次のようになる．インナーシティは，多様なタイプの人びとで構
成されており，人びとの生活様式の顕著な特徴の1つとして，移動性，流動
性の高さが見られ，それは，インナーシティという空間そのものに移動性や
流動性といった特徴を付与するということである．「多様性」，「移動性」，そ
して「流動性の高さ」は，都市的なものをみる際のキーワードとなるようだ．
　以上のような，都市及びインナーシティの性質又はそこに住む人びとの生
活様式がどのような要因で都市的なものになるのかについて，理論的に考察
し明らかにした研究がある．それは，ルイス・ワース（Louis Wirth）の「生活

様式としてのアーバニズム (Urbanism as a Way of Life)」とハーバート・ガンズ (Herbert Gans) の「生活様式としてのアーバニズムとサバーバニズム (Urbanism and Suburbanism as Ways of Life)」である．これらの研究は，都市社会学に大きな影響を与えてきた[20]．

本章1.1〜1.3で示したシカゴ学派，及びシカゴ学派以降の都市社会学，そして日本の都市社会学の実証的研究から得られた，都市及びインナーシティの諸特徴は，このワースとガンズの研究に集約することができる．そのため本書において，インナーシティ分析の枠組み構築に向けて，ワースとガンズの研究に依拠することは有効的だ．では，ワース，そしてガンズの都市研究がどのようなものなのかについて，まずは全体を概観した後に，本研究と関わる部分について詳しく述べていく．

1.4.1 ワースの「都市」と「生活様式としてのアーバニズム」

ルイス・ワースは，1938年に論文「生活様式としてのアーバニズム (Urbanism as a Way of Life)」を発表した．この論文は，「シカゴ学派の都市研究の理論

---

20 ワースとガンズの他にシカゴ学派の流れを組む都市社会学のなかで，都市社会学の理論的構築に大きな影響を与えた研究として，クロード・フィッシャー (Claude S. Fischer) の「アーバニズムの下位文化理論に向かって (Toward a Subcultural theory of Urbanism)」(1975年) を挙げることができる．ワースは，アーバニズムの主要な社会的帰結として，都市におけるコミュニティの喪失を主張した．よって，都市では村落社会と比較して逸脱行動の発生率が高くなるという．その後，ガンズは，ワースの提示したアーバニズムの社会的効果は見られないとして，都市におけるコミュニティの存続を主張した．この2人の後に出てきたフィッシャーは，都市におけるコミュニティの喪失／存続といったそれまでの議論とは立場を異にしている．彼は，都市おいて「非通念性 (逸脱行動の言い換え)」が高まる要因として，都市における多様な「下位文化」の存在，増大そして強度を挙げたのだ．フィッシャーに関しては，1982年の研究である『友人のあいだで暮らす (= To Dwell among Friends)』等を取り上げれば，ワース理論の批判ないし対抗との見方もできるが，彼の研究の骨子となる，下位文化理論の発想の基では，都市における逸脱行動の発生率の高さといった，ワース流の都市的生活様式の特質が受け継がれており，ワースの研究に依拠しているといえる．本研究では，都市及びインナーシティの特質，性質についての記述ないし考察に着目して，分析枠組みの構築を目指すため，それらの説明に詳しいワースとガンズの研究を拠り所とする (Fischer 1982= 松本・前田訳 2002; Wirth 1938= 松本訳 2011; Gans 1962= 松本訳 2012; Fischer 1975= 広田訳 2012; 森岡 2012; 田村 2015)．

的総括ともいうべきものであると同時に，その後の都市社会学の研究関心に大きな影響を及ぼした」(松本 2011: 218)．この論文においてワースは，都市の社会学的定義及び，都市において特徴的な生活様式である「アーバニズム」を明らかにした．

　ワースの提示する都市の定義とは，次のようなものである．「社会学的な目的にとって，都市は相対的に大きく，密度が高く，社会的に異質な諸個人からなる，永続的な居住地である」(前掲書: 97)．ここでいう大きさとは，人口量のことを指している．つまり，ワースは，都市を満たす要件を，大量の人口，密度，そして異質な諸個人に求めた．そして，このような都市においては，独特な生活様式が現れるとして，それを「生活様式としてのアーバニズム」と名付けた．そしてワースは，この都市的生活様式を明らかにすることは，「社会生活に関するもっとも重大な現代的問題のいくつかを理解し，できれば克服するための不可欠の必須条件である．なぜなら，それは，人間の性質と社会秩序における現在進行中の変化を理解するのにもっとも啓発的な視点のひとつを提供することになるであろうからである」(前掲書: 92)と述べ，都市的生活様式への関心を追及することは，社会学的に重要なテーマであることを強調した．

1.4.2　都市を構成するための3つの要素と生活様式としてのアーバニズム

　都市的生活様式が現れる場所としての都市を構成する要素についてワースは，人口量，密度，異質性の3つを挙げていることは既に述べた．さらにワースは，これらそれぞれの項目から導き出されるアーバニズムについて，次のように説明する．

a. 大量人口

　ワースは，まず，大量人口が個人の変異の範囲を広げることを以下のように指摘している．

　　　これまで指摘されてきたように，大量の人口は，個人の変異の範囲を

広げる．さらに，相互作用の過程に参加する諸個人の数が多ければ多い
ほど，彼らのあいだの潜在的な相違は大きくなる．それゆえ，都市コ
ミュニティの成員の個人特性，職業，文化生活，そして観念は村落の
住民よりずっと両極に分離した広がりをもつことが期待される（前掲書：
100–101）．

　そしてこのような変異は，肌の色，民族的遺産，経済的および社会的地位，
趣味，そして選好にしたがって空間的凝離[21]を引き起こすという．つまり，
都市の大量人口の影響で人びとの間にもともと備わっていた相違の幅は大き
くなり，結果として，人種や社会経済的地位が同質／異質な人びとが空間的
に凝離するのだ．
　さらにワースは，このような大量で多様な個人を有する都市は，社会関係
の性格の変化を含んでいることを指摘している（前掲書：102）．その変化とは，
「パーソナリティまるごとの接触を不可能にする」ことである（前掲書：102）．
その論拠としてワースは，ゲオルグ・ジンメルが都会人のパーソナリティと
して指摘した「控えめな態度」に関する以下の論考を引用している．

　　小さな町では，出会う人がほとんどみな顔見知りであり，積極的な関
　　係を結んでいますが，それと同じようにして無数の人びととのたえま
　　ない外面的な接触にいちいち内面的に反応していたら，その人の内面はば
　　らばらになってしまい，想像できないような精神状態になってしまうで
　　しょう（前掲書：10）．

以上のような理由から，都市の大量で多様な人びとにおいて，個人はパー
ソナリティまるごとの接触をおこなわない．そして，このような状況から都

21　「Segregation の訳．通常，segregation は人種隔離というときの「隔離」に当たるが，シカゴ
　　社会学の人間生態学では，類似した人びとが集まり，異質な人びとが反発して離れていくこ
　　とによる空間分化・居住分化の過程を segregation と呼ぶ．そこで「凝離」（凝り固まって離
　　れる）とか「分結」（分かれて結びつく）といった訳語が使われてきた」（Park 1925= 松本 2011:
　　32）．

市では，人間関係の分節化が生まれる．この人間関係の分節化のために起こる都市での人間関係をワースは次のような言葉で説明している．すなわち，非個人的，分節的，表面性，匿名性，そして一時性である（前掲書：103）．そしてこのような大量人口に基づく都市的生活様式の特質について，ワースは，本質的に都市が第1次的接触よりも第2次的接触によって特徴付けられるからであると主張している（前掲書：103）．ここに，後の研究者によって主な批判の対象となるワースの都市における第1次的接触の衰退化仮説をみることができる[22]．

b. 密度

まず，ワースは密度について次のことを強調した．「密度は，人口量の影響を強化し，人びととその活動を多様化させ，社会構造の複雑性を増大させる」（前掲書：105）．次に，密度の主観的な側面として，物理的接触は近接しているが社会的接触には距離があること，そして都市的世界は視覚的認識を重視することを指摘している．また，空間をめぐる競争は激しく，それゆえ各地域は概して最大の経済的報酬を生み出す用途にあてられるがために，仕事の場所は，居住の場所と分離される傾向にある．そして，その居住地は，仕事の場所と質，所得，人種・民族的特性，社会的地位，慣習，習慣，趣味，選好そして偏見といった要因から多かれ少なかれ特徴のある居住地に分配されることを指摘した（前掲書：105）．さらに，ワースはこのような居住地に関

22　ワースが説いたアーバニズムでは，都市の人間関係は，第1次集団内／間の接触が衰退し，それに代わって，第2次集団間／内の接触が主となっていることが説かれている．第1次集団とは，次の通りである．「クーリーの創り出した集団概念．その特徴は，(1) 直接的接触による親密な結合，(2) メンバーのあいだに存在する連帯感と一体感，(3) 成長後も持続される，幼年期の道徳意識を形成する社会的原型としての機能，(4) この集団外における社会関係を強化し，安定化させる機能，などにあり，家族・近隣集団・遊戯集団などが代表的な集団である」（濱嶋・竹内・石川編 1997: 401）．また，第2次集団とは次の通りである．「学校・組織・政党・国家などのように，特殊な利害関心にもとづいて大なり小なり意識的に組織され，成員の間接的な接触をその特色とする集団 (中略) 近代社会の特色の1つは，第2次集団の占める領域やその果たす機能が第1次集団に対して相対的に優位に立っているところにある」（濱嶋・竹内・石川編 1997: 412）．

する凝離とそのために，分離した近隣地区がつくられる過程を以下のように
描写した．

　　こうして，密集した居住地に住む多様な人口要素は，彼らの要求と生
　活様式が両立不可能な程度に応じて，そして彼らが敵対的な程度に応じ
　て，たがいに凝離する．同様に，同質的な地位と要求をもつ人びとは，
　同じ地域に知らず知らずのうちに流れ込んだり，意識的に同じ地域を選
　択したり，境遇のゆえにやむなく同じ地域に入り込んだりする（前掲書：
　105–106）．

　続いてワースは，人口の凝離と分離した近隣地区の結果として，都市では
相違に対する寛容の感覚，合理性，そして生活の世俗化が引き起こされるこ
とを以下のように指摘した．

　　分岐したパーソナリティと生活様式の併置は，相対主義的な見方と相
　違に対する寛容の感覚を生みだし，それらは合理性の先行条件と考えら
　れ，生活の世俗化をひきおこす（前掲書：106）．

　以上が人口の密度と関連したアーバニズムの議論である．多様なタイプの
人びとが密集して居住することによって引き起こされるアーバニズムは，次
の 6 項目に整理できる．(1)人びとの活動の多様性と社会構造の複雑性，(2)物
理的接触は近接しているが社会的接触には距離がある，(3)視覚的認識を重視
する，(4)仕事の場所は居住の場所と分離される傾向にある，(5)居住地に関す
る凝離が起こる，そして，(6)都市には分離した近隣地区がつくられる．以降
では，異質性の効果によって生まれるアーバニズムについて見ていく．

c. 異質性
　異質性の項目の冒頭において，ワースは次のことを指摘している．「個人
の移動性の高まりによって，個人は，大量の多様な諸個人からの刺激のなか

におかれ，都市の社会構造を構成する分化した社会集団において，不安定な地位にさらされる」(前掲書: 106–107)．つまり，個人の移動性の高まりが，都市において人びとを異質性，多様性のなかに置くことの要因の1つになっているということだ．それでは，個人の移動性の高まりに伴い生じた都市における異質性，多様性の効果としてのアーバニズムとはどのようなものなのだろうか．以下にワースの記述を引用する．

　　ひとつには，人びとの物理的な移動の自由の結果として，またひとつには，社会移動の結果として，集団成員の入れ替わりは概して速い．居住地，雇用の場所と性格，所得，関心は変わりやすく，組織を結束させて成員間に親密で永続的な知人関係を維持・促進する課題は，困難である．このことは，とくに都市内部の地域[23]にあてはまる．そのなかでは，人びとは類似した人びとを選択したり積極的にひきつけたりすることによってというよりは，人種，言語，所得，社会的地位のちがいのために凝離するようになる (前掲書: 107)．

　以上の記述から，個人の移動性の高まりによって，都市の人びとの生活様式が非常に流動的なものになっている様子が理解できる．そして，このような都市の高流動性という特徴は，ワースの「とくに都市内部の地域にあてはまる」との記述の通りインナーシティにおいて最もよく見られる特徴だということが分かる．さらにワースは，都市が流動的な空間となる要因として，都市住民の圧倒的多数が自家所有ではなく，従って一時的な居住者であるため「めったに彼は真の隣人にはならない」と (前掲書: 107)，都市住民の住居形態を要因とした都市の流動性についても指摘をしている．そして，以上のような移動性の高まりと異質性によって生じる都市及びインナーシティにおける高流動性の帰結として，都市コミュニティでは「流動的な大衆」が構成されるという (前掲書: 107)．

23　原文では，「the local areas within the city」と表記されている (Wirth 1938: 17)．

　ここまで，ワースの議論に沿って，大量人口，密度，異質性の項目別に都市的生活様式を見てきた．振り返ってみると，大量人口が個人の変異の幅を広げ，そして密度は人口量の影響をさらに強化——つまり個人の変異の幅をさらに広げ——し，大量人口と密度の効果によって個人の変異の幅が最大に広がったところに異質性という変数が入ることにより，都市，特にインナーシティ住民の生活様式は非常に流動的なものとなり，最終的に，都市には流動的な大衆が生まれるという議論であったと要約できるだろう．

　以上が，ワースが提示した生活様式としてのアーバニズムである．都市的生活様式の複雑さをアーバニズムとして解明しようとしたワースのこの研究は，「都市社会学の古典となり，たいていのテキストが彼の定義と記述に忠実にしたがってきた」（Gans 1962＝松本 2012）．しかし，「ワースのアーバニズム理論は，その理論構成が明確であるだけに，その後さまざまな批判にさらされることになった」（松本 2011: 219）．次で言及するガンズの論文はまさにワースのアーバニズム批判の代表的なものである．

1.4.3　ハーバート・ガンズよる「生活様式としてのアーバニズム」の再評価

　ハーバート・ガンズは，1962年に論文「生活様式としてのアーバニズムとサバーバニズム——定義の再評価」を発表した．副題にあるように，この論文は，ワースの提示した生活様式としてのアーバニズムについての見直しを迫る内容となっている．ガンズは，都心の周縁地域であるインナーシティと「大都市の中心を遠く離れた」（水上 2002: 27）アウターシティ[24]の生活様式を区別することによって，ワースが特徴付けた都市的生活様式は都市全般に当てはまるものではなく，そのいくつかはインナーシティの住民にのみ当ては

24　ガンズの注釈をそのまま引用する．「インナーシティという言葉で，私は推移しつつある居住地を意味している．概して中心業務地区を取り囲むゴールド・コーストとスラムである．もっとも，コミュニティによっては，それは中心業務地区のまわりに何マイルもつづいているが．アウターシティとは，労働者階級や中産階級の借家人や住宅所有者が住む安定した居住地域のことである．郊外とは，アウターシティのうちもっとも新しい，もっとも近代的な環状地帯であり，密度がずっと低いことと，環状地帯の位置が都市の境界線の外部にあるというしばしば意味のない事実によって区別されるものである」（Gans 1962＝松本 2012: 64）．

まるものであり，アウターシティの住民の生活様式が「ワースのアーバニズムとほとんど似つかないことは明らかである」(Gans 1962= 松本 2012) と，ワースの理論を一蹴した．

ガンズは，「インナーシティ」の章において，ワースが都市的人間関係として指摘した匿名性，非人格性，表面性は，インナーシティの推移地帯[25]に最もよくあてはまると指摘している．なぜなら，インナーシティの住民は大半がきわめて流動性の高い人びとで構成されており，ゆえに，インナーシティの住民は典型的に異質性が高くなっており，ワースが指摘した都市的人間関係の諸特性をみせるからだという (前掲書: 63–69)．つまり，匿名性，非人格性，表面性といった特性は，ワースが指摘した人口量，密度，異質性の帰結ではなく居住地の流動性の結果であると主張した．

では，ガンズの言うインナーシティを構成している一時的居住者や流動性の高い人びととは具体的などのような人びととなのだろうか．ガンズは，インナーシティの住民を「5 つのタイプに分けることによってもっともよく記述できる」(前掲書: 65) とした．ガンズのいう 5 つのタイプとは，まず「コスモポライト」である．ガンズによると「コスモポライト」とは，学生，芸術家，作家，ミュージシャン，芸人，その他の知識人や専門職を含む人びとのことである．そしてガンズは，「コスモポライト」の特徴について以下のように述べている．

　　　彼らは，都市の中心にのみ立地できる専門的な「文化的」施設に近いがゆえに，都市に住んでいる．多くのコスモポライトは，未婚で子どもがいない (前掲書: 65)．

次にガンズは，インナーシティ住民の 2 つ目のタイプとして「未婚もしくは子どものいない人びと」を挙げている．そしてさらに，このタイプを「一時的な未婚」か「永続的な未婚」の 2 つのサブタイプに分けて，以下のよう

25　遷移地帯については，本章1.1.1を参照のこと．

に居住形態の特徴を述べている.

　　　一時的な未婚もしくは子どものいない人びとは，限られた期間だけイ
　　ンナーシティに住む．彼らは，結婚して子どもができると，アウターシ
　　ティか郊外に移る.
　　　永久に未婚者は，インナーシティにとどまって残りの半生を過ごすで
　　あろう（前掲書：65–66）.

　そして3つ目のタイプは，「民族的な村人たち」である.「民族的な村人た
ち」とは，「インナーシティの近隣地区に見られる民族集団である」(前掲書：
66)．彼らの生活様式の特徴については，以下のように述べられている.

　　　彼らは，ヨーロッパのプエルトリコの村の農民であったときと同じよ
　　うな様式の生活をしている．彼らは都市に住んでいるけれども，職場を
　　別にすれば，ほとんどの都市施設との意味のある接触から引き離されて
　　いる．彼らの生活様式は，親族関係と第1次集団を強調し，匿名性と第
　　2次的接触を欠き，公式的組織は弱く，近隣地区の外部は何であろうと
　　誰であろうと疑うという点で，ワースのアーバニズムと鋭く異なってい
　　る（前掲書：66）.

　このようにガンズは，インナーシティ住民の3つ目のタイプとして，外国
人住民を挙げた.そして，彼らの生活様式については，ワースの主張したアー
バニズムの諸特徴と正反対であることを強調した.
　4つ目のタイプは，「剥奪された」人びとである．ガンズは，「剥奪された」
人びとは，「非常に貧しい人びと，情緒的その他のハンディを負った人びと，
崩壊した家族，非白人人口から構成される」と述べている（前掲書：66）．さ
らに，このうち非白人人口が最も重要な構成要素であることを強調している
（前掲書：66）.
　最後の5つ目のタイプは，「取り残された人びと」と関連したタイプとして

の「下降移動者」である．「取り残された人びと」は，移民の流入が著しいエリアに留まっている人びとのことである．「下降移動者」とは，垂直且つ，下向きの社会移動を余儀なくされた人びとのことである．そして，ガンズは，「取り残された人びと」と「下降移動者」は，「高齢者であり年金で生活をしている」と述べている（前掲書：66–67）．

　以上が，ガンズの示したインナーシティの流動性を規定している居住者の特徴である．インナーシティにおける住民の一時性，流動性といった住まい方ゆえに，「人びとは，地域サービスを獲得するのに必要な分節化された役割との関連でのみ，相互作用する」（前掲書：69）．従って，ワースが指摘した都市の人間関係の諸特性がインナーシティにおいて最もよく当てはまるのである．

　一方，ガンズがワースのアーバニズムと「似ても似つかない」と言った，アウターシティの生活様式とはどのようなものなのか．ガンズは，アウターシティの生活様式に第2次的関係はあまり見られず，それは「疑似一時的」なものとしてもっともよく説明できるとした．疑似一時的関係とは，「第2次接触よりは親密であるが，第1次接触よりは防衛的である」（前掲書：70）．ガンズのより詳しい説明はこうだ．

　　　［アウターシティの］近隣関係は，完全に第1次的なものではなく，完全に2次的なものでもないので，それは疑似一時的なものとなりうる．すなわち，第2次的関係は，それを第1次的関係のように見せるという偽りの感情によって偽装される．［ワースの「生活様式としてのアーバニズム」の］批判者たちは，しばしば郊外生活をこのようなやり方で記述した（前掲書：71）[26]．

　つまり，アウターシティの近隣地区における第2次的関係は，住民による偽装的感情により，見かけ上の第1次的関係になっているという．ガンズは，この意味において，アウターシティの人間関係の特質を疑似一時的な関係と

_____

26　ここではワースのアーバニズムの理論における，都市の第1次的接触の衰退化仮説が対象とされている．

呼んでいる．ではなぜ，アウターシティの住民は疑似一時的な人間関係を形成するのか．それは，そもそもアウターシティが都市の空間的構造上，経済的制度と職場から切り離されているため，第2次的関係があまりみられないこと，さらに，アウターシティの組織活動と成員が社交生活を好む傾向にあることが原因となっている（前掲書：70-71）．従って，「これらの近隣地区に住む人はだれでもよく知っているので，匿名性・非人格性・プライバシーはほとんどない」という（前掲書：71）．これは，ワースの指摘した都市の生活様式の記述と真逆をいくものである．

1.4.4　インナーシティの特徴──ワースとガンズの研究から

　ここまでワースとガンズの議論から，都市，インナーシティ，そしてアウターシティの生活様式の諸特性をみてきた．既に述べた通りガンズは，ワースのアーバニズムの理論を批判した．その批判の論点は，次の2点に集約することができるだろう．1つは，ワースが都市の特徴として提示した生活様式は都市全般に当てはまるものではなく，インナーシティに限定のものであること．そしてもう1つは，都市の住民の大半が居住するアウターシティにおいては，その空間的構造から第2次的関係の成立はほとんどみられず，主として疑似一時的関係に従って生活していることである．

　ワース，そしてガンズの研究から導き出された結論は，相反するものとして名高いが，本章の目的である，インナーシティがこれまでどのような空間として語られてきたのかを示す，との視点で見ると，ガンズが，ワースの提示した都市的生活様式は都市全般，そしてアウターシティには当てはまらないと結論付ける一方で，そのいくつかは「インナーシティの住民にのみ当てはまる」（前掲書：63）と言明している部分において，両者をインナーシティ論として捉えることの有効性が主張できる．つまり，本章の目的に合わせてこの2つの研究をインナーシティという括りでみたとき，相違点よりも共通項に照準できる．ワースとガンズの研究のインナーシティの記述に関する共通項とは，インナーシティ住民の多様性と流動性の高さである．

　ワースは，都市的生活様式に影響を与えるもののひとつとして，異質性を

挙げている．ワースに拠れば，都市における「個人の移動性の高まり」[27]の結果，都市住民は，多様なタイプの人びと，異なる性質をもった人びとで構成される．そして，このような住民構成の異質性，多様性ゆえに，都市の住民は都市的パーソナリティを身に着ける．関連してワースは，都市住民の居住の一時性の特徴に言及し，それによって，集団成員間の入れ替わりが早くなっていることを指摘した．そしてこのような，住民の多様性の帰結として，流動的な大衆が生まれるという．さらに，ワースはこれらの特徴が，特に都市内部の地域においてあてはまることを強調している．つまりワースはここで，住民の多様性という特徴が，特にインナーシティにおいて当てはまることを強調している．

　ガンズもワース同様，インナーシティの多様性と流動性の高さに注目している．

　　　ワースの都市的生活様式の記述は，インナーシティの推移地帯にもっともよくあてはまる．このような地域は，典型的には住民の異質性が高い．というのは，ひとつには，それらの地区に住んでいるのは，同質的な隣人を必用としない一時的なタイプであったり，選択余地のない，あるいはきわめて流動的であるかもしれない剥奪された人びとであったりするからである（Gans 1962= 松本 2012: 69）．

　しかし，ガンズの探求はここで終わらず，ワースより一歩踏み込んでインナーシティの住民の多様性と流動性の構成要素を，住民を具体的に5つのタイプに分けることにより明らかにした．5つのタイプとは，先述の通り(1)「コスモポライト」，(2)未婚もしくは子どものいない人びと，(3)「民族的な村人たち」，(4)「剥奪された人びと」，(5)「取り残された人びと」と下降移動者である．

　以上2つの研究は，ワースは，異質性，多様性を流動性の原因として，ガ

27　ここでいう移動性とは，「物理的な移動」と「社会移動」の2つを指している（Wirth 1938= 松本 2011: 107）．

ンズは，異質性，多様性を流動性の結果として説明しているという多様性の因果関係に関する考察の違いはあるもののインナーシティの特徴として，多様性と流動性を取り上げている点で一致している．以上のようなワースとガンズの研究から，インナーシティの特徴は，住民が多様であり，流動性が高く，そして地域そのものにも多様性や流動性という性質が備わっていることであると結論できるだろう．

1.5　これまで語られてきた「インナーシティ」とは

　本節では，インナーシティ研究の分析枠組み構築に向けて，本章を通じて示してきたインナーシティの諸特徴及び議論について改めて整理をおこない事例分析の枠組み構築を目指す．

　本章1.1〜1.3では，シカゴ学派の遷移地帯研究，シカゴ学派以降の都市研究，そして日本の都市社会学分野での都市研究からインナーシティがどのような場所として語られてきたのかを示した．その結果，インナーシティの特徴として，多様性や流動性がどの研究においても示されていることが明らかになった．このようなインナーシティの特徴は，先で示したワースとガンズの研究において集約され，理論的に論証されていることから，彼らの理論に依拠して，分析枠組みの構築を進めてきた．

　では，ワースとガンズの研究から見いだされたインナーシティの特徴と，それを測るための分析的な指標とはどのようなものだったのだろうか．本章では，ワース（1938）とガンズ（1962）の都市及びインナーシティについての考察を整理し，共通点に注目したところ，インナーシティの重要な特徴として，インナーシティ住民の多様性と流動性を挙げた．では，その多様性と流動性をかたちづくる人びととは具体的にどのような人びとなのか，この点についてはガンズの研究に詳しい．ガンズは，「ワースより一歩踏み込んでインナーシティの住民の多様性と流動性の構成要素を，住民を具体的な5つのタイプに分けることにより，明らかにした」（本章：31）．従って，本書では，インナーシティの多様性，流動性の高さを測る指標として，ガンズの5類型

を利用する．それは本章で繰り返し示している通り，(1)「コスモポライト」，(2)未婚もしくは子どものいない人びと，(3)「民族的な村人たち」，(4)「剥奪された人びと」，(5)「取り残された人びと」と下降移動者である．

　以上が，インナーシティの重要な特徴である多様性と流動性を測るための枠組みとなる．これに加えて，日本のインナーシティに独特の特徴を測るための指標も必要となる．本章 1.3 において，日本の都市社会学における都市研究とインナーシティを取り上げた．そこでは，多様性と流動性といった特徴については，シカゴ学派が示してきたインナーシティの特徴と重なる一方で，日本のインナーシティに独特の特徴も示されていた．以下に奥田道大の示した東京のインナーシティの特徴について整理したものを，若干簡略にして改めて掲載する（本章：12）．

(1) 外国人住民の数が多く，比率が高い地域

(2)「盛り場」として発展してきた地域

(3) 1965年以降の一貫した人口減少傾向を示す地域

(4) 地方からの移住労働者受け入れの歴史がある地域

(5) 住民の移動性，流動性が高い地域

(6) 1960～70年代に地域社会再生のまちづくり・むらおこし運動の現場になった地域

　上記 6 項目のうち，(1)と(5)については，シカゴ学派都市社会学において指摘されてきたインナーシティの特徴と重なるものである．それ以外の項目は，奥田らの東京のインナーシティを対象とした実証的研究の結果から指摘されたインナーシティの特徴である．東京のインナーシティの特徴である(2)(3)(4)(6)については，(2)(4)(6)はインナーシティの「地域史」として統合できる．そして本書においては，その中でも特に，「盛り場」形成の歴史に重点を置く．

　本章を通じて述べてきた，ワースとガンズ，そして奥田のインナーシティの特徴に関する研究結果を踏まえると，本書では，インナーシティ研究の分析枠組み構築に向けて次のような指標が設定できる．まず，多様性と流動性

の分析である．これは，ガンズの提示した「インナーシティ住民の 5 類型」
を使用する（上記項目(1)を含む）．次に，インナーシティの地域史の分析であ
る（上記項目(2)(4)(6)を統合）．なかでも本書では，シカゴ学派社会学との繋がり
から考察して，「盛り場」形成に関する歴史を重要視する．インナーシティは，
その地域が歴史的に「盛り場」として発展してきた経緯があることが重要な
特徴となるためである．そして最後に，人口動態の分析である．奥田らの指
摘では，インナーシティは1965年以降一貫した人口減少を示している．こ
れは，奥田らが調査をおこなった1980年代後半から1990年代初頭時点のイ
ンナーシティの人口に関する特徴であるため，現代的なインナーシティの特
徴を示すには，現在のデータから再調査する必要がある．

第2章　インナーシティに関する近年の研究動向

　本章の目的は，主に次の2つになる．まず，本研究において保育所の事例を取り上げる意義を述べること，そして，本研究の分析枠組みを提示することである．そのために，まずインナーシティに関する近年の研究動向を概観し，知見や課題を整理する．その際本章では，第1章において「インナーシティ論」と位置付けた都市エスニシティの研究に焦点を絞る．それは第1章1.3で述べた通り，本書が人びとの生活世界や生活様式などを通して現代のインナーシティの特徴を分析することを目的としており，日本ではこの種の研究が都市エスニシティ研究によって先導され発展してきたからである．これらの研究は，主に大都市インナーシティにおける外国人住民の生活世界の詳細な記述を通して，当該地域の生活様式の特徴を明らかにしてきた．

2.1 「インナーシティ論」としての都市エスニシティ研究

　日本の外国人住民を対象とした都市エスニシティ研究は，その登録者数が急増した1980年代後半以降，彼ら／彼女らの居住先となった大都市インナーシティを対象にスタートした．そしてその嚆矢となったのが，奥田道大らの研究であった．無論，外国人住民を調査対象とした研究は，後に「都市エスニシティ研究」と呼ばれた奥田らの研究のみならず，複数のパースペクティブから展開された．以降では，同じく外国人住民を調査対象とした都市エスニシティ研究以外の社会学的研究についても取り上げながら，そこではどのような事が課題として設定され，何が明らかにされてきたのかを説明する．

　1980年代後半以降，日本に急増した外国人は，いわゆる「デカセギ」目的の外国人労働者であったことは既に述べた．そのため一部の先行研究においては，経済的な側面を重要視し，入国管理法など彼ら／彼女らに関わる制度

の視点から，ホスト社会における労働環境の改善策の提示や移住プロセスの解明がおこなわれ，制度の構造的欠点が指摘された（山脇 1994; 田中 1995; 井口 2001; 梶田・丹野・樋口 2005 など）．またその後，外国人労働者の滞在の長期化に伴い日本での結婚や出産など家族形成が進行するにつれて，彼ら／彼女らを「外国人労働者」から地域社会で生活を営む「外国人住民」として捉える視点が重要であるとの議論を下敷きに，地域での生活実態に目を向けた研究が増加してきた．このような研究では，例えば日本人住民と外国人住民の関係に焦点が置かれ，ごみ出し等の生活の基礎的なルールが理解できず日本人住民とトラブルになるケースなどを取り上げ，その改善策として地域自治体における多言語での情報提供の必要性が主張された（山脇・近藤・柏崎 2001; 樋口 2005; 河原・野山 2005）．他には，自らの生活戦略としてエスニック・グループ内で発行，購読される「エスニック・メディア」の研究も発展した（白水 1996, 2004; イシ 2002）．

　以上のように，1980 年代後半以降，外国人住民を対象とする研究は，複数のパースペクティブをもって展開されてきたが，それは主に制度を事例として日本社会の構造的な特徴や問題点を指摘する構造論的研究と外国人住民そのものに視点を合わせ，地域社会の文脈のなかで彼ら／彼女らの生活上の困難や生活世界のありのままを理解しようとする関係論的研究に分かれて発展してきたといえる．都市エスニシティ研究は，その研究開始当初から一貫して，大都市インナーシティ等の地域社会を基軸に外国人を生活者として捉え，彼ら／彼女らの生活世界を通してそこに生まれた生活様式の特徴を分析してきた研究であり，関係論的把握に主眼が置かれてきた研究である（奥田・田嶋 1991, 1993; 奥田・広田・田嶋編 1994; 広田 1996; 奥田・鈴木編 001; 谷編 2002; 二階堂 2007; 山本 2008; 藤原 2008; 稲葉 2008; 川村編著 2008; 水上 2009; 大倉 2012; 谷 2015; 広田・藤原 2016; 徳田・二階堂・魁生 2016 など）．

　このように，対象への接近方法の違いはあるが，「外国人住民」というテーマを共有する社会学的研究の近年の特徴としては，外国人児童，生徒の不就学，不登校といった子どもの問題を取り上げる研究が増加したことが挙げられる．外国人住民の子どもをテーマとする研究では，親が小学校及び中学校

の就学方法を理解できず子どもが不就学になるケースが多いこと，就学して
も日本語の不理解から授業についていけず不登校となるケースが多いことな
ど，外国人の子どもの不就学，不登校の深刻な問題が取り上げられ，そこで
は，日本語学習教室における改善策など学校教育上の問題が活発に議論さ
れ成果をあげてきた（山脇・近藤・柏崎 2001; 佐久間 2007; 宮島 2003; 藤田ラウンド
2008 など）．だが一方でこれらの研究では，外国人の子どもは義務教育現場
での学校教育との関連で語られることが主流となっており，言い換えれば外
国人の子どもの問題は，「不就学」もしくは「不登校」といった義務教育，学
校教育の問題に回収されがちだったとの指摘は否めない（大野 2014）．しかし，
学校教育の文脈で外国人の子どもを捉える研究とは別の視点から，外国人の
子どもにアプローチする研究も少ないながらおこなわれてきた．そしてそれ
は，地域社会を軸とした研究を積み重ねてきた都市エスニシティ研究からの
発信であった．以降では，それらの研究の視点を参考にしながら，本研究に
おいて保育所の事例を扱う意義を示す．

2.1.1　保育所の事例を取り上げる意義

　既に述べたように，近年社会学が扱ってきた外国人住民の子どもをテーマ
とする研究の多くは，子どもたちの抱える教育上の問題を通して，主として
学校や学校教育システムの在り方を問うてきた．そのため，近年のこれらの
社会学的研究は，外国人住民の子どもたちの抱える課題等を義務教育，学校
教育の問題として結論付けるという偏りを起こしてきた可能性がある．しか
し，問題の所在を学校教育現場に求めない研究も少ないながら挙げることが
できる．広田康生と藤原法子は，都市エスニシティ研究の視点から外国人の
子どもを捉えている（広田・藤原 1994; 広田 1996; 藤原 1996, 2008）．つまりこれ
らの研究では，地域社会を磁場として子どもたちを捉える，という発想が前
提となっている．またそこでは，「学校」という場に集まってくる外国人の子
どもやその親たち，そしてそこに関わる人びとそのものに視点が向けられて
おり，むしろ学校は，彼ら／彼女らを地域社会へと繋ぐ 1 つの社会的施設と
して位置付けられている．広田・藤原（1994）は，外国人の子どもを対象と

する意味について，以下のように述べている．

　　外国人児童たちは，学校を通路として大人たちよりも頻繁にそして直
　接に日本社会に接触し，その両親と日本社会とを仲介する媒介者として
　の立場にたつ（広田・藤原 1994: 259）．

　以上のように外国人の子どもは，「学校」という社会的施設を回路として，
日本社会と直接の関わりを持つようになり，そのことで，子どもたちが両親
と地域社会とを結ぶパイプ役を担うようになることが分かる．つまり，「学
校」という地域社会における施設を通して子どもに視点を置くことで子ども
から親へ，そして地域社会へと視点が広がっていくということだ．また，こ
の点において藤原（1996）は，日本の都市社会の性格を見つけ出す手掛かり
として，「外国人児童生徒問題」を学校との関連で捉えるのではなく，その焦
点を教育から「外国人生徒」そのものに移すことを提案している（藤原 1996:
204-205）．さらに藤原（2008）では，エスニック・スクール[1]という教育施設を
事例として取り上げることの意義について，以下のように説明している．

　　本書ではエスニック・スクールを教育機関として捉えるというよりは
　むしろ，第1には，通ってくる子どもたちを含め，ここに関わる様々な
　人々を結ぶネットワークの結び目として，第2にはそうした人々といく
　つもの場所とを繋いでいくための役割を担うものとして，そして第3に
　は人々の居場所として，捉えていく（藤原 2008: 43）．

　藤原（2008）は，以上のような視点からエスニック・スクールを捉え，そ
こに集まる子どもや親たちそのものに照準することで，現在の都市地域社会

1　藤原（2008）の説明をそのまま引用する．「本書で扱うエスニック・スクールとは，もとも
　との機能としては，国境を越えて移動してきた人々自身が自らの子弟のためにつくる教育機
　関を指す．（中略）特に，本書では日本社会に作られたブラジルの教育省から認可されたエス
　ニック・スクールを取り上げる」（藤原 2008: 43）．

の特質を「トランスローカル・コミュニティ」[2]として分析した．このような広田と藤原の研究は，学校やエスニック・スクールなどの地域における社会的施設を人びとと地域社会を繋ぐ結節点として捉え，そしてそこに集まり関わる外国人住民の子どもやその親たちそのものに焦点を合わせていくことは，地域社会全体の分析を可能にするということを示している．

　以上のような広田と藤原の研究は，インナーシティの特性を分析するという本研究の課題に即したとき，地域の社会的施設を基点として調査をおこなうことの有効性を示している．それでは，様ざまな社会的施設があるなかで，本研究で特に保育所を取り上げる意義は何であろうか．まず，これまで社会的施設を事例として取り上げる必要性の論拠として挙げてきた都市エスニシティ発想の広田と藤原の研究では，やはり，外国人の子どもをテーマとする研究全般と同様に，小学校や中学校といった義務教育下における学校又はエスニック・スクールを対象としており，義務教育以前の社会的施設である保育所は扱ってこなかったことが挙げられる．外国人の子どもをテーマとする研究全般に視野を広げてみた場合には，保育所を扱う多少の研究を挙げることはできるが(大場・民・中田・久富 1998; 宮川・中西 1994; 小内 2003)[3]，それらは，本研究が目指すような，保育所を事例として地域の特性を分析するという研究とはなっていない．このように，大都市インナーシティの特性を分析する研究において，これまでほとんど取り上げられてこなかった保育所を事例として地域の特性を分析したとき，これまで見逃されてきたインナーシティの側面を捉えられることが可能となるだろう．

　以上のように，本節では，ここまで先行研究の検討を通して保育所を取り上げる意義について述べてきたが，以降では，さらに日本におけるインナーシティ論の検討をおこない，本研究において保育所を取り上げる意義を明確

2　「トランスローカル・コミュニティ」の概念については，本研究の論旨から外れるため説明を省略する．詳細は，藤原 (2008) の結論部 (251–263) を参照されたい．

3　大場・民・中田・久富 (1998) と宮川・中西 (1994) は，子どもたちの保育所への適応のプロセス，保育所での実践やそれが子どもに与える影響などを明らかにした．小内 (2003) は，群馬県太田・大泉地区の保育所を含めた教育施設の調査をおこない，それらの課題点を明らかにした．

にしていく.

2.1.2 エスニシティの側からの分析を超えて

本研究では，現代のインナーシティの特性を分析するため，都市エスニシティ研究と位置付けられる広田と藤原の研究に倣い「保育所」という地域の社会的施設を，人びとと地域社会を繋ぐ結節点として捉え事例として取り上げる．そしてそこに集まる子どもを通して，その親たちに焦点を合わせる．しかし本研究で対象とする人びとは，外国人住民に限らない．本書では，調査対象地域である「インナーシティ新宿，大久保」の地域全体の特性分析を目指しているため，エスニシティは限らず，保育所を利用する人びとやそこに関わる人びと全般に焦点を合わせる．

前述の広田や藤原の研究では，外国人住民を通して地域社会の課題やあり方を分析してきた．1980 年代後半以降の外国人住民の急増と地域社会への定着という現代の日本社会の変遷を考えると，「外国人住民」という視点から地域社会をみたとき，現代的な課題が見えやすくなることは確かだ．しかし，「外国人住民」を通してみる地域社会やそこからの分析は，あくまでもエスニシティの側からだけの提案となるだろう．藤原 (2008) においても，エスニック・スクールを通して分析した「トランスローカル・コミュニティ」という地域社会の姿は，あくまでもエスニシティと関連した地域社会の様相であった[4].

そもそも日本においては，インナーシティにおける人びとの生活世界や生活様式を通して当該地域の特性を解明しようとする研究は，都市のエスニシティを扱うなかで始まり，発展してきたことは第 1 章及び本章でも述べてきた．これは，シカゴ学派のインナーシティを対象とした研究では見られなかったことで，日本独特のインナーシティ研究の発展過程といえる．シカゴ学派では，ホーボーに始まり，ギャング，国内の移住労働者，外国人住民，そして裕福な人びとというように，多様なインナーシティの住民の全般が研究対象となり，彼ら／彼女らの生活世界を通して，インナーシティ，ひいて

---

4 藤原 (2008) 自身は，「地域社会の位相」と述べている．

は都市全体の生活様式の解明が試みられてきた．それに対して日本のイン
ナーシティ研究では，外国人住民が主な調査対象とされてきたため，そこで
提示されるインナーシティの特質は，あくまでもエスニック・マイノリティ
と関連したものとなった．このことは言い方を変えると，これまでの日本の
インナーシティ研究は，エスニシティ研究に傾倒し過ぎてきたきらいがあ
り，そのことによって，社会的多様性が見えづらくなってきた可能性がある
といえる．序章でも述べた通り，特に，現代の大都市東京のインナーシティ
は，ヤングアダルトの専門・技術的職業従事者や販売・サービス職従事者を
中心的な担い手として，人口の都心回帰が起きていることが特徴であり，当
該地域は，エスニック・マイノリティに関連する多様性のみならず，イン
ナーシティにおける新住民層としての都心回帰の担い手たちの存在により，
その社会的多様性は進行するばかりである．そのため，これまでのインナー
シティ研究のように，エスニック・マイノリティの多様性を軸に当該地域を
分析する方法では，現実を捉えきれなくなっている．

　では，これまで見逃されてきた可能性のあるインナーシティの社会的多様
性を捉えるための最適な事例，地域と人びととを繋ぐ結節点とはなんである
のか．それは，調査対象地域に在る保育所である．もっと言うならば，行政
で認められた公立の保育所が適切であろう．なぜならば，子どものいる全て
の共働き夫婦にとって，保育所の獲得は死活問題であるからだ．そこには，
階層の違いなど関係ない．保育所の獲得は，どの階層にとっても社会的或い
は経済的生活と子育てを両立させるために，欠いてはならないものであるか
らだ．さらに，行政で認められた公立の保育園である場合は，入園の窓口は
広く社会全体に開かれているはずであり，また利用料金についてもそれぞれ
の家庭の所得に応じて決まるため，インナーシティにおける多様な階層の住
民を受容することが可能となっている．つまり保育所は，地域の多文化性が
現れやすい場所なのだ．実際に，本書で主な事例として取り上げた認可の
24 時間保育園である「エイビイシイ保育園」では，親の職業だけ取り上げて
も，会社役員や経営者，医師，弁護士，官公庁職員，大学教員，銀行員，総
合商社，大手新聞社勤務などの専門職，高所得者層の人びとから，飲食店の

接客，デパ地下でのお惣菜販売，スーパーのレジ係り，美容師，ネイリスト，アイリスト，風俗店のような販売・サービス職に就く比較的に低収入の人びとまでおり，そのバリエーションは非常に多様である．このように，インナーシティの社会的多様性の写し鏡となる保育所を事例とすることで，当該地域の全体像をみることが可能となり，本研究の目的である現代の大都市東京のインナーシティの特質を分析することができるのだ．

2.2 インナーシティと多文化共生

　さて本章2.1では，インナーシティを対象とする近年の研究動向を取り上げ，本研究において保育所を事例とする意義などについて述べてきた．本章以降では，インナーシティにおける新たな動向として，近年重要視されてきた「多文化共生」と「トランスナショナリズム」の概念を取り上げる．

　大都市インナーシティは，1980年代後半以降に急増した多くの外国人住民にとって居住地となってきたため，インナーシティは，外国人住民と関連するトラブルの集積地となってきた経験がある．そのため，外国人支援をおこなう市民団体の拠点がインナーシティに置かれることはよくあることで「多文化共生」という言葉は，このような市民団体が活動を展開する際のスローガンとして頻繁に使用されてきた．

　1990年代の中頃より，大都市インナーシティに居住する外国人住民を語る際に頻繁に取り上げられるようになった「多文化共生」という用語は，一体どのようなものなのだろうか．まずは，「多文化共生」という言葉が出てくるまでの変遷を辿る．

2.2.1　「国際化」から「多文化共生」へ

　外国人支援を語る文脈で，今日のように「多文化共生」が頻繁に使用されるようになる以前は，「国際化」という用語が政府やNPOなどの運動家の間で一般的に使用されていた．山脇 (1994) と柏崎 (2010) によると，中曽根政権 (1982～87年) における「国際国家」のスローガンの下で自治省 (現総務省)

によって「地域の国際化」が推進されていたことが大きな背景となっている．1987 年には，同省により「地方公共団体における国際交流の在り方に関する指針」が自治体に示された．これにより各自治体では，例えば，海外のある都市と姉妹都市提携を結び，行政や教育委員会の代表が相互訪問を行う，市民の相互交換留学を行うなどして交流が図られた．また，公共施設での外国語による案内表示や外国人相談窓口などが設置され，「地域の国際化」が目指された．このような政策の背景には，同質性が高いとされる日本社会の閉鎖性と排他性は克服すべきものとの認識があり，この点での認識の共通性ゆえに移民・外国人にかかわる活動団体や運動組織も「国際化」を肯定的に受容していったという (山脇 1994; 柏崎 2010)．このように「国際化」は，政府主導で打ち出された政策が出発点であり，それを NPO などの運動組織が使用するようになるという構図で広がっていった．

　1980～90 年代の中頃まで，外国人支援や地域における外国人住民を語るうえで一般的に使用されていた「国際化」は，1990 年代後半頃からその立場を「多文化共生」へと譲る．山脇 (2009) によれば，「多文化共生」という言葉は，1993 年に川崎市の市民団体が「多文化共生の街づくり」を市へ提言した際に全国で初めて使用されたと言われている．これは川崎市が，1970 年代に隆盛をみた在日韓国・朝鮮人の人権闘争の中心地のひとつであり，長年にわたり外国人問題，外国人施策に先進的に取り組んできたことが背景にある．その後 1990 年代の後半になると，「多文化共生」という言葉が全国的に使用されるようになった．この背景には，1995 年に起きた阪神・淡路大震災の際に外国人被災者への支援活動を行った市民ボランティアが集まり，同年に活動の拠点として大阪に設立した「多文化共生センター」の存在がある．この大阪の「多文化共生センター」の設立後に，多くの市民団体が「多文化共生」を掲げ活動するようになった (山脇 2009)．さらに，この流れを追うように，外国人が多数居住する大都市インナーシティの自治体を始めとして，現在では多くの自治体で「多文化共生」を掲げ，外国人施策に取り組むようになった．

　このように，外国人支援，施策を語る文脈で一般的に使用されてきた政府発の「国際化」は，1990 年代中頃より市民団体発の「多文化共生」へとその立場を

譲った．そしてこの流れを追うかたちで，特に外国人住民が多数居住する大都市インナーシティの自治体行政において，「多文化共生」は彼らに関する施策を語るうえで重要なキーワードとなった．渡戸 (2010) によると，自治体における多言語での情報提供や相談，日本語学習機会の提供などの外国人住民向けの施策は90年代以降「外国人政策」として徐々に整序されたが，2000年代に入ってからは「多文化共生政策」と呼ばれるようになった (渡戸 2010: 265).

　市民団体，そして自治体によって展開されてきた「多文化共生」の取り組みは，次第に国の政策を後押しするようになった．総務省は，自治体からの要求を受け，2006年に「多文化共生推進プログラム」を取りまとめ，提言を行った．また，同年に策定した「地域における多文化共生推進プラン」を各地方公共団体へ示すとともに，同プラン等を参考としつつ，多文化共生の推進に関わる指針・計画を策定し，地域における多文化共生を計画的かつ総合的に推進するように依頼した．国としての「多文化共生」に関わる明確な施策は，現在 (2015年) までこの「多文化共生推進プラン」が主要な枠組みとなっている．また，政府が各自治体へ多文化共生の推進を依頼したことからも解るように，同プランの策定が意味していることは，政府主導で多文化共生に乗り出すというものではなく，枠組を示すのみで，実際の運営は各自治体に任せられてきた．

　以上のように，「多文化共生」は，市民団体の活動のためのスローガンから，今日では，国や地方自治体においても外国人住民に関連した政策は「多文化共生政策」として展開されることが定着している．そして特に外国人住民が多数居住する大都市インナーシティなどにおいて，「多文化共生政策」は，活発に展開されている．

2.2.2　中央省庁における「多文化共生」の理解
——「多文化共生推進プラン」を通して

　では，「多文化共生」とは具体的にどのようなことや状態をいうのだろうか．本項ではまず，2006年3月に総務省が策定した「地域における多文化共生推進プラン」(以下，多文化共生プランと略) を通して，国や中央省庁が「多文

化共生」をどのように理解し，定義しているかを見ていく．総務省は，「多文化共生プラン」が策定したことを各都道府県宛てに通知する文章において，多文化共生とその必要性を以下のように説明している．

　　外国人登録者数は平成16年末現在で約200万人と，この10年間で約1.5倍となり，今後のグローバル化の進展及び人口減少傾向を勘案すると，外国人住民の更なる増加が予測されることから，外国人住民施策は，既に一部の地方公共団体のみならず，全国的な課題となりつつあります．国籍や民族などの異なる人々が，互いの文化的差異を認め合い，対等な関係を築こうとしながら，地域社会の構成員として共に生きていくような，多文化共生の地域づくりを推し進める必要性が増しています[5]．

　以上のような「多文化共生推進プラン」の説明から，「多文化共生」に対する国の理解を整理してみると，まず過去10年間において日本の外国人住民が増加してきたこと，そして今後外国人住民はさらに増加していくことが見込まれるため，「多文化共生」が必要である．そして「多文化共生」とは，「国や民族などの異なる人々が，地域社会の構成員として共に生きていく」ことである．
　それでは次項では，社会学において「多文化共生」はどのように扱われ，理解されているのかを見ていく．

2.2.3　社会学の理解としての「多文化共生」

　市民団体や自治体行政において使用されることが一般的になった「多文化共生」という用語や概念は，学問の分野では，外国人住民を研究対象とする社会学などにおいて頻繁に使用されるようになった．しかし，多文化共生に明確に統一された定義があるわけではなく，研究者によってその捉え方は様ざまである．例えば，山脇・近藤・柏崎 (2001) は，多文化共生を次のように定義している．「異質な集団に属する人々が，互いの文化的差異を尊

5　総務省自治行政局, 2006,「地域における多文化共生推進プランについて」.

重しながら対等な関係性を構築する過程」(山脇・近藤・柏崎 2001: 149)．駒井（2006）は，多文化共生社会について「多文化共生社会とは，『多文化主義』の理念にもとづいて組織される社会を意味している」(駒井 2006: 128) と述べている．また柏崎は，共通項を括りだし次のように整理している．「国籍や民族のちがいによって不当な扱いをされてはならないこと，文化的背景が異なる人どうしが相互理解を図りながら共に社会生活を営むという目標，またそのためにもマイノリティの立場に置かれた人たちの社会参加が必要であることなど」(柏崎 2010: 237)．また川村（2008）では，新宿の大久保エリアを歴史的，政治的な緊張状態を内包している接触である「ディアスポラ接触 (diaspora contact)」が行われる領域と位置付け，多文化共生論の展開を試みている (川村 2008: 76–85)．

　以上のように「多文化共生」の概念は，研究者間で様ざまに議論され，統一の定義は存在しないが，基本的にそれは肯定的なものとして捉えられ，外国人住民の増加という多文化化が進行する地域社会において，「多文化共生」の必要性は高まっているという認識が前提となっている．

　しかしこのような肯定的な議論の一方で，国や自治体で展開されている現在の「多文化共生政策」については，否定的な見方もある．渡戸（2010）は，「多文化共生政策」の特徴を以下のように考察している．

　　　多文化共生政策は，オールドカマーの権利要求やニューカマー外国人集住地域のニーズや問題処理過程に根差した政策として構築されてきた．なかでも日系南米人集住地域では，外国人支援施策を軸にしつつ「地域共生」を視野に据えた政策が展開されてきたが，それは，ホスト社会の変革というよりも，地域問題の対処の論理としての「共生」という側面が強かった (渡戸 2010: 265)．

　以上のような渡戸（2010）の指摘からは，現行の「多文化共生政策」は，外国人住民が多数居住する自治体において，エスニシティに関連した問題が噴出した際にその問題に対処するかたちで個々のケースに対応した施策がとら

れてきたという側面が強く,「多文化共生」という 1 つの理念に基づいた政策にはなっていないということが伺える. 渡戸は, その問題が解決できれば良しというような, 現在の「多文化共生政策」の場当たり的な側面に警笛を鳴らしている. さらに渡戸 (2010) は, このような現行の「多文化共生政策」を「うわべの多文化主義」と指摘したうえで,「多文化共生社会」を,「多様な文化的背景をもつマイノリティの人びととの共生にとどまらず, グローバル化の深化による社会変容のなかで, ホスト社会の構成員の〈個人〉としての生き方と日本の社会システムや文化を問い直す視点を内在させている社会ビジョン」(渡戸 2010: 268) と位置付けている. このように渡戸 (2010) においては, 多文化共生を志向する際, 受け入れ側のホスト社会の変容が求められることが明確に示されており, これまで参照した理念としての定義とは一線を画す実践的な議論となっている.

この他に,「多文化共生政策」に関しては, 外国人住民の施策に,「共生」の概念を持ち込むこと自体に否定的な見解もある.

山本 (2006) は,「共生 (living together)」という概念は,「共に生きる」という聞こえの良さから行政や外国人支援団体においてスローガンとして多用されてきたが, そもそも「共生」はリジッドな枠組みを持つ概念ではなく, 非常に漠然としていて, 具体的に何かを明らかにしているわけではないことを指摘したうえで (山本 2006: 2), さらに,「共生」概念を外国人住民の政策に持ち込みことの問題点を以下のように述べている.

　　「共生」概念の問題点の 1 つは,「共に生きたい」と全ての人々が等しく願っているという前提の上に成り立っている点である. 現在生活している場はある者にとっては永住の地かもしれないが, ある者は明日にでも他所へ移りたいと願いながら暮らしているかもしれない. けれども, 先に触れたような前提に従って「共生」のための「努力」が求められる (前掲書 : 2).

以上のように「共生」又は「多文化共生」概念を, 外国人住民政策に投入す

ることに否定的な見方をする研究者は他にもいる．樋口（2005）は，問題を2点に整理し，以下のように述べている．

　　第1に，共生という言葉は自らが持つ響きのよさを保つために，モデルに適合しない現実から目をそらす，あるいはそれを排除する傾向があった．（中略）
　　第2に，「多文化共生」としばしばいわれるように，共生は「文化」あるいは「エスニシティ」（のみ）を説明ないし記述の単位とする誤った理解をしばしば帰結する．もちろん，文化や生活習慣の違いがさまざまな問題を生みだしていることは間違いない．また，マイノリティの文化的権利を尊重する点で，共生概念には積極的な意味がある．けれども，政治経済的な布置連関により生じる問題であっても，共生モデルでは文化（あるいはエスニシティ）に原因が帰せられてしまう（樋口 2005: 295–296）．

　以上のような山本と樋口の指摘は，主に次の2点に整理できるだろう．まず，「多文化共生」概念は共生することを前提にしたものであるため，様ざまなケースの居住者がいることから目を逸らすことに成りかねないということ，次に，政治経済的な事柄を背景とした問題であっても，「多文化共生」モデルでは文化やエスニシティから問題原因を説明しがちであるということである．
　以上のように，2000年代初頭から「多文化共生」概念の定義やそれを外国人住民施策に投入するか否かにおいては，研究者間で様々に議論されてきた．「共生」概念を自治体施策に持ち込むべきか否かについて議論することは，本章の目的ではないためおこなわないが，近年特に外国人住民が多数居住する大都市インナーシティにおいて，「多文化共生」という概念が注目されていることは確かなことである．

2.3 インナーシティとトランスナショナリズム

　本節では，大都市インナーシティにおける近年の新たな動向として，「トラ

ンスナショナリズム」の概念を取り上げる．繰り返し述べてきたように，東
京の大都市インナーシティは，1980年代後半以降，特にアジア系の「デカセ
ギ」外国人労働者の居住地としての歴史をもつ．外国人住民に関わる用語や
概念が，彼ら／彼女らを取り巻く地域行政や活動家において発信され，当該
地域＝大都市インナーシティを語るうえで適用されてきた．前節で取り上
げた「国際化」を前進とする「多文化共生」もその1つであった．本節で取
り上げる「トランスナショナリズム」の概念は，今日の国境を越えた移住者
の行動規範や彼らの居住する地域の特質を捉えるうえで，近年では，おそ
らく最も注目されてきた概念だろう (Linda Basch, Nina Glick Schiller and Cristina
S. Blanc 1994; M.P Smith and L. E Guarnizo eds 1998; M.P. Smith 2001, M.P. Smith and
J. Eade eds 2008; Vertovec S 2009= 水上ほか 2014; 藤原 2008; 広田 2015など)．しかし
トランスナショナリズムは，これまで明確な定義が与えられてこなかったた
め，研究者間で様々な意味や範囲をもって使用されており，それが一体い
かなるものなのかといったトランスナショナリズムの中身について，明確な
答えを出している研究はほとんどなかった．このようななか，スティーブ
ン・バートベック (Steven Vertovec) は，『TRANSNATIONALISM』(2009年出版)
において，トランスナショナリズムが概念的に混乱していることを指摘した
うえで，膨大な先行研究の整理と考察を通して，トランスナショナリズムを
明確に定義付けた．そのため本章では，バートベック (2009) の議論に沿っ
てトランスナショナリズムの展開過程と視角について説明する．

　バートベック (2009) によると，これまでの国境を越えて往来する移住者の
生態を捉えようとする研究では，移住者のホスト社会に与える影響に注意が
置かれ，特に移住者がホスト社会にいかに適応する／しないかや，移住者が
ホスト社会に与える影響によってホスト社会がいかに変容する／しないかと
いったホスト社会側を調査対象とするフレームで研究が進められてきた．し
かしホスト社会側だけを対象にしてきたこれまでの研究に対して，1990年代
後半以降のグローバリゼーションの進展と共に広がった移住研究では，移住
者の移住先と出身地の両方における影響を前提として，双方にまたがった移
住者の実践であるトランスナショナルな実践を重要視する，トランスナショ

ナリズムのフレームで移住者を理解する方法が主流となった (Vertovec 2009).
またこのような調査フレームの変化は，近年のグローバリゼーションの進展
に伴う国境を越えた移住者の活動パターンの変化と連動している．近年の国
境を越えた移住者は，例えば低価格の国際通話やインターネットを通じて毎
日のように出身国の家族や友人とコミュニケーションを取り，また航空運賃
も手頃な価格になったため，ホスト社会に生活の拠点を置きつつも出身国又
は第 3 国の間を定期的にそして自由に行き来している．つまり，今日の彼ら
／彼女らについては，トランスナショナルな実践を日常的におこなうように
なったという特徴が挙げられる．そして近年の移住者は，このようなトラン
スナショナルな実践を通して政治，経済，社会，文化的な様ざまな側面にお
いて，トランスナショナル・ネットワークを形成しておりホスト社会と出身
国の双方に重要な影響を与えている (Vertovec 2009).

　日本においても，上記のようなトランスナショナリズムの概念に着目し，
国境を越えた移住者たちの生活や生き方，彼らの活動拠点となる地域がどの
ような特性をもった空間であるのかを分析する実証研究がおこなわれてきた
（藤原 2008; 川村編 2008, 川村 2015; 広田・藤原 2016 など）．藤原 (2008) では，「越
境する子どもたち，家族，そして移動と定住の際の結節点としてのエスニッ
ク・スクール」(藤原 2008: 16) を事例として，彼ら／彼女らのトランスナショ
ナルな実践や経験を包み込むコミュニティである「トランスローカル・コ
ミュニティ」を発見した．川村編 (2008) や川村 (2015) では，トランスナショ
ナル・マイグランツの実践やトランスナショナル・コミュニティの存在を前
提として，ライフサイクル論の視点から彼ら／彼女らの日常の生活世界に深
く切り込んでいる．広田・藤原 (2016) では，トランスナショナル・マイグラ
ンツが形成するトランスナショナル・コミュニティの内実やその形成過程な
どを明らかにしている．また，川村 (2008, 2015) や広田・藤原 (2016) では，
国境を越えた移住者によって形成されるトランスナショナル・コミュニティ
が観察される場所として，新宿の大久保地区を取り上げている．

　以上のように，1980年代後半から大都市インナーシティの特徴として注目
されてきたエスニック・マイノリティを捉える視点は，1990年代後半以降の

グローバリゼーションの進展に伴い，彼ら／彼女らの出身国とホスト社会に
跨った実践や彼ら／彼女らの織り成すトランスナショナルな社会空間やネッ
トワークの内実，またその形成過程を解明することに注がれてきた．本研究
では，エスニック・マイノリティの存在のみを調査対象とはしていないた
め，トランスナショナリズムの概念を用いてインナーシティ新宿，大久保を
分析することは避けるが，トランスナショナルな実践を日常的におこなうこ
とが特徴とされる現代の国境を越えた移住者＝外国人住民が，新宿，大久保
においてどのような社会空間を形成しているのかを明らかにすることは，当
該地域の特質を分析する際に必要なことであると考える．なぜなら大都市東
京のインナーシティでは，外国人住民の数は増え続けており，そのエスニシ
ティも多様化していることから，彼らの存在や生活様式は当該エリアの現代
的な特質を語るうえで外してはならないものとなっているからだ．具体的な
分析課題については，次節において詳細に説明する．

2.4 本研究の分析枠組みの提示

　本章2.2以降を通じてインナーシティにおける新たな動向として，「多文化
共生」や「トランスナショナリズム」の概念が頻繁に取り上げられてきたこ
とを指摘し，その中身について言及してきた．本節では，本章2.2以降の内
容を踏まえ，さらに第 1 章1.5で示したインナーシティ分析のための指標を
統合するかたちで，本研究における分析枠組みの構築をおこなう．
　本研究では，現代のインナーシティの特徴を分析するための枠組みとし
て，以下の分析項目を設定する．

　(1)「盛り場」形成を中心とした，インナーシティの地域史
　(2) 人口動態
　(3) 多様性と流動性の分析
　(4) 地域における「多文化共生」の取り組み
　(5) 国境を越えた移住者の形成する社会空間

本研究では，以上5つの視点から現代の大都市インナーシティの特徴を分析する．それでは，各項目の分析課題について説明する．(1)インナーシティは，歴史的に「盛り場」が形成されてきた特徴がある．そのため，対象地域の「盛り場」形成を中心とした地域史を知る必要がある．これによって，その地域がどのような特性をもったインナーシティなのかを描き出すことができる．(2)人口動態については，奥田らの指摘では，インナーシティの人口動態の特徴として，「1965年以降一貫した人口減少」が挙げられているが，これは1980年代後半から1990年代初頭時点のインナーシティの人口に関する特徴である．繰り返し述べてきた通り，現代の東京のインナーシティでは人口の都心回帰が起きており，1990年代後半以降から現在まで当該地域の人口は増加を続けている．郊外化による人口減少から，近年，人口増加へと向かっている現代の大都市東京のインナーシティの人口動態を，本研究の調査対象地域である新宿区をもとに分析する．(3)多様性と流動性の分析については，ガンズの提示したインナーシティ住民の5類型を手掛かりとして，当該地域の現在の住民構成の特徴を探る．(4)地域における多文化共生の取り組みに関しては，近年大都市インナーシティにおいて，「多文化共生」が強調されるようになってきたことを踏まえて，当該地域での多文化共生の取り組みから，調査対象地域において多文化共生がどのように理解されているのかを分析する．(5)国境を越えた移住者の形成する社会空間では，新宿のなかでも外国人住民の集住地域となっている大久保地区に焦点を絞り，現代の外国人住民の活動，生活拠点となる空間がどのような施設によって形成され，そこではどのような生活の営みや活動がおこなわれているのか，またそのような空間は彼らにとってどのような意味をもった場所となっているのかを分析する．

　以上が本研究における分析枠組みである．次章では，本分析枠組みに従ってインナーシティ新宿，大久保の分析をおこない，その現在の姿を描き出す．

第3章　大都市東京のインナーシティとしての新宿，大久保

3.1「大久保」とはどこか

　本章では，第2章で示した枠組みに従いインナーシティ新宿，大久保の現在を分析する．しかし，その前に当該地域が地理的にどこを指しているのかを示す必要があるだろう．そこで本節では，「大久保」の地理的区分について言及する．普段人びとの言う「大久保」が東京の新宿にあることは多くのひとが知っているだろう．しかし人びとは，大久保と町名の付いた地区だけを「大久保」と呼んでいるのであろうか．

　図3-1は，大久保地区及びその周辺地域を示した地図である．例えば稲葉（1994）では，大久保について，JR山の手線・新大久保駅とJR総武線・大久保駅を中心に広がる地域で，地域の広がりとしては，東は明治通り，西は小滝橋通り，北は早稲田大学理工学部，南は職安通りに囲まれた一帯で，町名で言うと大久保1丁目，2丁目と百人町1丁目，2丁目を指すと述べている（稲葉1994:76）．稲葉（1994）の指しているエリアは，大久保通りと職安通り

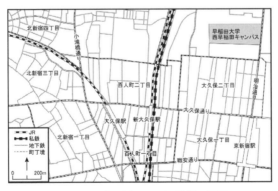

図3-1.「大久保」と周辺地域の地図
出典）筆者作成．

を中心に日本の飲食店やスーパーの他，韓国，中国・台湾，タイなどの多数のエスニック系の飲食店，食材店等が集中して立地している一帯で，実際に人びとが大久保で飲食をしたり買い物などを楽しむといったら，この辺りのエリアとなる．また一般的にも，「大久保」と言った場合，漠然とこのエリアをイメージするひとは多いだろう．従って，本研究における「大久保」は，町名でいうところの大久保1丁目，2丁目と百人町1丁目，2丁目一帯を指すものとする（図3-1参照）．

　以降では，第2章で示した分析枠組みに沿って，インナーシティ新宿，大久保の現在の姿をみていく．

3.2 「盛り場」としての新宿

　盛り場としての大久保の地域史をみる前に，東京の一大「盛り場」として現在も国内外から大量の人びとを引き寄せる，「盛り場新宿」の歴史を辿ることから始める．「盛り場新宿」と隣り合わせの大久保が，どのように現在の姿となっていったのかを新宿の歴史を辿ることで，より鮮明に描くのが目的だ．

3.2.1　関東大震災からの再建を契機として

──百貨店，カフェー街，2丁目遊郭

　河村 (1999) は，新宿が江戸中期の「内藤新宿」[1]の誕生から始まり，グローバリゼーションの影響を受けながら近代大都市になるまでを，社会，歴史的背景とともに詳細に記述している．河村 (1999) によると，新宿の「盛り場」としての発展は，新宿の街が1923年の関東大震災の被害を受けたことが契機となっている．新宿の街は，山の手地区では例外的に震災の被害を受けたという．新宿の街は，大震災の災害で「新宿駅をはじめ，新宿通り第1の建物の武蔵野館，また市電車庫など，駅前から新宿2丁目にかけて一帯が焼失し

1　「内藤新宿」は，現在の新宿区の原型であり，1698（元禄11）年，第5代将軍徳川綱吉の時代に，高井戸と日本橋の間の宿場として開設したときから出てくる地名である（河村 1999:10;新宿区地域女性史編集委員会編 1997: 191）．

た」(前掲書：73). この後新宿は, 大震災の災害からの再建を契機として, 新興の「盛り場」として変貌を遂げていく. 河村 (1999) の記述を以下に引用する.

　いままで街外れにあった二幸 (現在のスタジオ・アルタ) 前に, 青バスがターミナルをつくった. そして市営自動車も運行を開始, また市電も二幸前まで延長された. 新宿駅は災害被害をうけたこともあり, 大正14 (1925) 年5月1日, 甲州街道沿いから新興の青梅街道 (新宿通り) 沿いへと移転し, 鉄筋コンクリート2階建てのモダンな駅舎として開業した. 新宿駅は, これを契機に市電やバスターミナルとも連結, また同年9月には, 新宿―荻窪間を走る西部電車が二幸近くの新宿通りから発車するようになるなど, 新宿のターミナル機能は一段と向上していった. これに伴い現在のスタジオ・アルタの辺りが交通の要衝となっていった (前掲書：73).

　このように, 新宿駅がターミナルの拠点として発展していく動きと平行して, 新宿通りを中心に商業施設や娯楽施設の建設ラッシュが始まり, 現在の新宿3丁目交差点から「スタジオ・アルタ」の間にはもの凄い速さで新興の商業地が形成されていった. その立役者となったのが, 三越, ほてい屋, 松屋, 新三越, 三副, 伊勢丹などの百貨店であったという[2]. 百貨店以外にも新宿駅付近には, 東京パン, 中村屋, 新宿ホテル, 紀伊国屋書店, 帝都座やムーラン・ルージュなどの映画館がこの時期に相次いで建設された (前掲書：74; 新宿区地域女性史編集委員会編 1997: 223).

　また, この新興の「盛り場」を一層発展させたものとして, 新宿の「カ

　2　それぞれの百貨店の設立について, 河村 (1999) を参考にまとめる.「三越」は, 1924年に新宿3丁目交差点付近に新宿初の百貨店を開業した.「ほてい屋」は, 1926年に現在の伊勢丹の角に地上6階地下1階の百貨店を開業した.「伊勢丹」は, 1933年に地上7階地下2階のビルを建設し, 神田から新宿へと進出してきた. 1927年に京王が新しいターミナルビルを建設し, このビルの2階から上に京王パラダイスという名前の松屋デパートが入居した. これが, ターミナル・デパートのはしりである (河村 1999: 74).

フェー」[3]街も忘れてはならない．「新宿区地域女性史編集委員会」が編集した
『新宿　女たちの十字路——区民が綴る地域女性史』(1997年発行) には，新宿
の歴史が女性の生き方を通して詳細に記述されている．本書によると新宿
の「カフェー」街は，関東大震災後のほんの数年の間に出現したものだ．「カ
フェー」街は，以下のような場所に形成されていた．

> 　新宿の「カフェー」街は，1つは三越裏カフェー街 (T字街ともいう) で，
> 現在の丸井ファッション館の裏付近，2つ目は東海横町 (東海通り) とい
> い今の広末亭前の通りで，この他に武蔵野館前の通りにもミドリ，タイ
> ガーなどのカフェーが集まっていた．カフェーで働いている女性は女給
> とよばれ，客に酌をしたりレコードにあわせて客と踊ったりしてサービ
> スをした」(前掲書：223)．

震災直後の大正後期から昭和にかけて東京都心と近郊の盛り場では，新し
い娯楽として「カフェー」ブームに湧いていたようだが，新宿のカフェー街
の賑わいは，当時新宿2丁目にあった新宿遊郭 (通称，2丁目遊郭) [4]によっても

---

3 「日本に初めてカフェーができたのは 1876 (明治11) 年のこと神戸の珈琲店といわれている
　が，広く知られているのは10年後東京上野に開店した「可否茶館」である．ともにフランス
　風のコーヒー専門店だったが，当時コーヒーはまだ一般的でなく3年ほどで店をたたんだ．
　ところが，明治末年，画家松山省三が銀座に開いたカフェー・プランタンでは，コーヒーだ
　けでなく酒を飲ませた．作家や画家などが集まる特異な店であったが，これが評判になり，
　カフェー・ライオンやカフェー・パウリスタなどが次々とできた．これらの店では着物に白
　いエプロンをつけた「女ボーイ」のサービスが売り物で繁盛し，たちまち全国にひろまった．
　「女ボーイ」はおかしい，と「女給仕」やがて「女給」とよばれるようになり，大正期に女給
　さん付椅子テーブル付飲み屋が大流行した．これがいわゆるカフェーの始まりである」(新宿
　区地域女性史編集委員会 1997：223)．

4 新宿遊郭の歴史は古く，始まりは，新宿が宿場「内藤新宿」として誕生した，元禄11 (1698)
　年まで遡る．内藤新宿は，元禄11 (1698) 年に名主・高松喜六らによって提出された，宿場
　設置願を受けて建設された宿場町である．高松らは，翌年2月に738軒の家並みの続く宿場
　を完成させた．このうち，52軒が「飯盛女」のいる旅籠屋 (はたごや) で大変に繁盛した．飯
　盛女は，公式には「食売女」と呼ばれ，江戸時代に街道の宿場の旅籠屋で旅人相手に寝食の
　世話をした，幕府黙認の売春婦である．彼女たちは，旅の男の求めに応じて売春を強いられ
　ていた．内藤新宿は，物資流通の役割より，飯盛旅籠のある宿場として発展したため，次第

たらされていた面が強かったようだ．新宿区地域女性史編集委員会編 (1997)
では，林芙美子の『放浪記』の記述を引用しながら新宿のカフェー街の賑わ
いと新宿遊郭の関係について以下のように述べている．

　　　〈カフェーは〉2時がカンバンなのに，遊郭がえりの客がたてこむと
　　主人はのれんを引っ込めようともしないで，女給たちは「厭になってし
　　まうわ……」といいながら4時過ぎまで遠くの方で鳴く鶏の声や，新宿
　　駅の汽車の汽笛が鳴るのを聞きながら働く——という様子が描かれてい
　　る．これは大正末年のころのことで，その後1933 (昭和8) 年「特殊飲食
　　店営業取締規則」により，カフェーの閉店時間は12時と決められたが，
　　東海横町のカフェーは間近に2丁目の遊郭を控えていたので，午後2時
　　までは営業が黙認されていたという．新宿カフェーのにぎわいは周辺の
　　飲食店同様，遊郭によってもたらされていたのである (前掲書：225)．

　以上のように，関東大震災からの再建をきっかけに新宿は，新興の盛り場
地域として大発展した．そしてこの新宿の盛り場を特徴付けるのは，百貨店
や映画館といった巨大商業施設や当時大流行したカフェー街，そして2丁目
の遊郭である．新宿の2丁目遊郭は，新宿が宿場から近代の盛り場として大
きな転身を遂げた重要な要因となっている．
　盛り場としての新宿は，大震災直後からの商業施設の建設ラッシュを経て
わずか5年後の1929年には，「四谷・神楽坂から山の手の繁華街の地位を奪い
取り，銀座につぐ東京第2の盛り場にのしあがっていった」(河村 1999: 75)．

に遊郭としての性格を強めていく．内藤新宿は，享保3 (1718) 年，いちど廃宿となるが，そ
れから約半世紀後の明和9 (1772) 年に宿場再開となり，その後は明治へかけて，遊興地とし
ての性格を変えることなく繁栄の一途を辿る．明治期に入り，東京府の公娼制度の成立 (1873
年) などを経て，内藤新宿の大通りにあった遊郭は，明治30 (1897) 年頃より，移転が議論さ
れ始めた．そして，大正7 (1918) 年，警視庁令第16号により，新宿遊郭を現在の新宿2丁目
に強制移転することが伝えられ，3年後の1921年までに移転が完了した．移転後の新宿遊郭
は，通称「2丁目遊郭」と呼ばれた．大正12 (1923) 年の関東大震災の後，新興の「盛り場」と
して，新宿が大発展していた当時，この2丁目遊郭では，娼婦約560人を擁しており，大繁
盛していた (河村 1999: 新宿区地域女性史編集委員会編 1997)．

3.2.2 「歌舞伎町」の建設

　盛り場としての新宿をイメージする際,「歌舞伎町」を思い浮かべるひと
は少なくないだろう．関東大震災からの復興を契機として,新宿2丁目,3
丁目一帯が新興の盛り場として発展を遂げていたすぐ隣の歌舞伎町一帯は,
1935年代まで静かな住宅地のままで,大きな建物といえば「府立第5高等女
学校」と「大久保病院」くらいだった (河村 1999: 100)[5]．この住宅地域に「歌舞
伎町」建設の話が出たのは,1945年の第2次世界大戦下における東京大空襲
直後のことだ．

　1945年5月2日,夜10時半から翌日の朝4時にかけての空襲で,新宿の
街は伊勢丹周辺を除いて一面焦土と化した．新宿,特に大久保地域の地理的
形成過程に詳しい稲葉 (1994; 2008) によると,「歌舞伎町」建設は,角筈1丁
目北町会 (現在の歌舞伎町) の当時の町会長,鈴木喜兵衛の発案によるものだ．

　　　歌舞伎町の建設は,終戦直後の1945年8月,角筈1丁目北町会の町会
　　　長だった鈴木喜兵衛によってはじまる．鈴木は,玉音放送を聞いた翌日
　　　の8月16日には疎開先から戻り,新しいまちづくりに取り組むため,旧
　　　町会員と連絡をとり2ヶ月後には民間主導による復興協力会を設立し,
　　　大劇場や映画館,大総合娯楽館,ダンスホール,ホテル等のある一大ア
　　　ミューズメントセンターをつくる構想を打ち上げたのである (稲葉 2008:
　　　53)．

　また河村 (1999) によると,鈴木は,戦後の産業は観光になることを予見
しており,歌舞伎町を「東京の健全な娯楽センター」にするとの構想があっ
たという．そして,その娯楽センターの中心に歌舞伎を上演できる歌舞伎劇
場の建設を構想していた．現在の「歌舞伎町」という町名は,歌舞伎劇場の
建設が計画されていたことから決定した名前で,1948年に町名変更がおこな
われたようだ．当時の町会長,鈴木の大構想から始まった歌舞伎町建設は,

　5　現在の歌舞伎町一帯は,明治の頃までうっそうとした森林地帯で,関東大震災の後にようや
　　く住宅が建ち始めた (河村 1999: 100).

1947 (昭和22) 年12月に土地区画整理事業が着手され，その後10数年の年月をかけて300区画の宅地を造成し，1957 (昭和33) 年5月に事業を完了した (河村 1999: 102).

3.3「盛り場」としての大久保

　終戦直後からその建設準備が始められ，1957年に完成した新宿の盛り場「歌舞伎町」だが，その頃，歌舞伎町のすぐ隣にある大久保では何が起きていたのだろうか.

3.3.1　国内の移住労働者のベッドタウンとしての大久保 (1950年代中期〜)

　ちょうど歌舞伎町の建設が完了した1957年頃は，日本は高度経済成長期に突入しており，地方からの若年層が東京都心部に仕事を求め大量に流入していた. もちろん，歌舞伎町もその例外ではなかった. 稲葉 (2008) によると大久保は，歌舞伎町のすぐそばという立地の良さから地方からの移住労働者の居住地として重宝されはじめていた. 稲葉 (2008) の記述を以下に引用する.

　　　大久保地区では昭和20年代から，歌舞伎町で働くホステスやボーイに貸すために，3畳一間や4畳半の貸間や木造アパートがつくられるようになった. 地方から上京し，歌舞伎町に流れ込んだ若者たちは，働く場所はあっても住まう場所がなかった. 職安通りを渡ればすぐ歌舞伎町という大久保地区の立地は，深夜遅くまで働く彼ら・彼女らにとって，歩いて通える住まいを確保するには絶好の位置にあったのである (稲葉 2008: 54).

　稲葉 (2008) によると，地方からの移住労働者の住処としての大久保の木造アパートは，昭和30年代に入ると数を増し昭和40年代に入ると戸建て住宅の庭先を潰して小規模なアパートが建てられるほど，さらにその数を増し

た.「大久保から環状七号線にかけてのエリアは,木賃（木造賃貸共同住宅の略）ベルト地帯と称されるほど,昭和30年代,40年代には木造アパートが密集する市街地を形成するに至った」(前掲書:55)とあるように,1955〜70年代の大久保は,地方からの移住労働者の居住地域として,その都市機能が担保されていた様子がよく分かる.

3.3.2 外国人労働者,留学生のベッドタウンとしての大久保（1980年代以降〜）

　以上のような,大久保が国内の移住労働者の居住地域として機能していた状況は,1980年代になるとその様相が変化していく.これまで,主に歌舞伎町で働く国内の移住労働者の住処となっていた大久保に,外国人労働者が住み始めるようになるのだ.繰り返し述べてきたが,1980年代中後期の日本はバブル経済に突入しており,かつてない好景気を迎えていた.そのことを背景として,日本特に東京の都市部では,近隣のアジア諸国からの労働者を大量に引き付けており,また彼らの居住先としては,大都市インナーシティが選ばれていた.稲葉(2008)によると,1980年代の歌舞伎町は,多くの外国人女性が働く街になっていた.

　　　1980年代の歌舞伎町には,高級クラブのホステスとして,キャバレーのダンサーとして,あるいは風俗店で働く女の子として,数多くの外国人女性がいた.飲食・サービス業で働く外国人女性のなかでも興行ビザや観光ビザで来日していた女性たちは,雇用先の経営者やリクルーターが用意した宿舎で暮らしていた.その彼女たちの宿舎となっていたのが大久保地区のマンションである.外国人従業員の宿舎として借り上げて,2DKや3DKの部屋に女性たちを複数で住まわせていた (前掲書:59).

　また,この頃大久保に外国人が増えた要因として,留学生の存在も見逃すことは出来ない.1983年に当時の中曽根首相のもと,「留学生10万人計画」[6]が

6　「留学生10万人計画」とは,1983年の「21世紀への留学生政策に関する提言」,及び1984年の

国策として打ち出された．そして本計画施行以降，日本における留学生の数はめざましい伸びをみせた[7]．稲葉 (2008) によると，この頃，「留学生10万人計画」を背景とした留学生の急増を受けて留学生予備軍として日本語学校で学ぶ就学生の数も激増，それを追いかけるように，日本語学校の開校が相次いだ．1990年，東京都区部には日本語教育施設が245校あり，うち新宿に50校あった．またそのうちの13校が大久保に建っていた (前掲書：61–62)．大久保という小さなエリアのなかに13校もの日本語学校があった様子は，まさに大久保に日本語学校が乱立していた様相をイメージさせる．このように，大久保に複数の日本語学校が開講したことを背景として，多くの留学生が大久保に集まった．また当時の日本語学校に寮が完備されていることは稀で，多くの留学生たちは，且つて国内移住労働者の住処として用意されていた大久保の安価な木賃アパートに部屋を借りた (前掲書：62)．

　以上のように大久保は，1980～90年代にかけて，国内の移住労働者が住まう地域から，歌舞伎町で働く外国人女性，そして大久保の日本語学校に通う留学生など外国人の集住地域へとその姿を変容させていった．

3.3.3　外国人住民が築いた大久保の「盛り場」（1990年代以降～）

　稲葉 (2008) によると大久保では，1990年代初頭から外国人住民によるエスニック系施設[8]の展開が見られるようになり，その後わずか数年間でエス

「21世紀への留学政策の展開について」という，文科省における有識者会議でまとめられた方針がそれにあたる．「留学生10万人計画」は，21世紀の初頭までに10万人の留学生の受け入れを目指すもので，その目標は2003年に達成された (寺倉2009)．なお，2008年7月，再び文科省において，2020年を目途に30万人の留学生の受け入れを目指すという「留学生30万人計画」が策定されたことは記憶に新しい．

7　「留学生10万人計画」の施行以降，留学生の数はめざましい伸びをみせ，1992年までの受け入れ目標としていた4万人には，予定よりも2年早く1990年に到達した (寺倉 2009)．

8　外国人住民がホスト社会で営む飲食店などは，よく「エスニック・ビジネス」という用語で表現されている．稲葉 (2008) では，同様の内容を「エスニック系施設」という用語で表現している．これは，稲葉 (2008) の調査対象が外国人住民のおこなう「ビジネス」に向けられているものではなく，彼らを担い手とする「施設」に向けられているためだという (稲葉2008：80)．本研究では，インナーシティ新宿，大久保の特徴を分析するため，当該地域において外国人住民の生活，活動拠点となる社会空間がどのような「施設」によって形成されている

ニック・タウンと称されるほどそれらの存在は顕著になった．稲葉（1994）のなかでは，当時の大久保地域のエスニック系施設の発展の様子が以下のように記されている．

　　具体的に店舗を紹介してみると，衣・食・住でいえば，民族衣装の仕立て・修繕・クリーニングを行う店，外国人女性に好まれるような色彩感覚の衣装や小物を扱う服飾・装飾品店，日本人向けにアレンジしていない料理を食べられるアジア各地の民族料理レストランや食材店，各国言語による「外国人専門のアパート・マンションを紹介します」という貼り紙，外国人にも部屋を斡旋してくれる不動産業者，外国人専門の簡易宿泊所も多数ある．娯楽でいえば，外国人のテレビ番組や劇映画を録画したビデオをレンタルする業者，カジノバーなども見られる．そのほかにも地域で確認できたものとして，医院，美容院，サウナ，引越し，母国への送金業務，アルバイト斡旋，宗教施設などである．最近では小さいながらも韓国百貨店もオープンした（稲葉 1994: 110）．

　以上の稲葉の記述を読むと，今日でも大久保のエスニック系施設の展開が衰えていないことがよく分かる．現在でも大久保には，様ざまなエスニック系施設がひしめき合って立ち並んでおり，食事時や週末ともなれば，大久保通りは簡単に歩けないほどの外国人と日本人で賑わっている．

　1950〜80年代までの大久保は，国内の移住労働者，その後，近隣アジア諸国を中心とした，外国人労働者と留学生のベッドタウンとなっていた．1980年代以降，国外からの移住者を大量に受け入れてきた大久保には，1990年代から現在にかけて誰もがいちどは足を運んだことのある「盛り場」が形成された．しかしその盛り場は，新宿3丁目や歌舞伎町のような盛り場とは

のかに着目しているため，稲葉（2008）に倣い，「エスニック系施設」という言葉を使用する．また，稲葉（2008）では，エスニック系施設について，その要件となるものを3点に整理して詳細な定義をおこなっているが，ここでは，本稿で扱う事例の内容に沿って，稲葉の定義の一部を借用する．すなわち，本稿でいうエスニック系施設とは，「そのエスニック集団独特の商品やサービスを扱う施設」のことである（稲葉 2008: 81）．

その様相を異にしている．なぜなら大久保に形成された盛り場は，外国人住民によって，少なくとも当初は，外国人住民のための盛り場として形成されてきた経緯がある．そして現在では，外国人住民にとっては，自国の文化を求めて，日本人にとっては，他国の文化を求めて集う盛り場として人びとの欲求を満たしている．それが大久保の盛り場であり，盛り場形成の歴史からみた大久保の特徴である．

3.4 都市化，郊外化から再都市化へ
——インナーシティにおける人口動態

　日本において，インナーシティを調査対対象地域とした，そこに居住する人びとの生活世界や生き方を通して当該地域の生活様式などの特質を明らかにしてきた研究は，都市エスニシティ分野から始まり発展してきた．その先駆けとなった奥田らの研究では，インナーシティとは，1965年以降一貫して人口減少を示してきた地域であることが特徴として挙げられている．なぜこの時期にインナーシティでは人口減少が起こっていたのか．それは，郊外化の影響によるものである．松本 (2004) は，東京の都市化，郊外化，そして都心回帰現象・再都市化について詳しい．松本は，人口のセンサスデータをもとに，東京都区部では1965年まで人口が急増し，その後ふたたび増加に転じる2000年まで東京都区部の人口は減少を続けていたことを示したうえで，この現象について，「郊外化による人口のドーナッツ化現象によって，東京都区部で『ドーナッツの穴』が広がっていったことがうかがわれる」と説明した (松本 2004: 20) [9]．また，1965年以降の郊外化の社会経済的要因について，都市化により東京都区部に大量に流入した地方からの若年労働者がやがて家族

　9　松本 (2004) は，東京の郊外化を，1965年から1970年代前半の「第1次郊外化」，1985年から1997年までの「第2次郊外化」に分けて説明している．「第1次郊外化」の次期は，東京の工業化にともない流入してきた地方からの若年労働者が，やがて家族形成期を迎えて郊外へと移住した．「第2次郊外化」は，バブル経済を背景とする地価高騰が原因となる．「商業地に端を発した地価高騰が，住宅地にまでおよび，都内に住みたくても住めない人びとが，郊外に住宅を求めて移っていった」のだ (松本 2004: 20–21, 24)．

形成時期を迎え郊外へ移住していったこと，同時期に進展した都心部の脱工業化を背景として，ブルーカラー労働者が職場を求めて郊外へ移住したこと，また都心で働くホワイトカラー労働者は，子育ての場を求めて郊外へ移住したこと，さらにその後，1980年代後半から始まるバブル経済を背景とした都心部における地価高騰が不動産価格の値を上げたことによって，多くの人びとが郊外への移転を余儀なくされたことを要因として挙げている（松本 2004: 18-25）．このようなことを要因として郊外化は進み，東京都区部では，1965年以降1990年代を通して人口が減少し続ける．

　以上のような1965年以降始まった東京の都区部における人口減少は，2000年代に突入しその流れが転換する．東京都区部において約30年ぶりに人口の増加がみられるようになる．そしてこの人口増加の傾向は現在も続いている．これが，人口の都心回帰又は再都市化といわれる現象である．松本（2004）は，都心回帰現象の中心的な担い手は20歳代後半から40歳代前半のヤングアダルトの専門技術職層と販売・サービス職層であることを明らかにした．バブル経済期の地価高騰を要因としたヤングアダルト層の郊外への流出が，バブル経済が崩壊して地価が下がり住宅供給が増加したことにより止まったのだ（松本 2004: 34-49）．しかし松本（2004）によると，都心回帰現象の原因は，単に家賃の面において都心に住み易くなったことに加えて，ヤングアダルト層の「都心志向・中心都市志向」が関係しているという．以降では，都心回帰現象の担い手としてのヤングアダルトの都心志向・中心都心志向についてみていく．

3.4.1　ヤングアダルト層の都心志向・中心都市志向

　既に述べたように，東京の都心回帰の担い手は，ヤングアダルトの専門・技術職層と販売・サービス職層であった．彼ら／彼女らは，バブル経済崩壊後の不動産価格の低下が要因となり，郊外に流出せず都心部に留まるようになったのだ．しかし，郊外での暮らしが主流の時代に彼らはなぜ都心部に留まったのか．松本（2004）によると，それは彼ら／彼女らの生活様式の価値観である都心志向・中心都市志向のためだという．以下に松本（2004）の論考を

引用する．

　　[ヤングアダルトの専門技術職層と販売・サービス職層は] 高度経済成長期
　のホワイトカラーとは違って，かれらは，郊外の一戸建て住宅よりも，
　都心に近い集合住宅を好む．フルタイム就業の夫と専業主婦の妻に子
　ども 2 人の核家族を「標準」とは考えず，DINKs (Double Income No Kids)，
　DIWKs (Double Income With Kids)，シングルなど多様な世帯を形成する．
　かれらにとって，豊かさの基準は，耐久消費財に代表されるモノの消費
　よりも，サービスの利用，すなわち快適で充実した時間と空間の消費に
　おかれる（松本 2004: 48–49）．

　松本 (2004) によると，以上のようなヤングアダルトの専門技術職層と販売・
サービス職層の都心志向・中心都市志向は，1990 年代以降の日本の経済が情
報・サービス経済化したことと連関している．1990 年代以降の日本は，アメ
リカが先導する情報・サービス経済化の経済発展モデルへの追随をはじめた
のだ．そのため，「東京では 90 年代にはいって，製造業従事者がさらに減少し，
サービス業従事者がさらに増加した．生産・運輸職，事務職，管理職は減少
し，販売・サービス職と専門技術職は増加した」(松本，2004: 48)．このような
産業構造の変化によって，東京には，情報・サービス経済を牽引する専門・
技術職層と販売・サービス職層が集まり，また彼らは，職住近接といった利
便性や都市に集中するサービスの利用を求めて郊外には出ず東京の都市部に
留まるようになったのだ．松本 (2004) は，郊外化によって空洞化した都心は，
ヤングアダルトの専門技術職層と販売・サービス職層によって埋められつつ
あり，それは，東京が都心志向の新しい定住都市に変わりつつあることを意
味していると指摘している（松本 2004: 49）．
　以上のように都心回帰とは，バブル経済崩壊後の都市部の不動産価格の低
下と日本の情報・サービス経済化路線によって生み出されたヤングアダルト
の専門・技術職層とサービス産業に従事するフレキシブルな労働者が，都心
に集中する様ざまなサービスや交通の快適さ，職場から近いなどの便利さを

求めて，都市部に定住するようになった現象を指す．現在の東京のインナーシティは，都市化による人口急増，郊外化による人口減少を経て，2000年代以降，都心回帰による人口増加を経験している．

　図3-2は，新宿区の1947年から2015年までの人口推移を示したものである．図をみると，1965年までまさに人口が急増していたことが分かる．都市化の時代である．1965年以降は，郊外化の時代に入り人口減少が続く．奥田らの研究でインナーシティの特徴として説明されていた「1965年以降の一貫した人口減少傾向を示す地域」と一致する．その後，新宿区の人口減少は，1997年でストップし，1998年から増加に転じ，以降2012年の大幅減少を除いて2015年現在まで増加を続けている．都心回帰現象である．

　以上のように，大都市インナーシティである新宿では，1998年以来人口の都心回帰が起こっている．そして，松本 (2004) の研究によるとこの都心回帰は，ヤングアダルトの専門・技術的職業従事者と販売・サービス職従事者によって牽引されていることが明らかにされている．

3.5 インナーシティ住民の多様性と流動性について

　本節では，住民の多様性と流動性というインナーシティ住民の特徴につい

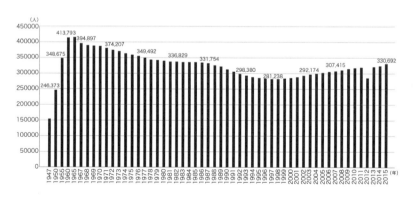

図3-2.　新宿区の人口推移（単位：人）
出典）東京都総務局統計部のデータから筆者作成．
※「新宿区の人口推移」とは，日本人人口と外国人人口を合わせた総数のことである．

82

て新宿の現状をみていく．そしてここでは，既に述べた通り，インナーシティ
に特徴的な住民構成としてハーバート・ガンズのインナーシティ住民の5類
型を参照する．ガンズによると，インナーシティに特徴的な住民構成は，こ
れからみる5つのタイプに要約できる．そして，この5つのタイプの住民の
異質性や居住の一時性ゆえに，インナーシティは多様性と流動性という特徴
を示している．

3.5.1　コスモポライト

　ガンズによると，コスモポライトは，学生，芸術家，作家，ミュージシャ
ン，芸人，その他の知識人や専門職を含んでいる (Gans 1962= 松本 2012: 65)．

　新宿区の住人の職業構成については，国勢調査の小地域集計「職業等基本
集計に関する集計」の「職業 (大分類)，男女別15歳以上就業者数——町丁・
字等」から知ることができる．職業構成の中分類及び小分類の数値について
は，東京都全体の結果のみしか公表されていないため，大分類についての集
計結果を用いる．

　総務省統計局の『平成22年国勢調査に用いる職業分類』によると，職業分
類構成は，表3-1の通りである．

　表3-1にある通り，大分類はA〜Lの12項目で構成されている．このうち，

表3-1.　平成22年国勢調査に用いる職業分類

	大分類	中分類	小分類
A	管理的職業従事者	3	5
B	専門的・技術的職業従事者	12	63
C	事務従業者	7	16
D	販売従業者	3	14
E	サービス職業従事者	8	27
F	保安職業従事者	1	6
G	農林業従事者	3	12
H	生産工程従事者	7	46
I	輸送・機械運転従事者	5	13
J	建設・採掘従事者	3	17
K	運搬・清掃・包装等従事者	4	12
L	分類不能の職業	1	1
(計)	12	57	232

出典) 総務省統計局，2010『平成22年国勢調査に用いる
職業分類』より，本書と関係の箇所を抜粋して筆者作成．

ガンズがコスモポライトの職業として挙げたもの――学生，芸術家，作家，ミュージシャン，芸人，その他の知識人や専門職――は，Bの「専門的・技術的職業従事者」のなかに含まれる．「専門的・技術的職業従事者」は，12の中分類と63の小分類で構成されている．表3-2は，「専門的・技術的職業従事者」の中分類と小分類を示したものである．

　表3-2中の(1)〜(12)は，中分類を示しており，1〜63は，小分類を示している．このように，「専門的・技術的職業従事者」の具体的な内容を見てみると，コスモポライトの職業と重なっていることが分かる．そのため，国政調査の結果をもとに新宿区の「専門的・技術的職業従事者」に注目しつつ，新宿区の住民の職業構成についてみていく．

　表3-3は，国勢調査の小地域集計，「職業等基本集計に関する集計」の「職業（大分類），男女別15歳以上就業者数――町丁・字等」の2010年の結果から，新宿区の数値についてまとめた表である．表をみると，新宿区において上位を占めている職業分類は，コスモポライトと重なる職業分類であるB「専門的・技術的職業従事者」の他に，C「事務従事者」，D「販売従事者」そして，E「サービス職従事者」の4つであることが分かる．新宿区では，このBからEの職業に就く人びとで全体の65％を占めており，これらの職業は，新宿区において中核を成している職業である．

　表3-4は，国勢調査の町丁別の結果から，本書で設定した大久保エリア（大久保1, 2丁目，及び百人町1, 2丁目）と大久保エリアに隣接する地域である，北新宿1, 3, 4丁目の数値を抜粋して整理したものだ．表をみて分かる通り，新宿区全体の結果と同様に，大久保エリアにおいても上位を占めている職業は，BからEの職業である．また，大久保エリア及び周辺のエリアにおいて，これら4つの職業分類は，50％以上を占めており，B「専門的・技術的職業従事者」，C「事務従事者」，D「販売従事者」そして，E「サービス職従事者」は，大久保エリア及びその周辺のエリアにおいて中核を成している職業である．

　以上のように，コスモポライトの職業カテゴリーとしての「専門的・技術的職業従事者」は，新宿区において高い割合を占めていることが分かったが，現代の新宿では，「専門的・技術的職業従事者」の他に，「事務従事者」，「販売

表3-2.　「専門的・技術的職業従事者」の中分類と小分類

(1) 研究者
1. 自然科学系研究者
2. 人文・社会科学系研究者

(2) 技術者
3. 農林水産・食品技術者
4. 電気・電子・電気通信技術者（通信ネットワーク技術者を除く）
5. 機械技術者
6. 輸送用機器技術者
7. 金属技術者
8. 化学技術者
9. 建築技術者
10. 土木・測量技術者
11. システムコンサルタント・設計者
12. ソフトウェア作成者
13. その他情報処理・通信技術者
14. その他の技術者

(3) 保健医療従事者
15. 医師
16. 歯科医師
17. 獣医師
18. 薬剤師
19. 保健師
20. 助産師
21. 看護師（准看護師を含む）
22. 診療放射線技師
23. 臨床検査技師
24. 理学療法士，作業療法士
25. 視能訓練士，言語聴覚士
26. 歯科衛生士
27. 歯科技工士
28. 栄養士
29. あん摩マッサージ指圧師，はり師，きゅう師，柔道整復師
30. その他の保健医療従事者

(4) 社会福祉専門職従事者
31. 保育士
32. その他の社会福祉専門職業従事者

(5) 法務従業者
33. 裁判官，検察官，弁護士
34. 弁理士，司法書士
35. その他の法務従業者

(6) 経営・金融・保険専門職業従事者
36. 公認会計士
37. 税理士
38. 社会保険労務士
39. その他の経営・金融・保険専門職業従事者

(7) 教員
40. 幼稚園教員
41. 小学校教員
42. 中学校教員
43. 高等学校教員
44. 特別支援学校教員
45. 大学教員
46. その他の教員

(8) 宗教家
47. 宗教家

(9) 著述家，記者，編集者
48. 著述家
49. 記者，編集者

(10) 美術家，デザイナー，写真家，映像撮影者
50. 彫刻家，画家，工芸美術家
51. デザイナー
52. 写真家，映像撮影者

(11) 音楽家，舞台芸術家
53. 音楽家
54. 舞踊家，俳優，演出家，演芸家

(12) その他の専門的職業従事者
55. 図書館司書，学芸員
56. 個人教師（音楽）
57. 個人教師（舞踊，俳優，演出，演芸）
58. 個人教師（スポーツ）
59. 個人教師（学習指導）
60. 個人教師（他に分類されないもの）
61. 職業スポーツ従事者
62. 通信機器操作従事者
63. 他に分類されない専門的職業従事者

表3-3. 新宿区の職業分類別従業者数（2010年）

	職業分類	人数（比率）
A	管理的職業従事者	5,662 (4.1%)
B	専門的・技術的職業従事者	27,959 (20.4%)
C	事務従業者	29,483 (21.5%)
D	販売従業者	16,691 (12.2%)
E	サービス職業従事者	15,135 (11.0%)
F	保安職業従事者	2,755 (2.0%)
G	農林業従事者	73 (0.1%)
H	生産工程従事者	5,019(3.7%)
I	輸送・機械運転従事者	1,516(1.1%)
J	建設・採掘従事者	1,914(1.4%)
K	運搬・清掃・包装等従事者	4,997 (3.6%)
L	分類不能の職業	26,095 (19.0%)
総数（人）		137,299 (100%)

出典）平成22年国勢調査の結果から筆者作成.

表3-4. 大久保エリアと周辺地域の職業分類別従事者数（人）と比率（%）

	職業分類	大久保1, 2丁目	百人町1, 2丁目	北新宿1, 2, 4丁目
A	管理的職業従事者	154 (3.7%)	103 (3.5%)	231 (3.0%)
B	専門的・技術的職業従事者	599 (14.4%)	415 (13.9%)	1,263 (16.3%)
C	事務従業者	500 (12.0%)	387 (13.0%)	1,495 (19.3%)
D	販売従業者	631 (15.2%)	354 (11.9%)	945 (12.2%)
E	サービス職業従事者	631 (15.2%)	454 (15.3%)	878 (11.4%)
F	保安職業従事者	32 (0.8%)	24 (0.8%)	95 (1.2%)
G	農林業従事者	2 (0.05%)	1 (0.0%)	1 (0.0%)
H	生産工程従事者	127 (3.1%)	89 (3.0%)	235 (3.0%)
I	輸送・機械運転従事者	50 (1.2%)	35 (1.2%)	84 (1.1%)
J	建設・採掘従事者	67 (1.6%)	58 (1.9%)	130 (1.7%)
K	運搬・清掃・包装等従事者	185 (4.5%)	137 (4.6%)	333 (4.3%)
L	分類不能の職業	1,242 (29.9%)	920 (30.9%)	2,037 (26.4%)
総数（人）		4,156 (100.0%)	2,977 (100.0%)	7,727 (100.0%)

出典）平成22年国勢調査の結果から筆者作成.

従事者」，そして「サービス職従事者」も大きな割合を示しており，上記4カ
テゴリーで新宿の職業構成の中核を成している．

　さてここで，ガンズのコスモポライトの居住パターンに関する説明につい
て注意しなければならない点を挙げておく．ガンズの指摘では，コスモポラ
トは，未婚で子どもがいない傾向が強く，このうち一時的な未婚者は，結婚
して子どもができるとアウターシティか郊外に移るという居住パターンが説
明されており，彼らのこのような居住の一時性ゆえに，インナーシティが流
動性の高い地域となると主張されている．しかし本章3.4で言及したように，
現在のインナーシティは，都心回帰の時代に入っている．つまり，現代の都

市では，子どもができると郊外に移り住むという居住パターンが一般的ではなくなりつつあり，子育て世代であるヤングアダルト層が，都会の快適さを求めて都心部に定住する時代となっている．ガンズのいうコスモポライトの居住形態からインナーシティの流動性を説明するのは，現実的ではないということだ．しかし，これまで郊外の住人であった人びとが都心部の住人になるということは，従来とは違う異質な住民層が流入してくるということであり，これは都心及びインナーシティにおける多様性がさらに高まるということでもある．

3.5.2　未婚もしくは子どものいない人びと

　次に，ガンズがインナーシティの住民として指摘した「未婚もしくは子どものいない人びと」と「取り残された人びと—下降移動者」について，新宿区の状況をみていく．

a. 未婚者

　表3-5から3-7は，東京都における一般世帯総数のうちの夫婦のみの世帯（子どものいない世帯），単独世帯（未婚者世帯），そして高齢者単身世帯の数と比率を2000年，2005年，2010年の年代別に示したものである．まず，新宿区の一般世帯に占める未婚者世帯の比率をみると，2000年の55.9％から2010年は62.6％となっており，未婚者の数は，近年確かに増加していることが分かる．また，新宿区の未婚者世帯は，一般世帯のなかで半数以上を占める高い割合となっている．新宿区の未婚者世帯の割合は，東京都区部全体の比率と比較しても10％以上の差で高くなっている．そして，郊外である市部，群部の未婚者世帯数と比べてみると，例えば2010年は，新宿区は，郊外地域の未婚者世帯の比率より，30〜40％も高い割合を示している．

b. 子どものいない人びと

　次は子どものいない人びとについて，新宿区の状況をみていく．表3-5から3-7において，東京都区部とそれ以外（市部，群部）を比べると，区部の「子

表 3-5. 東京都地域別世帯状況（2000 年）

地域	一般世帯総数	夫婦のみ世帯	単独世帯	高齢者単身	子どものいない世帯の比率	未婚者世帯の比率	高齢者単身世帯の比率
東京都	5,371,057	908,491	2,194,342	388,396	50.5%	40.9%	7.2%
区部	3,763,462	621,778	1,639,827	299,358	52.1%	43.6%	8.0%
新宿区	153,473	21,504	85,770	13,794	60.9%	55.9%	9.0%
市部	1,576,440	280,209	546,889	86,746	47.0%	34.7%	5.5%
郡部	18,918	3,460	2,994	843	29.7%	15.8%	4.5%

出典）東京都総務局統計部「東京都区市町村町丁別報告」各年より筆者作成．

表 3-6. 東京都地域別世帯状況（2005 年）

地域	一般世帯総数	夫婦のみ世帯	単独世帯	高齢者単身	子どものいない世帯の比率	未婚者世帯の比率	高齢者単身世帯の比率
東京都	5,747,460	1,001,392	2,444,145	498,443	51.3%	42.5%	8.7%
区部	4,024,884	678,083	1,825,789	371,641	53.0%	45.4%	9.2%
新宿区	170,957	24,675	98,923	17,237	62.2%	57.9%	10.1%
市部	1,689,131	315,809	608,905	123,541	47.4%	36.0%	7.3%
郡部	19,840	4,043	3,824	1,265	33.3%	19.3%	6.4%

出典）東京都総務局統計部「東京都区市町村町丁別報告」各年より筆者作成．

表 3-7. 東京都地域別世帯状況（2010 年）

地域	一般世帯総数	夫婦のみ世帯	単独世帯	高齢者単身	子どものいない世帯の比率	未婚者世帯の比率	高齢者単身世帯の比率
東京都	6,382,049	1,081,892	2,922,488	622,326	53.0%	45.8%	10.0%
区部	4,531,864	729,715	2,223,510	459,968	55.0%	49.1%	10.0%
新宿区	194,555	24,145	121,861	20,489	64.5%	62.6%	11.0%
市部	1,815,637	344,338	688,220	158,360	48.1%	37.9%	9.0%
郡部	20,909	4,511	4,686	1,737	35.7%	22.4%	8.0%

出典）東京都総務局統計部「東京都区市町村町丁別報告」各年より筆者作成．

どものいない世帯の比率」は，高い割合を示していることが分かる．区部全体の「子どものいない世帯の比率」は，2000 年（表3-5）は 52.1 %，2005 年（表3-6）は 53 %，2010 年（表3-7）は 55 % と，いずれも 50 % を超えている．それと比べて，郊外である市部の子どものいない世帯の比率は，2000 年は 47 %，2005 年は 47.4 %，2010 年は 48.1 % で，40 % 台となっている．さらに，群部の比率は低く，30 % 台となる．新宿区の子どものいない世帯の比率は，2000 年は 60 %，2005 年は 62.2 %，2010 年は 64.5 % といずれも 60 % を超えており，区部全体の比率と比べると，約 9〜10 % 高くなっている．

　以上のように，東京都心及びそれを取り囲む周縁地域であるインナーシ

ティでは，子どものいない世帯の比率は，東京郊外の市部よりも高い割合を
示している．そして，都心及びインナーシティのなかでも新宿区の子どもの
いない世帯の比率は，高い割合を示していることが分かる．

3.5.3　取り残された人びとと下降移動者

　ガンズは，取り残された人びとと下降移動者について，「彼らの多くは，高
齢者であり，わずかな年金で生活している」(Gans 1962= 松本 2012:67) と述べて
いる．そのためここでは，取り残された人びとと下降移動者について，これ
までと同様の表から高齢者単身世帯のデータを参照する (表3-5から3-7参照)．

　東京都区部全体の高齢者単身世帯比率は，2000年は 8 ％，2005年は9.2％，
2010年は 10 ％となっている．市部の高齢者単身世帯比率は，2000年は5.5％，
2005年は7.3％，2010年は 9 ％である．群部は，2000年は4.5％，2005年は6.4％，
2010年は 8 ％だ．区部とそれ以外を比べた場合，2000年，2005年では，区部
の高齢者単身世帯比率は，高い割合を示しているが，2010年になると，区部
10％，市部 9 ％，群部 8 ％とそれぞれ 1 ％に留まる差となった．これは，周
知の通り日本社会が高齢化社会に向かっているためであり，今や高齢者単身
世帯の多さは，都心及びインナーシティ住民の特徴として薄れたといえる．
新宿区の高齢者単身世帯の比率もやはり，年を追うごとに高まっているが，
市部，郡部との比較において，その差は縮まっている．

3.5.4　「民族的な村人たち」と「剥奪された人びと」

　ガンズは，「民族的な村人たち」について次のような説明をおこなっている．

　　「民族的な村人たち」は，ニューヨークのロア・イーストサイドのよ
　　うなインナーシティの近隣地区に見られる民族集団である．彼らは，
　　ヨーロッパのプエルトリコの村の農民であったときと同じような様式の
　　生活をしている．彼らは都市に住んでいるけれども，職場を別にすれ
　　ば，ほとんどの都市施設との意味ある接触から引き離されている (Gans
　　1962= 松本 2012: 66).

以上のガンズの記述から、「民族的な村人」は、海外からの移民のことを指していることが分かる．次にガンズは、「剥奪された」人びとについて以下のように説明している．

　　　「剥奪された」人びと、つまり、非常に貧しい人びと、情緒的にその他のハンディを負った人びと、崩壊した家族、そして最も重要なのは非白人人口である（Gans, 1962= 松本 , 2012: 66）．

　またガンズは、ワースの説いた都市的生活様式に影響を与えている3つの変数（人口量，密度，異質性）が、彼自身の提示したインナーシティ住民の5つのタイプの人びとに影響を与えているか否か検討する項において、「剥奪された」人びとについて以下のように言及をおこなっている．

　　　剥奪された人びとは、密集による苦痛をかなりこうむっているが、しかしこれは、低所得，人種差別，その他のハンディキャップのゆえであり、都市の生態学的構成の必然的な帰結とは考えられない（Gans, 1962= 松本 , 2012=68）．

　以上のようなガンズの論考を受けて筆者は、「剥奪された人びと」の一部に、産業構造の底辺に組み込まれ、また様ざまな社会的機会を逸する傾向にある移民が含まれると考える．ガンズは、剥奪された人びとについて低所得や貧しさを挙げているが、これまで日本においても外国人労働者が安価な労働力として見られてきたことや、故に外国人住民の家庭が低所得で貧しい場合が多いこと等が社会問題として取り上げられてきた．また家族の崩壊については、国際結婚カップルにおける DV の問題の顕在化や、日本語の話せない親と日本で教育を受け母語よりもむしろ日本語が上達した子どもの間で共通の言語を逸することから親子関係が崩れていくこと等が社会的に問題視されてきた．さらに外国人住民の子どもについては、親が小学校及び中学校の就学方法が理解できず子どもが不就学になるケースが多いこと、就学しても日本

語が分からず授業についていけないため不登校となることケースが多いことが近年社会問題化してきた．本研究の調査においても保育園の入園について，外国人の家族は，日本語での申請手続きに難しさを感じまた長時間労働のライフスタイルゆえに，行政の窓口まで足を運ぶことができず，公立の保育園入園の機会を逸していることが明らかになった．

　また，冒頭に引用した「剥奪された人びと」についてのガンズの論考をみると，それは，非白人や人種差別を受けている人びとを含むカテゴリーであり，そのなかでも特に「非白人」が重要な要素であることが分かる．ここでの「非白人」は，ガンズの居たアメリカ社会の文脈に照らすと一般的には，アフリカンアメリカンを指すが，かれの主著においておこなわれているボストンを事例にした調査では，イタリア系アメリカ人のエスニック集団を対象としていることを考えると[10]，先ずガンズが「剥奪された人びと」について何らかのエスニック集団を想定していたこと，そしてそれを構成する最も重要な要素を非白人＝アフリカンアメリカンに限定していなかったことが分かる．

　以上のような理由から，ガンズのいう「剥奪された人びと」の重要な要素として，外国人住民が含まれていると考えられるため，本研究の分析にあたっては「剥奪された人びと」を外国人住民と設定する．

a. 外国人住民数と比率

　ではまず，新宿区の外国人住民数の推移を見てみよう（図3-3）．新宿区の外国人は，1985年以降から1990年の間に一気に増加した．これは繰り返し述べてきたように，1980年代後半以降のバブル景気下における労働力不足を反映したもので，この時期に日本での就労を目的にした海外からの「デカセギ」労働者が職を求めて東京都内に流れ込んだ．1990年以降は，それまでの急激な増加に比べると，緩やかではあるが増加を続けてきた．2011〜13年の間の減少は，同年3月11日に起きた東日本大震災の影響が強く，この時期に大量の外国人住民が日本を離れたためだ．2014年になり，2011年の減少以

10　Gans 1959= 松本 2006.

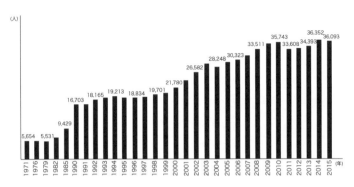

図3-3. 新宿区の外国人登録者数推移(1971–2015)
出典)新宿区住民基本台帳の外国人住民国籍別男女別人口各年から筆者作成.

前の数を取り戻し，2015年は前年と比べやや減少したが，2015年現在も新宿区は東京都のなかで最も外国人住民数の多い地域となっている．では，新宿区の外国人住民数の状況は，他の東京のインナーシティのなかではどのような位置付けとなるのだろうか．表3-8は，1985年から2015年の東京都区部各地域の外国人住民数と各区の全体人口に外国人住民が占める割合を示した表である．全国都道府県の人口に占める外国人住民の割合（表中では「総数」と記載）や区部全体における割合と各区部の状況を比較して表をみていくと，区部のなかでも，千代田区，港区，そして新宿区の外国人住民の割合が高いことが分かる．そのなかでも，港区と新宿区の割合は特に高い．1980年代から1990年代では，新宿区より港区の方が外国人住民の割合は高かったが，新宿区の外国人住民の割合は年を追うごとに上昇し，2003年には，港区を上回り10.5％となった．2009年以降は，11％台後半となり，2015年においても11％台を維持している．この数は，全国の外国人住民の割合と比べると約4倍，区部全体の割合と比べても約3倍の高さである．

　以上のように新宿区の外国人住民数は，1980年代後半以降から現在まで増加傾向にあり，その割合は，東京の都心及びインナーシティのなかでも特に高い割合を示してきた．そして2000年代初頭以降は，外国人住民数と比率共に最も高い地域となっている．1980年代後半といえば，郊外化の影響で

92

表 3-8.　東京都区部の外国人住民数（人）と比率（％）

	1985 年	1911 年	1997 年	2003 年	2009 年	2015 年
総数	138,790 (1.2%)	220,672 (1.9%)	262,270 (2.3%)	344,221 (2.9%)	408,284 (3.3%)	417,442 (3.1%)
区部	118,550 (1.4%)	190,143 (2.4%)	219,206 (2.8%)	287,479 (3.6%)	340,130 (4.0%)	350,863 (3.9%)
千代田区	3,519 (6.1%)	1,370 (2.9%)	1,237 (3.1%)	1,821 (4.6%)	2,710 (5.9%)	2,484 (4.4%)
中央区	668 (0.8%)	835 (1.1%)	1,293 (1.8%)	2,429 (2.8%)	4,877 (4.4%)	5,153 (3.7%)
港区	11,082 (5.6%)	11,096 (6.9%)	13,024 (8.6%)	16,494 (10.0%)	22,354 (11.2%)	18,420 (7.7%)
新宿区	9,535 (2.9%)	16,782 (5.8%)	19,056 (7.3%)	28,116 (10.5%)	33,555 (11.9%)	36,016 (11.0%)
文京区	3,677 (1.9%)	5,078 (2.9%)	5,241 (3.2%)	6,380 (3.7%)	7,179 (3.8%)	7,696 (3.7%)
台東区	3,503 (2.0%)	5,111 (3.1%)	5,563 (3.6%)	9,877 (6.3%)	11,817 (7.2%)	13,248 (7.0%)
墨田区	2,440 (1.1%)	4,283 (1.9%)	4,907 (2.3%)	7,537 (3.4%)	9,200 (3.9%)	9,865 (3.8%)
江東区	4,701 (1.2%)	7,497 (2.0%)	8,214 (2.3%)	12,928 (3.3%)	18,664 (4.3%)	22,766 (4.6%)
品川区	5,420 (1.6%)	8,234 (2.5%)	8,101 (2.6%)	9,667 (3.0%)	11,833 (3.4%)	10,663 (2.9%)
目黒区	4,523 (1.7%)	6,390 (2.6%)	7,458 (3.1%)	8,416 (3.4%)	7,979 (3.2%)	7,386 (2.7%)
大田区	6,779 (1.0%)	10,389 (1.6%)	12,533 (2.0%)	15,534 (2.4%)	18,231 (2.7%)	19,353 (2.7%)
世田谷区	7,532 (1.0%)	11,457 (1.5%)	13,139 (1.7%)	15,427 (1.9%)	15,704 (1.9%)	15,693 (1.8%)
渋谷区	6,534 (2.8%)	8,384 (4.2%)	9,131 (5.0%)	11,599 (6.0%)	11,148 (5.7%)	9,091 (4.2%)
中野区	3,899 (1.2%)	9,288 (3.0%)	10,477 (3.6%)	11,322 (3.8%)	11,656 (3.9%)	12,283 (3.9%)
杉並区	4,841 (0.9%)	9,283 (1.8%)	10,356 (2.1%)	11,332 (2.2%)	11,475 (2.2%)	11,421 (2.1%)
豊島区	5,727 (2.1%)	13,912 (5.6%)	13,742 (5.9%)	16,364 (6.9%)	17,163 (7.0%)	21,616 (7.8%)
北区	3,345 (0.9%)	7,939 (2.3%)	9,641 (3.0%)	12,931 (4.1%)	15,530 (4.9%)	16,005 (4.7%)
荒川区	6,060 (3.3%)	8,372 (4.7%)	9,030 (5.3%)	12,505 (7.1%)	15,709 (8.5%)	16,188 (7.7%)
板橋区	3,671 (0.7%)	8,843 (1.8%)	11,213 (2.3%)	14,748 (2.9%)	17,625 (3.4%)	18,022 (3.3%)
練馬区	4,035 (0.7%)	7,704 (1.3%)	9,877 (1.6%)	12,027 (1.8%)	13,735 (2.0%)	13,552 (1.9%)
足立区	8,920 (1.4%)	12,864 (2.0%)	15,870 (2.6%)	20,875 (3.4%)	23,222 (3.7%)	23,679 (3.5%)
葛飾区	4,088 (1.0%)	6,209 (1.5%)	7,781 (1.8%)	10,712 (2.5%)	14,175 (3.3%)	14,969 (3.3%)
江戸川区	4,051 (0.8%)	8,823 (1.6%)	12,322 (2.1%)	18,438 (2.9%)	24,589 (3.8%)	25,294 (3.7%)

出典）東京都総務局統計部外国人人口各年から筆者作成.

　日本人人口は郊外に流失し続けていた時期で，それは1990年代末まで続く．日本人人口が郊外へと移動するのと交代するように，職を求めた外国人が東京の都心部に流入してきたのだ．

　図3-4は，大久保地区に限定した外国人人口の推移である．大久保地区の外国人人口は，2011年，2012年の一時的減少を除き，現在まで増加を続けている．この傾向は，新宿区全体の動態と符合している．また，図3-5は，大久保地区の日本人人口の推移である．大久保の日本人人口は，2000年から2010年までは概ね増加を続けたが2011年，2012年の減少以降一時的に増加してからは，大久保の日本人人口は，現在（2016年5月）まで減少を続けている．近年の大久保の人口は，日本人人口が減少するなかで外国人人口が増加

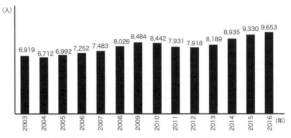

図3-4. 大久保エリアの外国人人口推移
出典）新宿区の統計資料より筆者作成.

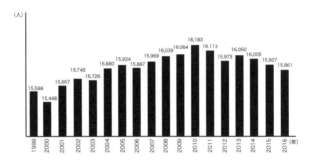

図3-5. 大久保エリアの日本人人口推移
出典）新宿区の統計資料より筆者作成.

を続けているという状況だ.

b. 国籍

　それでは，新宿区にどのような国籍の外国人住民が暮らしているのだろう
か（図3-6，表3-9参照）．全体としては，アジア系の国籍が占めているのが特
徴だ．そのなかで，中国・台湾と韓国・朝鮮 の人びとが多く，これらの人
びとで全体の約7割を占めている．もともとは，韓国・朝鮮が最も多い国籍
であったが，2009年頃から徐々に減少を続けてきたのに対して，中国・台湾
の人びとが増加を続けてきたため，2012年以降，中国・台湾が新宿区におい
て一番多い国籍となっており，現在その差は開きつつある．また，韓国・朝
鮮に続き多い国籍となっているベトナムとネパールは，このわずか数年の間
に急増した国籍である．2003年のベトナム人は，わずか59人，ネパール人は

94

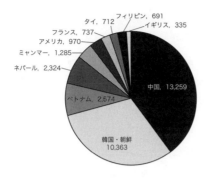

図 3-6.　国籍別外国人登録者数（人）（2015 年 3 月 1 日時点）
出典) 新宿区住民基本台帳の外国人住民国籍別男女別人口 (2015 年
3 月 1 日現在) より筆者作成.

表 3-9.　新宿区の国籍別外国人住民数（人）の推移（上位 10 ヶ国）

年	総数	中国	韓国・朝鮮	ベトナム	ネパール	ミャンマー	アメリカ	フランス	タイ	フィリピン	イギリス	その他
2003	29,292	9,844	11,009	59	78	940	760	932	608	898	469	3,695
2004	28,248	9,297	11,344	82	111	829	728	876	596	785	443	3,157
2005	29,617	9,389	12,608	126	158	789	758	987	592	775	455	2,980
2006	30,323	9,324	13,306	129	270	840	706	1,008	638	834	431	2,837
2007	31,715	9,302	14,116	142	421	940	750	1,098	715	880	413	2,938
2008	33,511	10,065	14,490	155	565	1,090	850	1,196	699	897	424	3,080
2009	35,343	11,330	14,392	170	807	1,271	916	1,136	720	931	439	3,231
2010	35,743	12,172	14,368	192	877	1,233	927	1,089	662	825	424	2,974
2011	33,608	12,530	12,574	217	1,004	1,153	852	905	637	715	366	2,655
2012	33,775	12,782	12,381	305	1,186	1,041	845	873	671	661	385	2,645
2013	34,393	12,821	11,506	1,537	1,485	1,089	940	778	675	656	349	2,557
2014	36,352	13,354	10,723	2,481	2,235	1,241	995	754	701	676	339	2,853
2015	36,093	13,259	10,363	2,574	2,324	1,285	970	737	712	691	335	2,843

出典) 新宿区外国人住民国籍別男女別各年より筆者作成 .
＊2015 年のデータに基づき，人数が多い順に表記している.

78 人であったが，年を追うごとに増加を続けてきた．特に，2012 年以降の増加は目覚ましく，ベトナムは，2012 年の 305 人から 2013 年には 1,537 人となった．この 1 年の間で，実に約 5 倍に増加したのだ．

　ベトナムとネパールが急増し上位 10 ヶ国に入ったのと交代で，マレーシアとインドネシアが上位国から抜けた．マレーシアとインドネシアは，2003 年から 2006 年まで上位 10 ヶ国に入っていたが年々減少を続けた．2003 年時点で 1,000 人近く登録のあったマレーシア人は，現在では 123 人になり，同じく

2003年時点で580人の登録があったインドネシア人は現在では167人となった.

　新宿区では，韓国・朝鮮，中国・台湾，ミャンマー，フランス，フィリピン，アメリカ，タイ，そしてイギリスの8ヶ国は，近年，安定的に一定数を保ってきた大きなエスニック集団であり，最近ではこの8ヶ国にベトナムとネパールが加わったという状況だ.

　以上のように新宿区は，東京のインナーシティのなかで最も外国人住民数が多く，比率の高い地域である. ガンズは，外国人住民の存在によって，インナーシティに「流動性」という特徴が付与されると述べている. 実際に，外国人住民の居住年数をみるとそのことがよく理解できる. 表3-10は，新宿区の外国人住民の転入と転出を示したものだ. 新宿区では，外国人住民の総数に対して毎年，転入と転出の数が大きく，非常に出入りの激しい地域であることが分かる. 特に，2004年頃からは，転入，転出共に約1万人を記録しており，毎年外国人全体の約3分の1が入れ替わっている状況だ. そして，この流動性の高さは，年を追うごとに増していることが表から読み取れる.

　以上のように，新宿区の外国人住民の居住年数をみると一時性が強く，毎年大量の外国人が出たり入ったりとする，入れ替わりの激しい様子が読み取れる.

表3-10.　新宿区における外国人居住者数の転入・転出の状況（2000 ～ 2012 年）

年	転入者数（人）			転出者数（人）			外国人人口総数（人）
	新規登録	区外転入	合計	閉鎖	区外転出	合計	
2000	5,237	3,268	8,505	3,558	3,114	6,672	21,780
2001	5,935	3,663	9,598	3,802	3,431	7,233	24,149
2002	6,330	3,940	10,270	3,812	4,029	7,841	26,582
2003	6,066	4,378	10,444	4,627	4,291	8,918	29,292
2004	6,133	4,919	11,052	5,263	4,732	9,995	28,248
2005	6,113	4,985	11,098	4,806	4,791	9,597	29,617
2006	7,710	4,956	12,666	6,494	5,602	12,096	30,323
2007	8,057	5,459	13,516	5,691	6,309	12,000	31,715
2008	7,977	5,910	13,887	5,530	6,651	12,181	33,511
2009	7,955	6,591	14,546	5,914	6,967	12,881	35,343
2010	8,159	7,046	15,205	7,275	7,320	14,595	35,743
2011	6,228	6,903	13,131	8,613	6,785	15,398	33,608
2012	3,415	3,915	7,330	3,564	3,848	7,412	33,775

出典）新宿自治創造研究所「研究所レポート2010」及び，「新宿区の概況」平成21 ～ 26年度版各年より筆者作成.

c. 大久保は外国人住民の集住地域

　それでは，これまで見てきたような大量の外国人住民は新宿区内のどこに住んでいるのだろうか．新宿区の町丁別外国人人口の変遷をみると，大久保地区と周辺の 3 地域に外国人住民の数が多いことが分かる．町名で示すと，大久保 1 丁目，2 丁目，百人町 1 丁目，2 丁目，そしてこれら大久保地区に隣接して北西に広がる，北新宿 1 丁目，3 丁目，4 丁目である（図3-1参照）．表3-11 は，2015 年におけるこの 7 地域の外国人住民数（2015 年11月末日現在）と各地域総人口に占める外国人住民の割合を示した表である．

　表3-11 をみると，本研究で大久保地区として設定している大久保 1 丁目，2 丁目，百人町 1 丁目，2 丁目の外国人人口割合は，どこも 4 割を超えるか少し下回る数値となっており非常に高いことが分かる．そのなかでも大久保 1 丁目の外国人比率は45.4％と特に高く，約 2 人に 1 人が外国人住民というところまできている．大久保以外の地域でも外国人人口の割合は 2 割を超えおり，5 人に 1 人以上が外国人住民といった状況だ．また，新宿区全体の外国人人口（38,866 人）のなかでこれら 7 地域合計の外国人人口（14,177 人）をみると，その割合は約36％であり，この地域に新宿区全体の外国人住民の 3 分の 1 以上が居住していることが分かる．

　以上のような結果から新宿区のなかでも大久保は，外国人住民の集住地域となっていることが分かる．日本全体の外国人人口比率が 2 ％に満たないこと，東京都区部内でも 3 〜 5 ％（表3-8参照）であることを考えると，40 ％を

表 3-11.　大久保地区と周辺地域の外国人住民数と比率

	総人口（人）		日本人人口（人）		外国人人口（人）	
新宿区全体	334,248	(100%)	295,382	(88.4%)	38,866	(11.6%)
大久保 1 丁目	4,612	(100%)	2,518	(54.6%)	2,094	(45.4%)
2 丁目	8,899	(100%)	5,567	(62.6%)	3,332	(37.4%)
百人町 1 丁目	4,592	(100%)	2,773	(60.4%)	1,819	(39.6%)
2 丁目	5,139	(100%)	3,054	(59.4%)	2,085	(40.6%)
北新宿 1 丁目	6,854	(100%)	5,047	(73.6%)	1,807	(26.4%)
3 丁目	7,418	(100%)	5,723	(77.2%)	1,695	(22.8%)
4 丁目	6,436	(100%)	5,089	(79.1%)	1,347	(20.9%)
合計	43,950	(100%)	29,771	(67.7%)	14,179	(32.3%)

出典）新宿区の統計資料(2015 年11月 1 日現在)より筆者作成.
※新宿区の外国人人口における大久保地区の外国人比率，約36.5％.

超える大久保の外国人比率がいかに顕著であるかよく分かる.

3.6 新宿区の「多文化共生」とは

　近年，インナーシティにおいて,「多文化共生」の概念が注目されてきたことは既に述べた通りだ．新宿区において,「多文化共生」はどのようなものとして理解され，またどのような施策として実施されているのだろうか.

　新宿区は，全国的にも珍しく「多文化共生」を目指すことが区の条例として定められている.2012年9月7日に区の「地域文化部多文化共生推進課」によって取りまとめられた「新宿区多文化共生まちづくり会議条例」が施行された．また本条例において,「多文化共生まちづくり会議」を設置することが明らかにされている.

　　　第1条　新宿区(以下「区」という.)の区域内(以下「区内」という.)にお
　　　いて，多文化共生のまちづくりを総合的かつ効果的に推進するため，区
　　　長の附属機関として，新宿区多文化共生まちづくり会議(以下「多文化共
　　　生会議」という.)を設置する(「新宿区多文化共生まちづくり会議条例」第1
　　　条).

　以上のように第1条において,「新宿区多文化共生まちづくり会議」(以下,「多文化共生会議」と呼ぶ)は，区長の附属機関とすることが定められている.区長の附属機関であるということは，この会議が区に対して拘束力をもつことを意味している．つまり，原則的にはこの会議における答申が区政に反映されることを意味する.

　ではなぜ新宿区は全国的にも珍しく，多文化共生の推進を区の条例で定めることになったのだろうか．それには背景として,「日本人と外国人が交流し，お互いの文化や歴史等の理解を深める場」[11]として，2005年9月に開設し

11　「多文化共生プラザ」の説明については，地域文化部多文化共生推進課のホームページより
　　引用(2016年5月5日閲覧).

た「しんじゅく多文化共生プラザ」[12] そして，それと同時に設置された「ネットワーク連絡会」の存在がある．「ネットワーク連絡会」では，多文化共生プラザを拠点に地域住民や活動団体のネットワーク化を推進するための話し合いがもたれてきた．そして「ネットワーク連絡会」は，2010年に「新宿区多文化共生連絡会」と名称が改められた．区の地域文化部多文化共生推進課の職員の話しによると，「『ネットワーク連絡会』及び『新宿区多文化共生連絡会』を通じて，多文化共生に関する様ざまな課題が議論されてきたが，その中で出てきた問題意識として，これまでの活動や議論を通して分かったことを区政に反映させるべきではないのかということがあった」[13] という．このような背景から，「新宿区多文化共生連絡会」とは別に区長の附属機関として，「多文化共生会議」を条例で定めることが検討されるようになったという[14]．

　では，多文化共生に関するこの2つの組織の違いは何であろうか．2012年6月12日に開催された，区議会総務区民委員会における野もとあきとし区議の「新宿区多文化共生連絡会との活動の関係性というのを御説明ください」との質問に対する，多文化共生推進課長の発言を委員会の会議録により，以下に引用する．

　　　これまで多文化共生連絡会につきましては，多様な主体によるネットワークの構築ですとか情報共有を目的としまして，平成17年度にネットワーク連絡会という形で創設しておりまして，平成22年度に現在の形の多文化共生連絡会という形をとっております．こちらのほうで，これまでいろいろ議論していただいた中では，多文化共生プラザというのがあるんですけれども，そちらのほうのあり方ですとか，災害時の外国人の支援の問題，それから，子どもの学習支援の問題ということも含め

12　歌舞伎町2丁目に立地．午前9時から午後9時まで開館している．多目的スペースでは，日本語教室，国際交流や多文化共生をテーマとした各種学習会やセミナーが開催されている．
13　2015年6月2日聞き取り．
14　「多文化共生会議」が区長の附属機関として定められた経緯については，多文化共生推進課職員に対するインタビューからまとめたものである．インタビューは，2015年6月2日におこなった．

て，いろいろ議論していただいております．

　今回の会議［新宿区多文化共生まちづくり会議］においては，実際，子ども
もの学習支援ですとか，災害時の外国人の支援というような政策課題に
ついては多文化共生まちづくり会議のほうで御議論いただいて，連絡会
のほうは，これまでどうりネットワークの構築を目的とした形での情報
共有というような目的で，これからも広く活動していただきたいと，そ
ういうふうに考えております（「総務区民委員会会議概要録」2012:45–46）．

　以上のように，多文化共生プラザを拠点とした「多文化共生連絡会」では，
地域住民や活動団体のネットワークの構築を目的として交流活動などを主に
展開してきたが，そこから出てきた例えば，災害時の外国人の支援や子ども
の学習支援の問題といった政策的課題については，「多文化共生会議」の方で
議論を深め，政策化に向けて動いていくということだ．ここから，新宿区が
多文化共生を「ネットワーク構築のための交流」と「政策」という2つの視点
に分けて実践しようとしていることが分かる．
　では，多文化共生の政策化を目的として設置された「多文化共生会議条
例」では，多文化共生はどのように定義されているのだろうか．用語の意義
について定めている第2条の (1) によると，「多文化共生のまちづくり」と
は，以下の通りだ．

　第2条　この条例において，次の各号に掲げる用語の意義は，該当各
号に定めるところによる．
　（1）多文化共生のまちづくり　多様な文化や習慣を身に付けた人々
が，交流し，相互理解を深め，共に生きるための地域社会の形成に資す
る活動をいう（「新宿区多文化共生まちづくり会議条例」第2条 (1)）．

　以上の第2条 (1) の「多文化共生のまちづくり」から，新宿区が「多文化共
生」を「多様な文化や習慣を身に付けた人々が，交流し，相互理解を深め，
共に生きる地域社会」であると理解していることが分かる．

　それでは，このような理解に基づいて実施されている新宿区の「多文化共生」政策とはどのようなものなのだろうか.

3.6.1　新宿区の多文化共生施策

　現在 (2016 年 5 月)，新宿区の多文化共生推進課では，2014 年度に実施した多文化共生に関する施策を「平成 26 年度新宿区多文化共生関連施策一覧」として公表している[15]. それによると新宿区では，災害時，税金・医療・保険，福祉，出産・子育て・教育，暮らし，お楽しみ情報，お得情報の 7 項目に分かれて，93 もの多文化共生に関する施策が実施されている. 前出の「多文化共生会議」による答申文によると，このような多くの施策のなかでも新宿区では多文化共生に関して，主に以下のような施策に力を入れているという[16].

(1) しんじゅく多文化共生プラザを軸としたネットワークの構築
　　① 多文化共生連絡会の開催
　　② 国際交流サロン
(2) コミュニケーション不足を補うための日本語学習支援
　　① 新宿区日本語教室
　　② しんじゅく多文化共生プラザ日本語学習コーナー
　　③ 区立学校，幼稚園，こども園，保育園での日本語サポート
　　④ 子ども日本語教室
(3) 外国人への情報提供と相談窓口の運営
　　① 外国人相談窓口 (英語，韓国語，中国語)
　　② しんじゅく多文化共生プラザ外国人相談コーナー (英語，韓国語，中国語，ミャンマー語，タイ語，ネパール語)
　　③ 外国語広報紙，外国語ホームページ
　　④ 新宿生活スタートブック

15　2015 年度の「多文化共生関連施策一覧」は，本年 (2016 年) 9 月頃に公開されるということだ.

16　「新宿区多文化共生まちづくり会議　答申」平成 26 年 8 月 29 日を参照.

⑤ 生活情報紙

　また，本答申文において「多文化共生会議」は，2つの提言をおこなっている．1つは外国人住民の子どもに関する提言であり，もう1つは外国人住民に対する災害時の支援サービスに関する提言である．以下にその概要を示す[17]．

　(1) 外国にルーツを持つ子どもの教育環境の向上に関する提言
　＜提言の背景＞
　外国にルーツを持つ子どもたちは，将来の新宿区の重要な担い手であるため，多文化共生社会をめざすために，外国にルーツを持つ子どもたちの教育は最重要課題の1つである．
　(2) 災害時における外国人支援の仕組みづくりに関する提言
　＜提言の背景＞
　外国人は地域社会の一員であるため，外国人も日本人と同等の災害時における支援やサービスを受けられる体制を整備する必要がある．

　以上，新宿区の「多文化共生」に対する理解と新宿区で実施している多文化共生施策を概観してきた．新宿区では，多文化共生社会を目指すことを「多文化共生会議」として区の条例で定めている．そこで定められている「多文化共生」とは，「多様な文化や習慣を身に付けた人々が，交流し，相互理解を深め，共に生きる地域社会」であった．そして，以上のような「多文化共生」の理念に基づき，これまで主に「しんじゅく多文化共生プラザ」を軸とした住民ネットワークの構築，日本語学習機会の提供，外国語の情報提供や相談窓口の設置などが施策として実行されてきた．今後は，「多文化共生会議」において提言が出されたように，外国人住民の子どもの学習環境改善に関する施策と外国人住民の災害時におけるサービスのシステム構築を主要なテーマ

　17　本文中の＜提言の背景＞は，本答申文の「提言にあたって」の部分を，筆者なりに要点を整理し簡略にしたものである．

として実行されていくようだ．

3.6.2　理念と施策の齟齬，さらに地域の現状と施策の乖離

　新宿区は，「多文化共生」について，「多様な文化や習慣を身に付けた人々が，交流し，相互理解を深め，共に生きる地域社会」であると定義している．この定義によると，「多文化共生」はエスニシティに限った概念ではない．つまり新宿区は，「多文化共生」施策の基に，日本人住民も外国人住民も含めた多様な人びとが共に生きる社会を目指していることが分かる．しかし，新宿区において実際に施行されている施策をみると，そのほとんどは外国人住民を対象にしたものであるし，多文化共生に関する政策の立案機関である「多文化共生会議」においても，議論や提言の対象となっているのは外国人である．このことから，新宿区における「多文化共生」理念と施策の間の齟齬が確認できる．

　また，近年，新宿及び大久保が，新たな住民層としての日本人の存在により人口増加を続けていることは既に述べた．このことは現代のインナーシティ新宿，大久保が，従来の特徴として語られてきたエスニック・マイノリティの多様性だけではなく，比較的高収入な社会階層を含むニューカマーとしての日本人の価値観その他を加えた多様性を包摂していることを意味している．エスニック・マイノリティだけではなく，日本人住民を含めた多様性が進行し続けている新宿，大久保において，多文化の共生というテーマを目指す際の施策が，外国人住民だけを対象にしているということは，地域の現状と施策に乖離が見られると言わざるを得ない．

　以上のように検討を進めると，新宿区の「多文化共生」の理念は，多様性の進行という地域の現状を上手く反映していることが分かる．理念に基づいた施策の展開が今後の課題となるだろう．

3.7 国境を越えた移住者の形成する社会空間
——大久保の「イスラム横丁」に注目して

　大久保のエスニック系施設を中心とする盛り場は，1990年代初頭からその形成が始まったことは，本章3.3において述べた．1990年代の盛り場形成初期は，どのような国籍の外国人住民によってエスニック系施設は営まれていたのだろうか．稲葉（2008）によると，1991〜2006年の間のエスニック系施設数の国籍別内訳は，数の多い順に，韓国系，中国・台湾系，タイとなっており，該当期間にこの順位の変化は見られなかった．そして，この3ヶ国以外のエスニック系施設では，ミャンマーの施設が多く，他にはマレーシア，インド，チュニジア等の店舗があったという（稲葉, 2008）．

　以上の稲葉の調査結果と現在の大久保の状況を比べてみると，筆者が2012年から，調査地として大久保に通ってきた経験的なものになるが，上位3ヶ国（韓国系，中国・台湾系，タイ）については，概ね現在でも変化していないと言えるだろう．しかし，上位3ヶ国に次いで多数となっているミャンマーの店舗は現在ではそれほど多くは見かけないし，その他の国籍として挙げられた，マレーシアやチュニジアのエスニック系施設はほとんど目にしない．むしろ，現在，韓国系や中国・台湾系の飲食店，食材店の立ち並ぶ通りに負けず劣らず賑わいを見せているのは，通称「イスラム横丁」と呼ばれる一角である．「イスラム横丁」は，ハラルフードを専門に扱うお店が集積する一角で，インド，パキスタン，バングラデシュ，ネパール等の南アジアやアフリカ系の買い物客で，非常に賑わっているエリアである．この「イスラム横丁」については，大久保のエスニック系飲食店や食材店を紹介する個人のブログ記事などでは度々目にするし，最近ではNHKのTV番組[18]でも取り上げられ，近年，一般的にも注目度が高まりつつあるが，学問的な分野からのアプローチはまだ少なく，インナーシティにおいて外国人住民の生活世界やエスニック・コミュニティを扱ってきた都市エスニシティ分野においても

18　「新日本風土紀—新大久保」（NHK 9月25日放送）．

ほとんど取り上げられてこなかった[19]．前出の稲葉 (2008) のなかでは，現在「イスラム横丁」のある同じ一角において，1990年代後半から2000年代初頭にかけて，ミャンマー人やインド人オーナーによるハラルフード店の出現の様子が記述されており，「イスラム横丁」の形成がこの頃に始まったことが分かる．しかし，彼らがいつ頃どのような理由で来日し，どのような経過を辿って現在の場所にハラルフード店をオープンさせたのか等，「イスラム横丁」を形成している人びとの顔については，ほとんど知り得ない．

　本節では，1990年代後半から大久保に形成されはじめたエスニック・コミュニティのなかでは新興であり，いま最も賑わいをみせる「イスラム横丁」に特に注目しながら，現在の大久保において，どのような，国境を越えた移住者の生活，活動拠点となる社会空間が形成されているのかをみていく．

3.7.1　大久保のマルチエスニックな空間

　既に示した通り大久保地区とその周辺地域には，外国人住民が集住している．そのなかでも，大久保地区の外国人数と割合は際立って高い．外国人住民の集住地域となっている大久保とは，どのような場所なのだろうか．そして，そこに形成された国境を越えた移住者の生活，活動拠点となる社会空間とは，どのようなものなのだろうか．

　コリアンタウンとして知られる大久保だが，実際には複数のエスニシティによるエスニック系施設が集積しており，マルチエスニックな空間が広がっている．図3-7は，大久保のエスニック系施設の配置を示した地図である．図3-1よりも範囲を狭め，大久保地区をクローズアップした．先ずは，大久保に広がるマルチエスニックな空間の様子を説明する．

a. コリアンタウン

　新大久保駅の東側，大久保通りと職安通りで挟まれた一帯には，コリアン

19　最近では，広田康生 (2016) が，大久保の「イスラム横丁」(本書では「イスラム・スポット」と記載されている) を事例に，「トランスナショナル・コミュニティ」の内実を明らかにしている．

図3-7. 大久保地区のマルチエスニックな空間
出典）筆者作成.

タウンが広がる．韓国料理の飲食店や韓国食材が売られている比較的大型の
スーパーマーケット，韓国コスメ専門店，韓国から買い付けてきた洋服やア
クセサリーを売るお店などが立ち並ぶ．コリアンタウンを歩くと，行き交う
人びとから聞こえてくる言葉は，明らかに日本語よりも韓国語が多い．ここ
は，韓国ソウルの繁華街，明洞をコンパクトにしたような場所といえる（写
真1～6)[20].

b. 中国・台湾系エリア

　新大久保駅を降りて，大久保通りを西側に歩いていくと，中国・台湾系の
エスニック系施設が集積しているエリアとなる（写真7～9)[21]．ここに来ると，
韓国語が聞こえる量は減り，明洞にいるかのような錯覚も一気に消える．こ
のエリアは，コリアンタウンのように裏路地に向けて広がることはない．中
国・台湾系のお店のほとんどは，大通りに面して連なるという特徴をもつ．
通りには，食材店，飲食店が立ち並ぶ他，本屋やインターネットカフェと
いったお店もある．中国・台湾系のエリアでは，コリアンタウンと違い，コ
スメや衣料品を扱うお店はほとんど見られない．

20　写真は全て，2015年6月に筆者が撮影したものである．
21　写真は全て，2015年6月に筆者が撮影したものである．

写真 1．JR 山手線・新大久保駅
正面からみた JR 新大久保駅．昼夜を問わず，人びとの行き来が後を絶たない．

写真 2．大久保通りの韓国料理屋
大久保通りの韓国料理店．大久保通りには，飲食店が中心に立ち並んでいる．

写真 3．韓国コスメが立ち並ぶ通り
大久保通りと職安通りを繋ぐ細街路には，韓国コスメのお店が中心に立ち並んでいる．

写真 4．韓国コスメ，雑貨店
写真 3 と同じ通り．この通りには，韓国コスメの他に携帯ケース等を扱う雑貨店や衣料品のお店も多い．

写真 5．韓国スーパーと韓国系銀行
職安通りにある，韓国スーパーとその横にある韓国系のメガバンク．

写真 6．K-POP グループのライブハウス
数年前に職安通りにオープンした，K-POP グループが専門にライブをおこなうライブハウス．最近では，お店の前に行列をつくっているところを頻繁にみかける．

写真7. 中国食材と本屋が入っているビル　　　写真8. 中国書籍の本屋の看板
新大久保駅から比較的すぐ近くにあるビル．このビルは，中国系エスニック施設が
集積するビルである．地下1階が中国食材，2階は中国の冷凍食品，3階は中国語書
籍の本屋である．

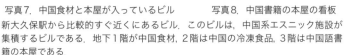

写真9. 中国系インターネットカフェ
中国語で「インターネットカフェ」と書か
れている．オーナーが中国人だというこ
とだ．

c. 多様なエスニック系施設が混在するエリア

　新大久保駅の西側すぐ隣を職安通りに向かって伸びる通りと，その通りを
抜けて，職安通りを東側，明治通りに向かって進むエリア（図3-7中）は，多
様なエスニック系施設が混在するエリアである（写真10〜13）[22]．このようなこ
とから，この通りは，通称「多文化共生ストリート」などと呼ばれている．「多
文化共生ストリート」には，中国，タイ，韓国，ベトナム，バングラデシュ
等のお店が立ち並ぶ．このようななかには，当然，日本のお店も軒を連ねて
いる．現在この通りは，コリアンタウン，中国・台湾系エリアやイスラム横
丁と比べると，人通りが少なく閑散としている印象がある．

22　写真は全て，2015年6月に筆者が撮影したものである．

写真10．通称「多文化共生ストリート」
多様なエスニック系施設が混在する通り．
中国，タイ，韓国，ベトナム料理のお店
が立ち並ぶ．最近は，ハラルフードのお
店も開店した．

写真11．不動産屋の看板
「多文化共生ストリート」にある不動産屋の
看板．「日本一外国人に親切な店」の言葉が
目立っている．

写真12．ハラルフード店
約半年前にオープンした，バングラデ
シュ人が経営するハラルフード店，「JB
HARAL FOOD」

写真13．タイの食材，雑貨専門店
最近，職安通りに開店した．タイの食材を
中心に日用品等も扱うお店．タイのものを
専門に扱うお店は珍しい．②のエリアの
端っこにポツリと建っている．

　以上のように大久保地区には，コリアンタウン，中国・台湾系のエリア，
様ざまなエスニック系施設が混在する通り，そして後述するためここでは詳
しく述べないが，イスラム横丁といったように，多様なエスニック系施設で
溢れたマルチエスニックな空間が広がっている．そしてそれぞれのエスニッ
ク系施設は，点在し個別にバラバラに存在しているわけではなく，ある通り
やある一帯，ある一角といったように，固まって同じ小空間に立ち並び，そ
のエリアごとに独特の雰囲気を創りだしている．それは，コリアンタウン，
中国・台湾系のエリア，イスラム横丁のように，同じエスニシティで固まっ
て1つの空間を形成している場合もあれば，多文化共生ストリートのよう

に，１つの通りに様々なエスニシティが混在している場合もある．マルチエスニックである在り方もまた一様ではないのだ．

3.7.2 「イスラム横丁」を読み解く

イスラム横丁は，新大久保駅を降りて大久保通りを渡り，北側に進む細い路地と路地裏の小さな一角にある（図3-7参照）．現在（2015年7月時点），この小さな一角にはハラルフードの食材店6軒，ハラルフードレストラン1軒，モスク1軒といったように，イスラム教関連のエスニック系施設がひしめき合うかたちで立ち並んでいる．この一角が「イスラム横丁」と呼ばれるようになったのは，このようにイスラム教関連施設が集積しているからである．しかしここにあるのは，必ずしもイスラム教関連の施設だけではなく，その他にもネパール人が経営するネパール料理店やインド人，バングラデシュ人が経営する携帯販売店などもある．「イスラム横丁」にはこのような品物，施設を求め，インド，パキスタン，バングラデシュ，ネパール等の南アジア，そしてアフリカ系の人びとが集い，非常に賑わいを見せている．新大久保駅から徒歩わずか1, 2分の距離にある場所にも関わらず，このエリアに一歩足を踏み入れると，日本ではなかなか出会うことのない，異世界を目の当たりにする．ここには，コリアンタウンにも中国・台湾系エリアにもない，独特の世界が広がっている．

稲葉（2008）によると，「イスラム横丁」にイスラム教関連のエスニック系施設ができ始めたのは，1995年以降で，1995年にハラルフード店「Fuji Store（フジストア）」，1996年にハラルフードレストラン「アジア」が開店したのが始まりだ．この2店舗はどちらもミャンマー人が経営しており，他にもミャンマー人が経営するミャンマー食材店「ピードゥ」が1996年に開店している（稲葉 2008: 130）．95年，96年に相次いで開店したこの3店舗が現在のイスラム横丁形成の始まりになっていることは確かなようだが，2003年の稲葉の調査結果をみると，この界隈のエスニック系施設は，中国・台湾12軒，ミャンマー4軒，韓国系4軒，イスラム系1軒となっており（稲葉 2008: 131–132），この時点では，「イスラム横丁」というより，中国・台湾のエスニック系施設を中心に他の複数のエスニック系施設が入り混じった，多様なエスニック系

施設が混在しているエリアだったことが分かる．

a. プリペイドの国際テレフォンカードとエスニック系施設

　それでは現在の「イスラム横丁」では，エスニック系施設を介して，国境
を越えた移住者のどのような生活の営みや活動がおこなわれているのだろう
か．ここではバートベック (2009) の論考から，国境を越えた移住者の実践
において重要なものや施設として挙げられていた次の 3 点に注目しながら，
その様子を記述する．3 点とは，プリペイドの国際テレフォンカード，送金，
移住者の宗教施設である[23]．

　バートベック (2009) によると，国境を越えた移住者は，かつてから母国
にいる家族や親族とのコミュニケーションを欠かしてこなかった．そして近
年では，母国にいる家族とのコミュニケーションにおいては，プリペイドの
テレフォンカードを使用した低価格の国際通話が主流となってきた．大久保
ではこのようなプリペイドの国際テレフォンカードは，食材や日用雑貨を
売っているエスニック系施設で簡単に購入できる．どこの店も，自分の店の
客層に合わせたテレフォンカードを置いている．イスラム横丁にある 6 軒の
ハラルフード店では，南アジア諸国やアフリカ諸国のテレフォンカードが売
られている様子をよくみかける (写真 14〜22)[24]．

　しばらくハラルフード店にいると，スパイス等の食材の購入者と同様に，
テレフォンカードを買い求めにやってくる人びとの多さに気が付く．テレ
フォンカードの購入者で先ず目立つのがアフリカからの人びとと，その他はラ
オスやネパールの人びとである．イスラム横丁でハラルフード店を経営する
インド人オーナーによると，プリペイドの国際テレフォンカードは，イン
ターネットを使用した無料の国際通話サービスの普及により，最近では以前
ほど売れなくなったとはいえ，インターネット環境が悪い国，例えば，アフ
リカ，パキスタン，ミャンマー，ラオス，カンボディアの人びとからの需要

23　Vertovec S., 2009: 14–16を参照されたい．

24　写真は全て，2015 年 6 月と 8 月に筆者が撮影したものである．

写真14．イスラム横丁を少し入ったところ
ハラルフード店が多く南アジアや中東
の人びとで賑わう「イスラム横丁」だが，
韓国語の看板もある．

写真15．インド人経営のハラルフード店
大久保地区では，現在一番古い老舗の
ハラルフード店「GREEN NASCO（グ
リーン・ナスコ）」．インド人が経営し
ている．

写真16．ネパール人経営のハラルフード店
ネパール人が経営するハラルフード店
「Barahi（バラヒ）」．2階には，同じ経営
で，ネパール料理店モモがある．

写真17．バングラデシュ人が経営する
ハラルフード店
バングラデシュ人が経営するハラル
フード店「JANNAT（ジャナット）」．

写真18．イスラム横丁の裏路地
この裏路地に，ハラルフード店2軒，携
帯屋，モスクが立ち並ぶ．

写真19．店の軒先でを販売している様子
「グリーン・ナスコ」の軒先を利用して
携帯を販売している．

写真20．バングラデシュ人経営の携
　　　帯販売店
バングラデシュ人が経営する携帯販
売店．2015年8月初めにオープンし
た．ハラルフードの文字もみえるが，
現在は，同ビル一階部分にハラル
フードだけを置くお店をオープンさ
せている（写真21）．

写真21．バングラデシュ人経営のハ
　　　ラルフード店
バングラデシュ人が経営するハラ
ルフード店「SHINJUKU HALAL
FOOD」2015年10月初めにオープ
ンした．

写真22．プリペイドの国際テレフォンカード
インド人オーナーが営むハラルフード店
で売られているプリペイドの国際テレ
フォンカード．このようにレジで売られ
ているパターンが多い．

は今でも高く，それらの国々を中心に売れている[25]．

　このように大久保では，プリペイドの国際テレフォンカードは，食材や日
用雑貨を売るエスニック系施設で販売，購入されている．そして，母国にい
る家族や親族とのコミュニケーションの為のテレフォンカードを求めて，多
くの移住者がこのようなお店に集まってくる．このように，プリペイドの国
際テレフォンカード自体もそうだが，大久保では，それを販売しているエス

25　聞き取りは，8月7日におこなった．

ニック系施設は，移住者の生活やトランスナショナルな実践において，さらに重要な場所となっている．

b. 送金業者

　母国にいる家族や親族への送金は，国境を越えた住者が昔からおこなってきた，トランスナショナルな実践の一形態である．今日，移住者個々人のおこなう母国への送金は，各国政府にとって外貨の重要な獲得源になっている．今日の国境を越えた移住者の海外送金は，どのようにおこなわれているのだろうか．

　もちろん銀行から海外送金をおこなう方法があるが，大久保では，少し街を歩くと，海外送金サービスを専門でおこなう業者をすぐに見付けることができる．「イスラム横丁」においても通りを入ってすぐのところに，「CITY EXPRESS（シティ・エクスプレス）」というネパール人が経営する海外送金業者がある．また，イスラム横丁のすぐ近く，新大久保駅を降りて左手すぐの大久保通りにある「KYODAI Remittance（キョーダイ・レミッタンス）」の存在感は大きい（写真23〜26）[26]．新大久保駅のすぐ側という大久保地区の玄関口に在る「KYODAI Remittance」の派手で立派な店構えは，まさに大久保が移住者のトランスナショナルな実践の中心地であることを表出しているようだ．

c. 移住者の宗教施設

　大久保には，移住者のための宗教施設が複数存在する．例えば，コリアンタウンの近くの大久保通りには2つの韓国系キリスト教会がある．そしてイスラム横丁には，モスクが存在している（写真27〜30）[27]．このモスクは，イスラム横丁の裏路地の雑居ビルのなかにあり，4階に男性用と女性用の2つの礼拝所が設置されている．イスラム横丁のモスクは，いつ頃から存在していて，誰が管理しているのだろうか．現在，イスラム横丁で一番の老舗であり，この界隈で最も存在感のあるハラルフード店「GREEN NASCO（グリーン・ナ

26　写真は全て2015年6月に筆者が撮影したものである．

27　モスクの見学は，モスクのオーナー連れ添いのもとおこない，写真撮影にも許可を頂いた．
　　写真は全て，2016年6月に筆者が撮影したものである．

写真23.「KYODAI Remittance」看板

写真24.「KYODAI Remittance」入り口

新大久保駅を降りてすぐにある「KYODAI Remittance」．赤く，立派な店構えは，存在感がある．

写真25. イスラム横丁の送金業者の看板

イスラム横丁にある送金業者の看板．

写真26. イスラム横丁の送金業者（入り口）

イスラム横丁の送金業者「City Express」．ネパール人が経営している．すぐ隣には，別のネパール人が経営するネパール料理「モモ」の入り口がある．

スコ）」のインド人経営者，NASSER（ナッセル）氏は，イスラム横丁のモスクについて以下のように話した[28]．

　　このモスクは20年前から同じ場所にあった．その当時は，ミャンマー人がオーナーでやっていた．当時この辺りは，ミャンマー人の町で，ミャンマー人がたくさんいた．約10年前にミャンマー人のオーナーから，モスクの家賃が払えなくなったと僕のところへ相談があり，僕がオーナーとなった．現在，僕が毎月45万円の家賃を支払っている．

28　聞き取りは，2015年6月6日におこなった．掲載のデータは，その一部である．

写真27. 雑居ビルの入り口にあるモスク
の看板
モスクは4階部分にある. 同じビルの2
階には, ミャンマー人が経営するハラル
フード店, その他, 3階には韓国人, 中国
人が経営する店がそれぞれ入っている.

写真28. 女性用の礼拝所の扉
女性用の礼拝所の扉. 訪れたとき, 南アジ
ア系の女性がお祈りをしていた.

写真29. 男性用の礼拝所の入り口
扉を空けるとつい立がある.

写真30. 男性用の礼拝所の部屋のなか
床にはたくさんのマットが敷かれている.

　ナッセル氏によると, イスラム横丁のモスクは, 1995年頃から存在してお
り, 当時はミャンマー人がオーナーであったようだ. そして, ミャンマー人
オーナーから引き継いだ後現在は, ナッセル氏がオーナーとなっているとい
うことだ.

　1995年というと本節の冒頭で述べたように, この界隈にミャンマー人の
エスニック系施設が相次いで開店した時期で,「イスラム横丁」形成のちょう
ど始まりの時期である. ナッセル氏の話しから, 同じ時期に既にモスクも存
在していたことが明らかになった.「イスラム横丁」の発展の背景には, この
モスクの存在があったことが伺える.

3.7.3　「イスラム横丁」でハラルフード店を営む人びととのインタビューデータから

　ここまで，プリペイドの国際テレフォンカード，送金，そして移住者の宗教施設に着目しながら「イスラム横丁」において，国境を越えた移住者の形成する社会空間がどのような施設によって形成され，そこでは移住者たちのどのような実践がおこなわれているのかをみてきた．ここでは，国境を越えた移住者の社会空間において，エスニック系施設を営んでいる人びとに焦点を当てる．以下では，イスラム横丁でハラルフード店を営む2人のオーナーのインタビューデータの抜粋を提示する[29]．尚，以下の抜粋は，対象者が大久保にきて現在のビジネスを始めるに至った経緯と大久保の地域性に注目して再構成したものである．

a.「GREEN NASCO（グリーン・ナスコ）」オーナー，NASSER（ナッセル）氏

　ハラルフード店「グリーン・ナスコ」（以下，ナスコと略称）は，現在，イスラム横丁のハラルフード店のなかで最も古く，その店構えも一際立派で，イスラム横丁を象徴するような店である．オーナーのナッセル氏は，インド人の男性で，現在（2016年6月時点），54歳．日本人女性と結婚をしており，6人の子どもがいる．ナッセル氏は，1989年6月，当時28歳のときに，日本での労働を目的に来日した．日本に来る前は，オマーンで果物と野菜を売っていたという．来日翌年の90年に結婚をして，91年に群馬県でハラルフードのお店を開店させた．そして，98年には同じ群馬県でプリペイドの国際テレフォンカードを販売する店を始めたという．

　ナッセル氏が大久保のイスラム横丁に「ナスコ」（1号店）を開店させたのは，2001年3月のことだ．もともとその場所には，2000年まで中国人が営むプリペイドの国際テレフォンカード店があったようだ．しかし，業績悪化のため店をたたむことになったということで，以前から懇意の間柄だったということもあり，その中国人から店の場所を譲り受けたという．ナッセル氏がイス

29　ナッセル氏の聞き取りは，2015年6月6日，8月7日，9月30日におこなった．ギミレ氏の聞き取りは，2015年6月6日におこなった．

ラム横丁に「ナスコ」(1号店) を開店させたときは，前出の「フジストア」は既に閉店していて，大久保のハラルフード店は，ナスコ1店舗のみであった．

　ナッセル氏は，「ナスコ」(1号店) を開店させた後，1号店より店舗規模の大きい2号店を開店させた．さらに，現在では「NASCO GROUP (ナスコ・グループ)」という会社を設立し，ハラルフード店の他にハラルフードレストラン「NASCO FOOD COURT (ナスコ・フードコート)」，携帯販売店「NASCO TELECOM (ナスコ・テレコム)」といった事業を展開している．これらのお店は，全て狭い「イスラム横丁」の一角に凝集しており，このエリアに活気をもたらしている．「ナスコ・グループ」の現在の従業員は15人程で，全てナッセル氏の親族であるという．「ナスコ」をオープンさせて以降，ナッセル氏がインドから徐々に親族を呼び寄せた．またナッセル氏は前出の通り，モスクのオーナーでもあり，まさにイスラム横丁のボスともいえる存在だといえる．

b.「Barahi (バラヒ)」オーナー, GHIMIRE (ギミレ) 氏

　ハラルフード店「バラヒ」は，イスラム横丁に入ってすぐの通りに面した場所にあり，店内はいつも多くのひとで賑わっている．「バラヒ」も前出の「ナスコ」同様，イスラム横丁を代表するお店だ．オーナーのギミレ氏はネパール人の男性で，現在49歳．2002年7月，当時36歳のときに，ネパールに奥さんと子どもを残して来日した．来日の目的は，日本の大学院でジャーナリズムを学ぶためで，来日後，上智大学大学院の客員研究員などを経たのち，2004年に同大学大学院の修士課程 (文学研究科新聞学科専攻) に入学．2008年3月に修士号を取得し修了した．修士課程修了後，当時のネパールの社会状況が良くなかったこともあり，日本での就職を決意．メディア関係の会社に就職したが，すぐに退職．退職直後の2008年8月に「バラヒ」の経営母体である「BSTユニーク株式会社」を立ち上げ，同年10月に「バラヒ」を開店させた．しかし最初のお店はイスラム横丁ではなく，イスラム横丁から通りを2本離れたところで，当時は何もない場所だったという．

　イスラム横丁に店を移転させたのは，2009年9月．初めは，現在のビルの1階ではなく，2階部分でのスタートだった．もともとそこには，バングラ

デシュ人が経営するハラルフード店があったが，店を閉めるということで，ギミレ氏に話がきたという．しかしその後すぐ，ビルの 1 階部分，現在の「バラヒ」の場所でハラルフード店を営んでいたパキスタン人から「店を閉めるからどうだ」と声が掛かり，ギミレ氏は「はい，やります」と 1 つ返事で，2009 年 12 月に下へ移動．現在の「バラヒ」が誕生した．2 階のかつての店舗は，現在も倉庫として使用している．また，2010 年に，「バラヒ」のちょうど真上にあたる同ビルの 2 階部分でネパール料理店「モモ」を開店させた．

　ギミレ氏は，現在来日 14 年目を迎えている．来日当初，ネパールに残してきた家族は，来日後すぐの 2003 年に奥さんを呼び寄せ，その後商売が軌道に乗ったため，2012 年に下の子ども (当時 11 歳) を，2013 年に上の子ども (当時 16 歳) を日本に呼び寄せた．現在 2 人のお子さんは，江戸川区西葛西にあるグローバル・インディアン・インターナショナルスクール (GIIS) に通っているという．

● イスラム教徒ではないが，ハラルフード店を始めた理由
　ネパールは，国民のほとんどがヒンドゥー教を信仰していることで知られる．ヒンドゥー教以外は，仏教徒が数十パーセント，イスラム教徒は，わずか数パーセントの割合に留まる．ハラルフード店のオーナーであるギミレ氏もイスラム教の信者ではない．ではなぜギミレ氏は，大久保でイスラム教の律法にのっとった食べ物を販売するハラルフード店を始めることにしたのか．ギミレ氏は，以下のように話した．

　　　日本に住んでいるネパール人が「買い物しに行く」っていうのは，他
　　のどんな店でもなく，「ハラルフード行く」っていう意味になるの．新大
　　久保に来ることも「ハラルフード行く」って言うんですよ．

　ギミレ氏によると，「買い物に行く」は，「ハラルフード店に行く」という意味に，「ハラルフード店に行く」は，「大久保に行く」という意味になる．そしてこのような状況は，日本に住んでいるネパール人に限らず日本に住んでい

る南アジア系，中東，そしてイスラム系の外国人全体に共通しているという．なぜなら，例えば彼らが普段口にする羊，マトン，ヤギの骨付き，皮付き肉や香辛料は，一般的な日本のスーパーで手に入るものではなく，ハラルフード店以外では買うことができないからだ．つまり，イスラム教徒ではなくても，南アジア系や中東の人びとが普段口にする食品は，日本ではハラルフード店にしか売っていないということだ．そのため，彼ら／彼女らがいう「買い物行く」は，自然に「ハラルフード店に行く」という意味になる．さらにギミレ氏は，「イスラム教徒は，ハラルフードじゃないと食べられないということがあるけど，他の宗教は，ハラルフードだったら食べられないということはないから」と話した．

　以上のように，日本におけるハラルフード店は，イスラム教徒のためのお店という位置付けではなく，広く，南アジア，中東，そしてイスラム系の人びとが生活必需品を求めてやってくるお店として機能している．そして，彼ら／彼女らの「ハラルフードに行く」という言葉が「大久保に行く」という意味になるような状況からは，彼ら／彼女らにとって「大久保」が，日本で生活を営むうえで，生活必需品を調達できるいかに重要な場所として認識されているのかが分かる．ギミレ氏のお店が現在も繁盛し続けているのは，大久保にあることが大きな要因になっているという．それは，「大久保は，ハラルフード店に来るひとが自然に集まる場所だから，自分で広告を出さなくてもひとが集まってくる．それで，店の名前がネパール語だったり，ネパールの国旗があれば，ネパール人は，『バラヒ』を知らなくても入ってくる」からだという．日本に居住する南アジア，中東，イスラム系の国境を越えた移住者の社会空間では，「大久保ブランド」が確立されているようだ．

●エスニック系施設は移住者たちのコミュニケーション・センター
　現在「BSTユニーク株式会社」では，ハラルフード店「バラヒ」とネパール料理店「モモ」を合わせて，正社員，パート・アルバイト含め10名程のネパール人従業員が働いている．ギミレ氏は，従業員について「今まで1人も自分がネパールから連れてきたひとはいない」という．また，求人募集の広

告などを出したこともない．では，どのように従業員を探しているのか．

　　「バラヒ」があるから，ネパール人同士でコミュニケーションがよく
　　取れるじゃないですか．買い物しにきたひとが，「私いま仕事がないから，
　　仕事あったら紹介して下さい」とか，私が，「店にひとがいま足りないか
　　ら，誰かひとがいたら紹介して下さい」とか，そういうのはよくあるん
　　ですよ．「バラヒ」がコミュニケーションのセンターみたいになってるん
　　ですね．だから，募集しなくても，ひとが探せるところですねここは．
　　今まで，ほとんど「仕事ないですか」と向こうからひとが来て，従業員
　　を雇ってきた．もし，もううちに仕事がないときは，他の所でひとを探
　　しているところがあったら紹介したりします．

　ギミレ氏によると，お店では仕事の話し以外にも，生活に係わる様々な情
報交換がおこなわれるという．ギミレ氏の「コミュニケーションセンター」
という言葉に象徴されるように，国境を越えた移住者にとって「大久保」に
あるエスニック系施設は，単に食料品を調達する場所ということを超えて，
日常生活に関する同胞同士の重要な情報交換の場所として機能していること
が分かる．

3.7.4　国境を越えた移住者によって形成された大久保の社会空間

　本節では，インナーシティ新宿，大久保の特質を明らかにするため，新宿
のなかでも外国人住民の集住地域となっている大久保地区に焦点を絞り，国
境を越えた移住者によって形成された社会空間の内実に迫った．
　大久保地区には，1990 年代初頭より，食材店や飲食店といったエスニック
系施設を中心とした国境を越えた移住者の社会空間の形成が始まる．コリア
ンタウンとして有名な大久保だが，実際には，コリアンタウンの他に中国・
台湾系の施設が集積するエリア，日本，中国，タイ，韓国，ベトナム，バン
グラデシュといった複数のエスニシティが混在する通り，そして，イスラム
教関連の施設が集積する一角といったように，マルチエスニックな社会空間

が広がっている．

　以上のようなエスニック・エリアのなかでも，現在，最も活気のある「イスラム横丁」では，ハラルフード店を中心に彼らの社会空間が形成されている．ハラルフード店では，移住者にとって重要な食材等の生活必需品の他に，母国にいる家族，親族とのコミュニケーションを取るために欠かせないプリペイドの国際テレフォンカードが販売されており，これらを買い求めに日々多くの人びとが足を運ぶ．また，ハラルフード店のオーナー，ギミレ氏のインタビューデータからは，ハラルフード店が単に商品を購入する場所として在るだけではなく，移住者たちの「コミュニケーション・センター」として機能している様子が示されていた．彼らは，このようなエスニック系施設を回路として，食材やテレフォンカードといった生活必需品以外に仕事や日常生の活情報も得ている．

　送金業者やモスクといった宗教施設も国境を越えた移住者の社会空間形成の重要な要素となっている．大久保を歩くと，すぐに海外送金専門業者を見付けることができる．特に，新大久保駅のすぐ側という大久保の玄関口に在る海外送金専門業者「キョーダイ・レミッタンス」の派手で立派な店構えは，大久保が移住者たちのトランスナショナルな実践の中心地であることを感じさせる．そしてこのことは，かつてはホスト社会の住人からは見えづらかった国境を越えた移住者のトランスナショナルな実践が，大久保において顕在化していることを示しているといえるだろう．また「イスラム横丁」のモスクは，約20年前から同じ場所に存在している．大久保の小さな一角が「イスラム横丁」と呼ばれるまでに発展した背景には，このモスクの存在が大きいことが伺える．

3.8 インナーシティ新宿，大久保の現在

　本章では，インナーシティ新宿，大久保の現在の特徴を明らかにするため，第2章において提示した分析枠組みに沿って当該地域の分析を試みてきた．各分析項目において得られた結果を整理しながら，インナーシティ新宿，大

久保の現在の姿を描く．

　新宿は，1923年の関東大震災直後から盛り場として発展してきた．その後，1945年の東京大空襲で全てを失うが，同年から「歌舞伎町」の建設が始まり，再び盛り場として発展を続け，今日の世界的に有名な盛り場，「新宿」の姿となる．歌舞伎町に隣接している大久保は，1950〜80年代にかけて歌舞伎町で働く人びとのベッドタウンとしての役割を果たしてきたが，1990年代以降は，外国人住民の営むエスニック系施設の発展が目覚ましく，大久保は近隣の地域からだけでなく，外国人住民が自国の文化を求めて遠方からも集う場所となっている．そして現在では，外国人住民のみならず，コリアンタウンなど日本人からも人気のある盛り場として有名だ．

　またこのような盛り場を有する新宿には，近年，遊び場，余暇のための場所としてだけではなく，生活の場，居住の場としても人びとが集まっている．大都市東京のインナーシティには，1990年代末以降，従来の住民に加えて，新たな住民層が定住をはじめている．近年の東京のインナーシティは，都会の快適なサービスや空間を求めた，主にヤングアダルトの専門・技術的職業従事者と販売・サービス職従事者に定住先として選ばれ，人口の都心回帰を起こしているのだ．新宿区の職業分類別の人口構成では，専門・技術的職業従事者，事務従事者，販売・サービス職従事者で全体の60％以上を占めており，これらの職業に就く人びとが新宿区の労働力人口の中核を成している．これまでの都市エスニシティ研究では，大都市インナーシティの特性が語られる際，住民については，主にエスニック・マイノリティに関心が置かれ，彼ら／彼女らに関連する多様性が注目されてきた．しかし大都市東京のインナーシティにおける，ヤングアダルトの専門・技術的職業従事者や販売・サービス職従事者といった新たな住民層の来住は，この地域にさらなる多様性をもたらしていることを意味しており，現代の大都市東京のインナーシティは，これまで以上に多様性が進行しているといえる．

　そして外国人住民については，新宿区は，外国人住民の数及び比率において，東京都のなかで最も高い．そのなかでも大久保周辺地域には新宿区全体の約3分の1の外国人住民が居住しており，大久保地域は外国人住民の集住

地域となっている．特に，大久保１丁目の外国人住民比率には目を見張るものがあり，約２人に１人が外国人住民というところまできている．さらに新宿区の外国人住民は，毎年，全体の約３分の１が入れ替わるという，非常に高い流動性を示している．

　次にインナーシティにおける近年の動向として，新宿区における多文化共生の取り組みについて言及した．そこでは，実行されている施策と地域の現状に乖離が見られることを指摘した．彼らとの共生を目標に掲げる「多文化共生」という用語が外国人の多数居住する大都市インナーシティを中心に使用されるようになったのは，1990年中頃からである．この時期の東京のインナーシティは，都心回帰現象はまだ無く，エスニック・マイノリティの多様性が地域の実態としても注目されていたため，「多文化共生」の用語がインナーシティに持ち込まれることに違和感はない．しかし，大都市インナーシティにおける，2000年代以降の都心回帰現象を背景としたニューカマーとしての日本人住民を含めた多様性という現代の特徴を考えると，外国人のみをその対象とする傾向のある「多文化共生」概念が大都市インナーシティを対象とする調査研究を始め，自治体行政の施策の柱として適用されることには，地域の実態とのズレを感じずにはいられない．従来の「多文化共生」概念では，現代の大都市東京のインナーシティの特徴を捉えきれない可能性が指摘でき，それ故，大都市インナーシティを調査地域としてその現代的な特質を分析の課題とする本研究においては，他の用語及び概念を準備する必要がある．

　最後に，国境を越えた移住者の集住地域である大久保地区において，どのような社会空間が形成されているのかをプリペイドの国際テレフォンカード，送金，移住者の宗教施設という３つの視点からみた．大久保には，国境を越えた移住者の営む，飲食店，食材店を中心としたエスニック系施設によって形成されるマルチエスニックな社会空間が広がっている．この大久保の空間を特徴付けるエスニック系施設としては，他に送金業者と移住者の宗教施設も挙げることができる．食材等を売るエスニック系施設は，移住者が母国の家族や親族とコミュニケーションを取るために欠くことのできないプ

リペイドの国際テレフォンカードを販売しており，移住者のトランスナショナルな実践において重要な回路を担っていると共に，ホスト社会での仕事や日常生活に関する様々な情報も得ることができ，移住者とホスト社会を繋ぐ結節機関の機能を果たしている．また，大久保地区で見かける海外送金業者の存在は，かつてはホスト社会側からは見えづらかった移住者のトランスナショナルな実践が，大久保において顕在化していることを示している．このように大久保は，国境を越えた移住者とホスト社会，そして母国（又は別の国）を繋ぐ結節機関が集積している場所である．大久保に行けば，欲しいもの，知りたい情報が手に入る．大久保は，国境を越えた移住者の形成する社会空間の中心地となっているようだ．

　以上のように，現在のインナーシティ新宿，大久保は，さらに増え続ける外国人住民と彼らの流動性の高さ，ニューカマーとしての都心回帰の担い手たちの存在，そして国境を越えた移住者の形成するマルチエスニックな社会空間における彼ら／彼女らとホスト社会，又は母国を繋ぐ結節機関の集積といった諸特徴から明らかなように，その多様性は，エスニック・マイノリティの多様性のみならず日本人住民の多様性も包摂しており，これまで以上に進行している．

　本研究では，インナーシティ新宿，大久保をこのように多様性の進行する様を表して「多文化空間」と呼ぶ．そして本章以降の各章は，「多文化空間」の実例として準備されたものであり，これらを通して現代の大都市東京インナーシティの特徴としての「多文化空間」の様相をさらに現実味をもったものとして提示する．

第4章 認可の24時間保育園「エイビイシイ保育園」
──「多文化空間」新宿，大久保に生まれた保育のニーズ[1]

　本章では，新宿区大久保にある24時間開所の認可保育園「エイビイシイ保育園」に焦点を当てる．全国的にも珍しいエイビイシイ保育園が，大久保においてなぜ，どのように誕生したのか．利用者（保護者）の職業の特徴やインタビューデータを通して，インナーシティ新宿，大久保に生まれた保育のニーズを明らかにし，さらに利用者の生活様式や価値観を分析する．

4.1 新宿区における保育施設の概要

　「エイビイシイ保育園」について見ていく前に，先ず新宿区の保育施設の種類や数について概観し，「エイビイシイ保育園」が新宿区の保育施設のなかでどのような位置付けとなっているのかを示す．表4-1は，保育施設の種類，数，設置者や申込先について示した表である．

4.1.1　新宿区の保育施設の種類と数
　保育施設の種類は大別して認可保育園，認定子ども園，そして認可外保育施設の3種類がある．認可保育園は，家庭内で子どもの保育ができない場合に，保護者に代わって子どもを預かることを目的とする厚生労働省管轄の児童福祉施設である．認可保育園には，区立と私立のものがあり，現在（2015年6月現在）新宿区には，区立保育園が12園，私立保育園が21園ある．
　認定子ども園は，「就学前の子どもに関する教育，保育等の総合的な提供の

1　本章は，「大野光子，2014，『多文化空間』における保育の在り方に関する一考察──新宿区大久保のA保育園を通して──」『社会学研究科年報』21号：7-18.」を大幅に修正，加筆をおこなったものである．

表4-1. 新宿区の保育施設の概要

	種類	施設の設置基準等		名称	数	設置者／運営者	申込先
1	認可保育園	児童福祉法に基づき、保育園の設備や面積、職員数について、国・東京都・区の基準を満たし、都知事の認可を受け、区が特定教育・保育施設として確認した施設		区立保育園	12	区／区	自治体窓口
				私立保育園	21	民間事業者／民間事業者	自治体窓口
2	認定こども園	「就学前の子どもに関する教育、保育等の総合的な提供の推進に関する法律」に基づき、都知事がこども園として認定し、区が特定教育・保育施設として確認した施設		区立こども園	10	区／区	自治体窓口
				私立こども園	3	民間事業者／民間事業者	自治体窓口
3	認可外保育施設	都や区市町村の認証、認可があるもの	認可保育園の設置基準に準じて東京都が認証した施設	認証保育所	22	民間事業者／民間事業者	各施設
			厚生労働省に定める基準に適合し、区が特定地域型保育施設として確認した施設	家庭的保育者	3	個人／個人	自治体窓口
				家庭的保育事業	1	民間事業者／民間事業者	自治体窓口
			認可保育園の設置基準に準じて区が設置した施設	保育ルーム	5	区／区	自治体窓口
		都や区市町村の認証、認可がないもの	その他の施設	事業所内保育施設	不明	民間事業者／民間事業者	各施設
				院内保育施設	不明	民間事業者／民間事業者	各施設
				ベビーホテル	不明	民間事業者／民間事業者	各施設
				その他の施設	不明	民間事業者／民間事業者	各施設

出典)「しんじゅく保育施設ガイド平成27年度入園版」より筆者作成.

推進に関する法律」[2]に基づき，区，もしくは民間事業者によって設置，運営される保育施設である．認定子ども園は，基本的には認可保育園又は，認可幼稚園がその母体となっている．「しんじゅく保育施設ガイド」によると，認定子ども園とは，「幼稚園と保育園の機能を併せ持ち，0歳児から就学前までの子どもの保育，及び教育をおこなう施設」である[3]．認定こども園も認可保育園同様，区立と私立のものに分けられ，区立こども園の数は10園，私立

---

2 2006年に教育基本法の改正で幼児期の重要性が規定された．そして，同年10月に「就学前の子どもに関する教育・保育等の総合的な提供の推進に関する法律」が施行され，都道府県の認定による保育・教育を一体的に行う「認定こども園」の制度が誕生した．認定こども園の類型には，次の4つがあると説明される．(1)幼保連携型：認可幼稚園と認可保育所が連携して一体的な運営を行うことにより，認定こども園としての機能を果たすタイプ，(2)幼稚園型：認可幼稚園が，保育に欠ける子どもの保育時間を確保するなど，保育所的な機能を備えて認定こども園としての機能を果たすタイプ，(3)保育所型：認可保育所が，保育に欠ける子ども以外の子どもも受け入れるなど，幼稚園的な機能を備えて認定こども園としての機能を果たすタイプ，(4)地方裁量型：幼稚園・保育所いずれの認可もない地域の教育・保育施設が，認定こども園として必要な機能を果たすタイプ（新宿区，2011及び区ホームページより）．

3 新宿区保育園子ども園課，2015，「しんじゅく保育施設ガイド　平成27年度入園版」参照．

こども園の数は3園，となっている．

　そして最後に，認可外保育施設である．認可外保育施設では，まず都や区の認証，認可があるものとないもので分けることができる．都，区の認証，認可がある施設には，認証保育所，家庭的保育者，家庭的保育事業者，保育ルームが挙げられる．現在これらの数は，認証保育所が22園，家庭的保育者が3名，家庭的保育事業が1ヶ所，保育ルームが5ヶ所ある．都や区の認証，認可がないものは，事業所内保育施設，院内保育施設，ベビーホテル，その他となっている．これらの保育施設は，設置及び運営は民間事業者が独自におこなっており，また申込先についてもこれまで見てきた保育施設と異なり，各施設に直接問い合わせるかたちとなっている．その為，これらの保育施設が区内のどこに，どのくらいの数があるのかといったことについて，新宿区行政として把握はおこなっていない[4]．

　本研究で対象として扱う「エイビイシイ保育園」は，「認可保育園」の私立保育園に該当する（表4-1参照）．つまり，「エイビイシイ保育園」は，東京都，区行政から認可を受けて運営している保育園である．

4.1.2　新宿区の保育所の開所時間

　本項では，新宿区保育所の開所時間についてみていく（表4-2参照）．まず保育所の種類だが，東京都，新宿区から認可を受けている認可保育園は，「区立認可保育園」，「私立認可保育園」，そして「エイビイシイ保育園」のみが該当する「認可夜間保育園」の3つに分けられる．

　「認可保育園」は区立，私立ともに基本開所時間は，朝7時又は7時半から夜は6時又は6時半までというところが普通である．そこに，延長保育が1〜2時間付けられる設定となっている．それに比べて同じ認可園でも「認可夜間保育園」は，基本開所時間だけ比べてみても大きな違いがある．「認可夜間保育園」の基本開所時間は，朝11時から夜10時までとなっている．

　次に「認定こども園」は，基本開所時間が朝7時半から夜6時半までという

4　新宿区保育園こども園課2015年5月26日インタビュー．

表4-2. 新宿区保育所の開所時間

保育所種類	基本開所時間	延長保育時間
認可保育園（区立／私立）	朝7時〜夜6時／朝7時15分〜夜6時15分／朝7時30分〜夜6時30分	1，2時間が主．4時間が最大．
認可夜間保育園（＝エイビイシイ保育園）	朝11時〜夜10時	13時間．
認定こども園（区立／私立）	朝7時30分〜夜6時30分	1時間が主．2時間が最大．
認証保育所	朝7時30分〜夜9時または夜10時が多数．＊13時間開所が義務付けられている．	基本的におこなわない．
家庭的保育者	朝9時〜夜5時	2時間以内で応相談．
家庭的保育事業	朝9時〜夜5時	3時間以内で応相談．
保育ルーム	朝8時〜夜6時が主．	最大で3時間．

出典）「しんじゅく保育施設ガイド平成27年度入園版」より筆者作成．

ところが主である．そして，1〜2時間の延長保育をおこなっている．「認定こども園」は，区立／私立の認可保育園の開所時間と似たような設定である．

　そして「認証保育所」は，13時間開所が義務付けられているため，基本の開所時間は長く，夜9から11時までの開所がほとんどであるが，この基本開所時間を超えての保育は基本的におこなわない．

　以上のような開所時間のなかで，東京都で初めてそして唯一の「認可夜間保育園」であるエイビイシイ保育園は，基本開所時間の朝11時から夜10時に加えて，最大で13時間の延長保育（夜11時〜翌朝11時まで）をおこなっており，文字通り「24時間保育園」となっている．「エイビイシイ保育園」の片野園長が「うちはね，『夜間保育』という位置付けの単独園なんよ．日本で『夜間保育』ちゅうなかの位置付けでやっている単独園なんよ．うちひとつなの」[5]．と話すように，エイビイシイ保育園は，現在，東京都において「認可夜間保育園」の枠組みのなかで保育をおこなう唯一の保育施設である．では，なぜこのような特異な存在ともいえるエイビイシイ保育園は誕生したのだろうか．

　東京で唯一の「認可夜間保育」施設であるエイビイシイ保育園がどのように誕生したのか．エイビイシイ保育園園長の著書，講演録やエイビイシイ保育園について書かれたルポルタージュ，そして筆者がおこなってきた園長へのインタビュー調査から，エイビイシイ保育園の設立経緯についてみていく．

5　2012年5月16日インタビューデータ．

4.2 東京都で唯一の認可の24時間保育園「エイビイシイ保育園」

　エイビイシイ保育園はこれまで，園長である片野清美氏が自身の半生を振り返りながらエイビイシイ保育園を始めた当初のことや，保育の実践等をエッセイ的に描いた著書[6]の他，テレビ番組[7]や多数の新聞記事で取り上げられてきた．また，1991年に丹羽洋子によってルポルタージュとして出版されるなど，社会的に注目を浴びてきた[8]．

　エイビイシイ保育園は，大久保2丁目に立地している．繁華街のメインストリートである大久保通りから1つ路地を入ったところにあるが，中心部から少し外れているせいか比較的静かな環境が保たれている．1990年に建てられた現在の園舎は，地下1階から2階まである3階建ての鉄筋鉄骨の立派な建物だ．

　認可基準にかなう立派な園舎をもち，24時間の保育所として社会的にも注目を浴びてきたエイビイシイ保育園だが，その始まりは，1983年に新宿の職安通りにあるビルの1室から始まった無認可の保育所だった．その後，2001年に法人化され，東京都で初，そして唯一の24時間開所の認可保育園になってから今年で14年目を迎える．

4.2.1　福岡県小倉から新宿区大久保へ

　園長の片野清美氏は，1950年に福岡県小倉市（現・北九州市）に生まれた．地元の高校を卒業後，地元の短期大学保育科に入学，1970年3月に卒業し同年4月に地元の「私立F保育園」に就職した．1972年（当時21歳）に結婚，その後2人の子ども（長男・次男）を出産．1977年，片野氏の夫（当時）が会社を退職し八百屋を開業したため，1978年，短大卒業以来，7年間務めたF保育園を退職し「『八百屋のおかみさん』になった」（丹波, 1991: 114）．「単車の前後

6　片野清美, 1997,『「ABC」は眠らない街の保育園』広葉書林．

7　「にっぽん点描 —— 眠らない街の保育園」（NHK 9月22日放送），「夢の扉 ——EPI-SODE216——新宿の24時間保育園密着（TBS 2009年1月11日放送）．

8　丹羽洋子, 1991,『職安通りの夜間保育園——夢を叶える保母たち』ひとなる書房．

に子どもを乗せて，荷物を積んで，たいへんな生活だったんですよ．よく働いたなーと思いますね」(丹波 1991: 114) と当時のことが語られている．そんななか，1981年に三男を出産した後，1982年の秋に夫 (当時) と別居を開始した．そして，同年の暮れに現在の夫である仁志さんと知り合った．1983年3月，仁志さんと2人で家出．別府駅を出て新大久保駅に到着．3日目から北新宿のアパートを借りて住みだした．片野氏が33歳のときだ．

　丹羽 (1991) によると，当時のことを片野氏は以下のように振り返っている．

　　　どこに行こうというあてはなかったんですよ．ボストンバッグ一個持って，山手線の電車を降りてすぐ，大久保通りの「風月堂」でお茶を飲んだのを覚えています．いまからどうしようってね．とにかく寝るところがないといけないということで，主人がちょっと待っとけよといって，トトトッと出ていって，泊まるところを決めてきたっていうんです．風月堂のそばの和室の汚いところなんです．2人で1日5,000円くらいじゃなかったかな．で，そこに2晩泊まって，その間にアパートを探しました．北新宿の2畳半くらいのアパートを見つけて，さっそくそこに引っ越しました．共同の流し，共同のトイレ．汚いところでしたね．家財道具は，布団1組と，トースターと，小さなテレビがひとつと，それだけ．(中略) 現金は1万円くらいしかありませんでした (丹波 1991: 118)．

このように，片野氏は新宿での生活をスタートさせた．

4.2.2　この街には夜間保育が必要

　新宿に移り住んだ片野氏と仁志さんが，夜間保育を始めようと思うようになった理由は何だったのだろうか．小倉から新宿に移り住んだ2人は，昼夜を問わずとにかく働き，貯金をした．片野氏は，自身の著書のなかで当時のことを以下のように振り返っている．

　　東京へきて3日目にアパートを借りたとき，所持金は1万円ほどし
　かなかった．だから，とにかく働くだけ働いた．昼はベビーシッター
　をして，夜はバーの厨房に入る．厨房なら食費がかからないから（片野，
　1997: 11）．

また，片野氏は，丹羽（1991）のなかで以下のように語っている．

　　主人は営業の仕事を，私はベビーシッターの仕事をしました．毎日毎
　日，昼も夜も一生懸命働いて，お金を貯めたんです．3，4ヶ月で180万
　円．遊びにも行かなかったし，1円も無駄使いしませんでしたね．2人
　ともよく働いたなあと思いますね（丹羽，1991: 119）．

　片野氏と仁志さんは，特にあてもなく小倉から新宿にやってきた．当時の
2人の所持金はわずかで，とにかく，働かなければならなかった．そして「食
費がかからないから」と思い，夜の時間帯に歌舞伎町のバーの厨房でバイト
始めた片野氏は，子どもを預けながら夜働いている女性の多さを知った．こ
のとき，新宿での夜間保育の必要性を強く実感したという．また，当時は
ベビーホテルの全盛期で「猫もしゃくしも資格がなくても保育園をやれる時
代」だったが，子どもにとって決して良い環境とは言えないベビーホテルが
多く，片野氏は，「昼も夜も子どもは平等，夜間保育でも，昼間の保育園と同
じように良い環境で子どもたちを預かれる保育園をつくりたい」[9]と決意した．
　以上のように，片野氏が新宿で夜間保育園を始めた経緯には，片野氏がも
ともと保育士の資格をもっており地元小倉で長年保育士として働いてきたこ
と，新宿に移り住んでからの歌舞伎町のバーのアルバイトを通して，子ども
を預けながら夜働いている女性の多さを知ったこと，そして1980年代初頭
当時の東京は，ベビーホテルの全盛期で保育所は比較的簡単に始めることが
できたことに加え，当時のベビーホテルは，子どもにとって決して良い環境

_____

9　2012年5月12日，インタビューデータ．

ではないものが多く，新宿で安全な夜間保育園をやりたいとの片野氏の想い
が固まったこと等が理由になっていることが分かる．

4.2.3 認可の夜間保育園「エイビイシイ保育園」の設立小史

　新宿で夜間保育園をやりたいと決意した片野氏が，その後どのように認可
の夜間保育園を設立したのかについて，その設立小史を辿りながら確認する．

a. 無認可時代——苦しかった保育園の経営と夫の会社

　片野氏は，1983年8月に職安通りに面した「朝日ビル」の4階の一室で最
初の保育園「ABC乳児保育園」を開園させた．24時間開所の年中無休の保育
所である．小倉から新宿に移り住んで5ヶ月目のことだ．

　「ABC乳児保育園」では，片野園長の得意分野であった3歳未満の乳児の
保育をおこなった．その後，「上の子の面倒もみて欲しい」等の親たちからの
強い要望があり，1987年4月に別のビルの一室を借りて，3歳，4歳，5歳児
の保育をおこなう「ABC保育園」をスタートさせた．「ABC保育園」の開園
資金は，当時「ABC乳児保育園」に子どもを預けていた歌舞伎町に4軒のク
ラブを持つオーナーが園長に貸したものだった[10]．

　エイビイシイ保育園は，片野園長の熱意をきっかけにスタートしたが，そ
の後は夜間保育を必要とする親たちの強い要望に後押しされ拡大してきた．
その後，1990年に現在の場所（新宿区大久保2丁目）に土地を購入し，認可基
準にかなう新園舎が落成した．同時に，「ABC乳児保育園」と「ABC保育園」
を統合し，産休明けから就学前まで一貫保育する昼夜の保育園「ABC乳児
保育園」となった．新園舎の落成，そして無認可園で行政から補助がないな
かで保育所の運営を続けてこれた背景には，夫の仁志さんが経営する通販会
社[11]の存在が大きかったという．仁志さんの会社は，当時のバブル景気に後
押しされて高い利益を生んでいたのだ．当時のことを片野園長と仁志さんは

10　この点については，片野氏から2012年5月16日に口頭で教示を得た．
11　仁志さんは，1984年6月に通販の草分け的会社「ベストヒットカルチャー㈱」を設立してい
　　る．片野氏が当時33歳のときである．

134

以下のように話した.

　　主人の会社は通販の草分けで儲かってたわけよ. それでこちら側 [エ
　イビイシイ保育園] が赤字よ. 職員 15〜16 人おっても, お金がないから,
　毎月, 二百何十万赤字よ. それを私は経理しよったから, どんどん [エ
　イビイシイ保育園に] 内緒で入れ込んでいったわけよ [12].

　　バブルってさ, その最中は気が付かないんだよ. はじけてみて初めて
　「あーあれがバブルだったんだ」って分かるんだよね. だから, バブルの
　時は, みんな「お金ない, お金ない」って言ってたよ. (中略) バブルがは
　じけて会社が傾き始めたとき, 私の頭のなかの計算では, まだ数千万の
　お金があるって思ってたから, 何とかなるって, そう思ってた. けどさ,
　蓋空けたら半分も残ってないの！ えー！！ ってびっくりした. あの人
　(片野園長) が, 全部ここ (エイビイシイ保育園) につぎ込んでたわけ [13].

　当時のエイビイシイ保育園は, 無認可の保育園で行政からの補助がなく,
経営はかなり苦しかったという. そんなエイビイシイ保育園の経営が継続で
きたのも夫の会社が強力な後ろ盾となっていた. しかし, バブル景気終焉の
煽りを受け, 1993 年頃から経営が傾き始めていた仁志さんの会社は, 1996 年
に倒産した. エイビイシイ保育園は, 強力な後ろ盾をなくした.

　　あの人 (仁志さん) はいい人で終わってるけど, そんなんなんよ. 知ら
　んかったんだから. 私がどんどんつぎ込んだんよ. でも自分の経営方針
　も悪かったから, [夫の会社は] 倒産したんよ. それも原因があるか分か
　らん. そのときに債権者集会もよくしたよ. ほんと, いやっちゅうほど.
　そのときに債権者から, 私がエイビイシイ [保育園] をやったから,「ベ
　スト」(夫の会社名の略) は潰れたんだっちゅうことをどんどん言われたわ

12　片野園長のインタビューデータの抜粋. インタビューは, 2012 年 11 月 7 日におこなった.
13　仁志さんのインタビューデータの抜粋. インタビューは, 2015 年 1 月 15 日におこなった.

135

け．でも後悔もせんけん．謝りもせんやったけど，[エイビイシイ保育園は]
私の生きがいだからと．そんなんしよってから，どんどんつぶれていっ
たわけよ．そしてそのときに，潰れて，再建もしたんだよ．3年間ぐら
いしたかな．その中でやっぱり弁護士さんが，主人がプー太郎しだしたけ，
1年間ね．そのときにどうするかねって言ったら，じゃあ，エイビ
イシイにかけようかっちゅうことになって，エイビイシイ[保育園]だけ
は残そうとなったの．11億かけて造ったんだよ．主人の会社．ここ（エ
イビイシイ保育園）も主人がつくってくれた．でもどっちを残そうかと．
こっち（エイビイシイ保育園）を残したんよ[14]

　エイビイシイ保育園は片野園長の「生きがい」だった．片野園長と仁志さ
んは，エイビイシイ保育園を守るために，夫の会社再建を諦めた．

b. 認可運動の本格化と夜間認可保育園としてのスタート

　バブル景気の終焉を迎え，仁志さんが経営する会社が傾き始めた1993年
から1995年の3年間，片野園長は，エイビイシイ保育園を離れ，夫と共に
会社再建のため奔走していた．しかし経営の立て直しはかなり厳しく，「弁護
士の先生と理事長（仁志さん）とよく話し合った結果」，会社再建に見切りを
付け会社は倒産．1996年に片野園長はエイビイシイ保育園に戻り，エイビ
イシイ保育園は再び片野体制となった．また，このときより仁志さんもエイビ
イシイ保育園の経営に携わるようになり，理事長に就任した．そして，片野
園長がエイビイシイ保育園に戻ってからほどなくした，1998年頃から認可運
動を本格的に始動させたという[15]．

　認可運動は，園長，職員，父母会が主体となり，さらに地域住民を巻き込
んで精力的に展開された．そして，認可運動を開始してから3年程が経った

14　片野園長のインタビューデータの抜粋．インタビューは，2012年11月7日におこなった．
15　この点については，片野氏から口頭で教示を得た．インタビューは，2014年10月5日にお
　　こなった．なお，エイビイシイ保育園がおこなった，認可運動については，第4章において
　　詳しく説明している．

2001年3月23日,「理事会のメンバーと私と主任と職員の代表を連れて,東京都に行って,石原知事からお墨付きをいただいて,法人化が認められた」(片野, 2008: 65).エイビイシイ保育園は,「社会福祉法人杉の子会」を設立し,東京都ではじめての夜間の認可保育園としてスタートとしたのだ.さらに,2004年,東京都で初,そして唯一の24時間の学童クラブ「風の子クラブ」をエイビイシイ保育園のすぐ裏手に開所した[16].9年後の2010年4月には,エイビイシイ保育園の園児数の増加に伴い,保育園と道を挟んだすぐ先に分園「ちび太の家」を開園し,0歳と1歳児の保育は「ちび太の家」でおこなうようになった.また,2014年4月,24時間の学童クラブ「風の子クラブ」は,全面建て替えがおこなわれ,3階建ての立派な園舎をもつ学童クラブとして再スタートしている.

　このようにエイビイシイ保育園は,無認可として設立した当初から大久保において徹底して夜間保育をおこなってきた.それは,地域の働くお母さんの子育に対する苦難を知った園長の決意から出発したものだったが,その後のエイビイシイ保育園の拡大は,利用者からの夜間,深夜保育拡充に対する強いニーズを反映して,職員,父母会,地域住民が一体となって精力的に展開された認可獲得運動によるものであった.

4.3 エイビイシイ保育園の利用者とは

　24時間の認可保育園「エイビイシイ保育園」は,新宿における「夜間保育」の必要性を実感した片野園長の熱意,夜間保育を必要とする親たちの声,そして地域住民を巻き込んで精力的に展開された認可運動によって誕生したものだ.

16　社会福祉法人杉の子会は,2004年に東京で初,そして唯一の24時間の学童クラブ「風の子クラブ」を開所した.片野園長は,以前から,夜間に子ども達だけで大久保界隈の繁華街をふらふら出歩いている姿を頻繁に目撃しており,気に留めていた.また,エイビイシイ保育園に通う子ども達は,園を卒園したからといって親の職業の事情が変わるわけではなく,卒園後に夜の居場所を失い,困っている姿をみてきた.このような経験を通して,片野園長は,「子どもの夜の居場所」の必要性を実感し,24時間の学童クラブをスタートさせた.

写真1，2．「エイビイシイ保育園」（1990年に落成した現在の建物）
（2015年6月22日　筆者撮影）

写真3，4．「0，1歳児の保育をおこなう『ちび太の家』」
（2015年6月22日　筆者撮影）

写真5．「風の子クラブ」（建て直し前）　　　写真6．「風の子クラブ」（建て直し後）
（2012年8月10日　筆者撮影）　　　　　　（2015年6月22日　筆者撮影）

　ではこのようなエイビイシイ保育園は，実際にどのような人びとによって利用されてきた／利用されているのだろうか．本節では，エイビイシイ保育園の利用者（保護者）に焦点を当て，24時間保育がどのような人びとに求められているのかをみていく．

4.3.1　多様な職業と関連する保育のニーズ

　東京都で初，唯一の24時間開所の認可保育園であるエイビイシイ保育園には，どのような利用者（保護者）がいるのだろうか．ここではまず，保育園のホームページで公開されている2003年のデータをもとに，エイビイシイ保育園の利用者の特徴について，特に職業と関連する保育時間のニーズに注目しながら整理する．表4-3は，親の職業，年齢，子どもの年齢，そして必要としている保育時間についてまとめられた表である．

　まず，親の職業についてみていく．表中では，55家庭，父母合わせて92名の利用者がいる．そのなかで，多数を占める職業のカテゴリーとして，次のものが挙げられる．まず，専門・技術職に32名．具体的には，医師，看護師，助産師，建築設計，映像や出版物の製作や編集，作家やデザイナーなどである．次に，事務職に25名．いわゆる一般企業に勤める会社員で，営業や事務の仕事をしている．そして，サービス業従事者及び経営者で，22名である．そのほとんどが，飲食業従事者や経営者だが，他に美容師などがいる．以上3カテゴリーで全体の8割を占めている．そして少数ではあるが，次のカテゴリーに属するひともいる．会社役員や国家公務員などの管理職に6名，卸売業のオーナーなどの営業販売職に3名，そして生産・労務職に1名である．他には，学生，大学院生が3名いる．

　次に，必要としている保育の時間帯についてだが，55の家庭全て延長保育を利用していることが分かる．その中でも，朝方延長（朝4時〜11時）を利用している家庭は，55家庭中53でほぼ全家庭が利用している．これは，エイビイシイ保育園の基本開所時間が朝11時からと比較的に遅い時間からであることが関係しているだろう．次に，夜型延長（夜10時〜翌朝11時）を利用している家庭は，55家庭中21で全体の3分の1以上を占めている（表中，灰色

表 4-3．エイビイシイ保育園を利用している保護者の職業と保育時間等

	父親職業	年齢	母親職業	年齢	子供の年齢	必要としている保育時間帯	延長有無
1	（母子家庭）		調理補助	36	0歳	朝10時～深夜3時	有
2	会社員営業職	38	会社員営業職	36	0歳、2歳	朝7時～夜10時	
3	医師	35	医師	34	0歳、5歳	朝9時～夜10時	
4	（母子家庭）		飲食業	31	0歳	朝10時～翌朝7時	有
5	（母子家庭）		飲食業	28	0歳	朝10時～深夜4時	有
6	飲食業	37	会社員営業職	33	0歳	朝10時～夜10時	
7	自営業料理店	36	自営業料理店	32	0歳、2歳	朝10時～深夜3時	有
8	母子家庭）		飲食業	31	0歳	朝10時～翌朝6時	有
9	医師	30	医師	31	0歳	朝7時～夜10時	
10	自営業飲食店	36	自営業飲食店	33	1歳	朝10時～翌朝5時	
11	（母子家庭）		飲食業	26	1歳	朝10時～翌朝8時	有
12	自営業建築設計	40	父子家庭）		1歳	朝5時～夜10時	
13	厚生労働省	36	厚生労働省	39	1歳、3歳	朝8時～深夜2時	有
14	会社役員建築士	39	助産師	36	1歳、5歳	朝9時～夜10時	
15	飲食業	28	飲食業	29	1歳、妊娠中	朝10時～翌朝7時	有
16	会社員	32	看護師	26	1歳	朝7時～夜10時	
17	会社員研究開発	37	会社員事務職	35	1歳、（7歳）	朝7時～夜10時	
18	会社員技術職	36	会社員事務職	38	1歳	朝9時～夜10時	
19	自営業建築設計	39	自営業建築設計	40	2歳	朝9時～夜10時	有
20	学生アルバイト	31	美容師	37	2歳、4歳	朝9時～夜10時	
21	会社役員経営管理	39	会社役員事務職	34	2歳、5歳	朝9時～夜11時	
22	自営業旅行代理店	40	保育士障害者施設	29	2歳	朝10時～夜10時	
23	医師	34	医師	31	2歳、妊娠中	朝7時～夜10時	
24	（母子家庭）		飲食業	29	2歳	朝11時～翌朝11時	
25	外務省	32	大学院生	33	2歳	朝8時～夜10時	有
26	会社員営業職	39	航空会社予約受付	34	2歳、5歳	朝9時～夜10時	
27	（母子家庭）		会社員事務職	30	2歳、4歳、5歳	朝8時～夜10時	
28	会社役員経営者	36	会社員秘書業務	34	3歳、妊娠中	朝9時～夜10時	有
29	会員映像制作	43	会社員映像編集	48	3歳	朝7時～夜10時	有
30	出版社編集職	34	会社員事務職	35	3歳	朝9時～夜10時	
31	医師	34	医師	35	3歳	朝8時～夜10時	
32	（母子家庭）		デパート勤務	42	3歳	朝8時～夜10時	
33	（母子家庭）		飲食業	35	3歳	朝9時～深夜1時	有
34	作家	42	出版社編集職	37	3歳	朝9時～夜10時	
35	自営業宝石卸業	39	自営業宝石卸業	34	3歳、妊娠中	朝9時～夜11時	有
36	会社員半導体設計	37	会社員営業事務	34	3歳、妊娠中	朝8時～夜10時	
37	会社員販売業	36	会社員販売業	36	3歳、妊娠中	朝8時～夜10時	
38	音楽大学講師	46	会社員オペラ製作	40	3歳、（6歳）	朝10時～夜10時	
39	会社員営業職	30	会社員営業職	33	3歳、4歳	朝6時～夜10時	有
40	飲食業	32	看護師	36	3歳、（6歳）	朝8時～夜10時	
41	（母子家庭）		会社員情報処理	30	4歳	朝7時～夜10時	
42	（母子家庭）		会社員販売業	27	4歳	朝9時～夜10時	
43	会社員事務職	50	会社員事務職	39	4歳	朝10時～深夜0時	有
44	（母子家庭）		自営業飲食店経営	41	4歳、妊娠中	朝10時～翌朝5時	
45	飲食業ソムリエ	30	助産師	30	4歳、妊娠中	朝9時～夜11時	
46	（母子家庭）		自営業飲食店経営	41	4歳	朝9時～深夜0時	
47	（母子家庭）		会社員毛髪業	38	4歳	朝9時～夜10時	有
48	（母子家庭）		日本語学校経営	45	4歳	朝9時～夜11時	有
49	（母子家庭）		飲食業	38	4歳	朝9時～翌朝5時	
50	会社員	31	学生	31	5歳	朝8時～夜10時	
51	会社員労務管理	43	美容院経営	36	5歳、（9歳）	朝9時～夜10時	
52	（母子家庭）		看護師	31	5歳	朝11時～翌朝11時	
53	会社員	38	銀行員	37	5歳、妊娠中	朝9時～夜10時	
54	会社員	43	服飾デザイナー	36	5歳	朝9時～夜10時	
55	会社員取締役	46	会社員経理事務	32	5歳、(7歳)、(8歳)、(9歳)	朝10時～夜11時	有

出典）エイビイシイ保育園ホームページより筆者作成．

の塗りつぶし）．さらに，夜型延長のなかで深夜（24時を超えて）の延長保育を
利用している家庭の数は，21家庭中15である（表中，灰色の塗りつぶしと太枠
で囲っている）．夜型延長を利用している家庭の約7割が，深夜から朝方まで
の延長保育を利用している．

　それでは夜型延長を利用している家庭の親の職業は，どのようなものなの
か．さらに，そのなかでも24時を超えて深夜から朝方までの延長保育を利
用している親の職業は，どのようなものなのかみていく．まず夜型延長を利
用する家庭は，21家庭で父母合わせて30名．30名中飲食業従事者，経営者
が半分の15名で一番多い．それ以外は，国家公務員，会社役員，会社経営
者，助産師，看護師，ソムリエなどで各々の人数は，3〜5名と少数である．
さらに，夜型延長を利用する30名中，24時を超えて深夜から翌朝までの間
の保育を利用している家庭は，15家庭，父母合わせて20名いる．そのうち，
15名が飲食業従事者や経営者である．残りの5名は，国家公務員（2名），助
産師（1名），看護師（1名），ソムリエ（1名）となっている．そして，深夜か
ら朝方の延長保育を利用する家庭，15家庭のうち，10家庭は母子家庭であ
る．

　以上のことから，エイビイシイ保育園利用者の特徴をまとめると次のよう
になる．(1) 利用者の職業は多種多様であるが，a) 医師，看護師，助産師，映
像，出版関係などの専門・技術職，b) 一般企業の営業，事務職，c) 主に飲食
業従事者，経営者などサービス職，に大きく分けられる．(2) 利用者の職業が
多様ななかで，夜間，特に深夜から翌朝までの延長保育利用者の職業は半分
が飲食業従事者である．(3) そして，そのうちの半数以上が母子家庭である．
(4) 母子家庭は，全体でみると55家庭中17家庭で，全体の約3分の1が母子
家庭である．

　このような利用者の特徴は，2003年のエイビイシイ保育園のデータをも
とにしたものであるが，2012年に筆者がおこなったアンケート調査（大野，
2013）においても，夜10時以降から深夜，朝方までの保育時間を必要として
いる利用者のほとんどはサービス業従事者との結果が出ており，2003年と同

様の傾向が見られた[17].

4.3.2　エスニシティと関連する職業構成と保育のニーズ

　ではこのような利用者の特徴のなかで，外国又は外国に背景をもつ子ども[18]はどのくらいいるのだろうか.

　エイビイシイ保育園における外国又は外国に背景をもつ子どもの利用者は，2012年調査時で兄弟合わせて30名であった．エイビイシイ保育園の全体の人数が86名なので，全体の3分の1以上が外国又は外国に背景をもつ子どもという構成になっている．30名の国籍は，韓国，中国，ミャンマー，アメリカ，台湾，タイなどで，アジア系の国籍の子どもが主となっている．また，彼／彼女らの多くは夜10時以降の夜間，深夜保育の利用者で，親の職業は，大半が大久保地域にある飲食業従事者，経営者である[19].

　片野園長は，エイビイシイ保育園の利用者の職業と保育園の受け入れ態勢

17　アンケート調査の概要は次の通りである．調査目的：エイビイシイ保育園，B学童クラブの利用者の特徴の理解．調査対象：エイビイシイ保育園（65名）とB学童クラブ（38名）の保護者．調査方法・場所：エイビイシイ保育園，B学童クラブにおいて子どもの送り迎え時に担任の先生から保護者へ手渡してもらう．調査期間：2012年8月22〜31日を期限とする10日間．回収方法：子どもの送り迎え時に担任の先生又は，事務所に持参してもらう．回収率：エイビイシイ保育園約4割，B学童クラブ約3割．
　また，アンケート調査の結果は次の通りである．回答のあった利用者（27名）の職業構成は，サービス職（主に飲食）で約半数を占めており，次に専門・技術職（美容関係，保育士など）が多く，サービス職と専門・技術職で全体の8割以上を占めていた．また，夜10時以降から深夜，朝方までの保育時間を必要している利用者のほとんどは，サービス業従事者であった．そして，このような長時間保育を必要としている12名のうち，8名が日本人，4名が外国籍（ミャンマーと韓国）であった．外国籍者（帰化者を含む）の回答が全部で6名なので，この4名という数は，決して少なくない．詳細については次の論文に掲載．大野，2013，「『多文化空間』における保育の在り方に関する一考察――新宿区大久保のA保育園を通して――」『社会学研究科年報』21号, 立教大学大学院社会学研究科: 7-18.

18　本書では，「外国人の子ども」とは外国籍の子どもを指し，「外国に背景をもつ子ども」とは，例えば，帰化者など国籍は日本だがエスニシティが外国である場合，親の片方が外国人のいわゆるハーフ，或いは，帰国子女のような国籍もエスニシティも日本だがアイデンティティが海外である場合など，自らの背景に何らかのかたちで外国がある子どものことを指す．一口で「外国人の子ども」といってもこのように様々なパターンがあるため，この言葉を使用する．

19　この点については，片野氏から口頭で教示を得た．インタビューは，2012年5月12日におこなった.

について以下のように話す．

　　夜間保育だからって夜だけ来る子はいないの．例えば，サラリーマンの子どもだったら，朝 8 時からきて，夜の 10 時までは保障してるの．うまい具合にお母さんたちに「どの時間帯を使いますか」といって，契約してるわけ．

　　今ね，母子家庭や父子家庭でね，歌舞伎町の昼キャバクラ，昼ホストちゅうのがあるんよ．そしたら，そのホストさんしとるお父さんもおるけど，お母さんはメイクさんとか，そのお母さんなんか朝の 5 時だようち（エイビイシイ保育園）に来るの．5 時にきて子ども預けてお店にいって，同業者のひとがすぐ来るらしいんよ．ホストさんの髪の毛きれいにしたり化粧したり，そんな仕事もある．そんな感じよ．そんな仕事もあるからね，[エイビイシイ保育園は] 24 時間ずーっと動いているの．で，[エイビイシイ保育園の] 職員は，泊りしてるからね．寝らんで自分の仕事やってると思うよ．だからまぁ，受け入れながらずっと過ごしているの．（中略）

　　夜の 22 時以降 [までエイビイシイ保育園にいる] の子どもたちは，「ふくろうぐみ」さんという．その子どもたちには，先生たちがお風呂も入れる．そして，22 時以降の子どもたちは，全部が泊まるわけじゃないよね．お母さんたちが迎えに来る時間帯にもよるでしょ．23 時，24 時，1，2，3，4，5 時ってあるんやけど，だいたい 7 時にはみんな [お迎えが] 終わるね．朝の 7 時には終わる．そんな子どもたちが，全体でマックス 3 分の 1 おる．90 名中の 3 分の 1 だから 30 人おる．そういう子どもたちのなかで，お母さんたちのお仕事がどんな仕事かちゅうたら，医者もいて看護師さんもいて，あれですね，サービス業のお母さんたちもおるよね．外国籍のお母さんたちで，大久保で焼肉屋さんやったりとか，韓国の店やったりとかしてるでしょ，レストランとかね．そんな感じやね．あとは，中央官庁とか霞ヶ関族もおるよね[20]．

―――――――――

20　インタビューは，2012 年 5 月 16 日におこなった．

インナーシティ新宿，大久保では，人びとのエスニシティや職業は多様で，多様なエスニシティと関連する職業上の働き方やライフスタイルから生まれる保育時間のニーズは一様ではない．このような保育ニーズに応えるためには，保育園の24時間開所がどうしても必要になってくることが上述の片野園長の話しから理解できる．

また特に，深夜，朝方までの保育ニーズが切実なのは，母子／父子家庭や外国人住民である．彼ら／彼女らは，家族や親族からの子育てサポートを得られない／得づらい立場にあるが，職業としては，飲食業等のサービス職に従事している傾向が強く，労働時間が夜間，深夜までに及ぶ長時間労働のため24時間保育のニーズは切実である．

4.3.3　24時間保育園「エイビイシイ保育園」利用者の声

本項では，エイビイシイ保育園の利用者 (過去の利用者も含む) のインタビューデータを提示する．これらのインタビューデータをもとに，「多文化空間」における保育の課題やニーズを考察する．

a. 対象者の属性と調査方法

対象者の属性と調査方法について説明する (表4-4, 4-5参照)．本項で言及するインタビュー対象者は，全部で5人だ．Aさんは，エイビイシイ保育園の過去の利用者であり，エイビイシイの片野先生からご紹介頂いた．D〜Fさんは，現在エイビイシイ保育園を利用している保護者だ．エイビイシイ保育園でおこなった調査票調査 (第7章で分析) の回答者で，インタビューにもご協力頂いた．Gさんは，エイビイシイ保育園と経営が同じの24時間開所の学童クラブである「風の子クラブ」の利用者だ．Gさんはエイビイシイ保育園の利用者ではないが，他の新宿区内の保育園を利用していた経験とその後「風の子クラブ」の利用者となるお話しから，本項の目的に対するアプローチは充分可能なため分析対象とした．

インタビュー方法は，事前に準備した大まかな質問項目をもとにインタビューをおこなう半構造化形式によって，保育や子育てに関わる事柄を軸と

表 4-4. 対象者の属性

事例	国籍	年齢	性別	職業	婚姻状態	子どもの人数
Aさん	日本	42 歳	女	看護師	既婚	2 人
Dさん	日本	31 歳	女	サービス業（販売員）	既婚	1 人
Eさん	日本	36 歳	女	新聞社の編集	離別	2 人
Fさん	日本	35 歳	女	サービス業（事務）	既婚	1 人
Gさん	日本	47 歳	女	IT 機器販売会社のマーケティング業務	既婚	1 人

表 4-5. 調査方法

事例	方法	調査時期	調査時間	調査場所	調査回数
Aさん	インタビュー／半構造化形式	2014.11.7	1 時間	喫茶店	1 回
Dさん	インタビュー／半構造化形式	2015.7.27	1 時間 40 分	喫茶店	1 回
Eさん	インタビュー／半構造化形式	2015.8.3	1 時間	喫茶店	1 回
Fさん	インタビュー／半構造化形式	2015.8.7	1 時間 40 分	Fさん宅	1 回
Gさん	インタビュー／半構造化形式	2015.8.10	1 時間 40 分	Gさんの職場の会議室	1 回

※調査時間について，1 の位は四捨五入して記載した．

した対象者のライフヒストリーについて聞き取りした．なお，本項で提示するインタビューデータは，「新宿，大久保における保育の課題やニーズを考察する」との視点から，関連の部分を抜粋し編集したものである．

b. インタビューデータから
● Aさん――子どもの環境を整えたい，けど仕事面で妥協はしたくない

　Aさんは，北海道から東京に上京後，看護師（助産師）として仕事を続けてきた．夫の当時の仕事は飲食業で朝は早く夜は遅かったという．エイビイシイ保育園には，2000 年から 1 人目のお子さん（当時，1 歳 2 ヶ月）を預けていた．Aさんが，27 歳のときだった．

　1 人目のお子さんを出産後，職場復帰をするにあたりAさんは保育園を探していた．看護師という職業上夜勤があるので，当時の住まいの近くで，夜間保育園を色々とみてまわったが，遊び場がない，園長の考えが良くないなど「どれも良い印象を受けなかった」という．そんななか，たまたま片野園長の著書『「ABC」は眠らない街の保育園』(1997 年, 広葉書林から出版) を手にする機会があり，エイビイシイ保育園へ訪ねて行き，「ここにしよう」と決めた．

2001年にエイビイシイ保育園が認可園になるにあたって，入園条件が変わり，新宿区以外に在住のひとは基本的には条件に該当しないとのことで，当時エイビイシイ保育園には，Aさんのお子さんを含めた2歳児が，18〜19人いたが，13〜14人に絞られたという．Aさんは他区の在住者であったが，「新宿区役所に何度も足を運び，特例として，エイビイシイ保育園に残ることを認めてもらった」．2人目のお子さんが生まれたときにも区役所に行ってお願いをしたが，「さすがに，2人目は認められないと言われてしまい」，2人目の子どももエイビイシイ保育園に入園させるために，新宿区に引っ越した．以下にAさんの話しを引用する．

　　正直，エイビイシイ［保育園］以外で子どもを預ける，てゆーか，お願いすることは考えられなかったですね．年齢が違うのでこんなこと言うのもあれだけど，片野先生は，私たちの東京のお母さんみたいな存在なんです．私は，両親が北海道にいるから頼れないし，親戚もこっちにいないし，誰も頼るひとがいないから．こっち（東京）に誰か支援してくれる両親だとか肉親が居れば違うと思いますけど，居ない者にとってはああいう所に頼るしかないんですよね．あるいは仕事を諦めるっていうか，夜勤がないところに移るか．

　　私自身は助産師なんですけど，助産師を取って3年目で妊娠しちゃったので，正直，経験年数が少なかったんです．同期がいっぱい居たんですが，同期がどんどん色んなことを日々学んでいって，やっぱり差を感じてしまったのもあって，子どもを産んで育休（育児休暇）取って，復帰はなるべく早くしたいと思っていました．だから，実際に，育休を少し短縮して，職場復帰しました．私も経験を積みたかったので．

　　仕事面で妥協はしたくなかったんです．仕事に妥協はしない．けど，生活もしていかなくちゃいけない．子どもの環境も整えなくちゃいけないって考えたときに，エイビイシイ［保育園］以外に考えられませんでした．

　Aさんは，仕事上子育て中のお母さん方に話しをする機会が毎日のように
あり，その人たちに「子育ては自分1人でするのは無理な話しなので，色んな
ひとに支えてもらって，色んなひとの手を借りて子育てしていったらいいよ」
とアドバイスするという．そして，自分はまさに「エイビイシイ（保育園）の
先生方に（子どもを）育ててもらってきたので，すごくありがたい」と話した．

　以上のようにAさんは，子育てについて不利な状況にありながら，夜勤
がある助産師の仕事を諦めたくないし，仕事面で妥協をするのも嫌だった．
そんなAさんにとってエイビイシイ保育園の片野園長は，「東京のお母さん
みたいな存在」だという．彼女は，エイビイシイ保育園に子どもを「お願い
する」ことにより，子育てと自身の仕事の両立を達成した．そのことがAさ
んの人生にとっていかに重要なことであったかは，2人目のお子さんをエイ
ビイシイ保育園に入園させるために，新宿区内へ引っ越しをしたという行動
からも理解できる．Aさんは，「24時間保育」を選択することにより，仕事か
／子育てかという二者択一への囲い込みから逃れることができたのだ．

●Dさん——子どもが居てもフルタイムで独身社員と同じように働きたい

　Dさんは，新宿区出身で新宿区在住の31歳だ．現在，夫と子供1人の3人
家族で大久保に住んでいる．エイビイシイ保育園から徒歩圏内の場所だ．エ
イビイシイ保育園には，子供が生後7ヶ月目で入園した．保育園は，朝10
時から夜11時まで利用している．

　Dさんは，東京都内の大学を卒業後，2009年（当時25歳）に結婚．2010年に
現在の会社に入社をした．そして，2012年にお子さんを出産している．出産
後の育児休暇中に自宅から近所の保育園を探していたが，「自分の働き方を考
えると，エイビイシイ保育園以外は全部ムリ」だと思い，申込みをしたとこ
ろ入園が決まったため，出産後，7ヶ月で職場復帰をした．

　Dさんの勤める会社は，お惣菜の製造，販売を全国規模に展開する会社で，
商品は，日本全国の百貨店の食料品売り場，いわゆるデパ地下で売られてい
る．Dさんは入社後から現在まで，都内のデパ地下で正社員の販売員として，
フルタイムで働いている．2週間ごとに変わるシフト制の勤務体系で，週に

5日間，1日8時間から長いときで16時間働くことも珍しくない．週に2日の休みは，2連休はほとんどなく，「平日に1日と週末に1日」というのが通常のシフトパターンだ．また彼女の夫は，都内にある飲食店（洋風居酒屋）で働いており，出勤はDさんより遅いが帰宅はいつも深夜1時頃になるという．そして，このような生活スタイルのなか，子どもの保育園の送り迎えは，朝の送りは夫がおこない，夜のお迎えは勤務を終えたDさんがおこなっているという．

　朝は早くから夜は遅くまで，1日の約半分を仕事に費やしながら子育てをおこなうDさんだが，時短勤務などの選択肢も有りえたはずだ．実際に，Dさの会社では，子どもが小学校に入るまでは時短勤務が制度的に保障されている．

　　そうですね．時短勤務はぜんぜんできるんです．子どもが小学校に入るまで時短勤務できるんですけど，やっぱりそれだと，自分のキャリアアップとかも考えたときに，時短だと，限られたことしかできなくて，パートさんとかアルバイトさんみたいなことしか出来なくなるので……今まで子どもが生まれるまでバリバリ働いていたのに……．

　Dさんは，一見，過酷に思える今の生活を自ら選びとっている．それは，これまで築いてきたキャリアを中断させたくないという想いからだ．そしてDさんは，仕事において「子どもがいるから出来ないです，っていう言い訳もしたくない」という．

　　子どもがいることで，「Dさんは子どもいるからこれはお願いできないよね」とか，そういうのも言われたくないっていうのもあります．自分のわがまま，エゴなんですけどね……．
　　でも，子どもがいるからって，職場のひとに遠慮されたくもないし，普通にみんなと同じように働きたいんです．子どもがいるかどうかは関係なしに，普通に私も働いて仕事をしていきたいというのが強かったので，子どもには申し訳ないことをしていると思うんですけど……．

　Dさんは，職場では子どものあるなし関係なく，皆と同じように働きたい，と主張する．職場でDさんはどのような存在なのだろうか．彼女は自分自身について，「小学校以下の子どもがいて，フルタイムで，私のようにラストまでとか，本当の完全なる一社員として働いているのは私くらいしかない」という．

　　社員のあいだでも，子どもがいるひとの働き方といったら，遅くても夜7時とか8時までが普通だというイメージだから，私みたいにラストまで働いているひとがいるって聞いて「びっくりしました」って言われるぐらい．他にも，子どもどうしてるの？　ご主人が迎えに行ってるの？とか普通に聞かれて．私がフルタイムでラストまで働いてるから，旦那は，仕事が夕方の6時，7時に終わる会社員なのかなってイメージするらしく，違いますよ，これから仕事が終わった後，11時（23時）までに迎えに行きますよ，とか言うと，皆な「えーっ！　これから？」みたいな．だから，私が，［エイビイシイ保育園には］朝方のお迎えの子もいるし，お泊りの子もいるんですよ，って言ったら，「それで認可保育園なんでしょ？　すごいね，びっくりだね！」って皆さん．

　Dさんによると，子どもがいるひとの働き方は「時短勤務か夜遅くても7時か8時まで」というのが世間一般の感覚だという．そのためDさんのように，就学前の子どもがいて夜10時まで働く母親の家庭では，子どもの保育園のお迎えは，「夫がおこなっている，きっと夫は夕方頃に仕事が終わるひとなんだ」と予測する．それだけ，一般的にはエイビイシイ保育園のような24時間保育をおこなう，しかも「認可」の保育園は珍しく，むしろそのような保育所が存在しているということすら信じがたいという様子が伝わってくる．また，エイビイシイ保育園のことを話したDさんは，かつて会社の人事のひとに，「そういうのがもっといっぱいあれば，うちの会社にも復職する人がいっぱいいるのにね」と言われたことがあるそうだ．
　さらにDさんは，「夜間や24時間やっている保育所というと，無認可のベ

149

ビーホテルで，保育料が異常に高く，サービスにも不安があり，利用者には水商売のひとばかりというイメージがどうしてもあるようで，認可で24時間，ってところなんですよね．みんな，そこにびっくりしている」と話した．エイビイシイ保育園が24時間の保育園として，認可を勝ち取ったことの意味は，この話だけをとっても大きいことが理解できる．

またＤさんは，産休明け７ヶ月で職場復帰したことについて，仕事上も子育て上も自分にとっては良かった，と振り返る．

　　産休は最大で２年間とれるけど，２年間も休んだら……．例えば，看護師さんとか，手に職があるような専門職の方なら，スキルがあるし，２年とか休んでも問題ないのかも知れないけど，私みたいなお店で販売員の場合は，２年間空けてしまうと，２年間の間にお店の色んなものも変わりますし，２年も空いちゃうと……．実際，７ヶ月で産休空けて仕事に復職した時に，やっぱ私これでよかったんだって［思いました］．その期間でもすごい久しぶりでドキドキするっていうのもあって，これで２年とか休んでると，体も絶対に動かなかったし，一段と疲れるな，辛いなっていうのがあったと思います．何で仕事をやってんだろうみたく思っちゃう気持ちが大きくなったと思うんです．

　　それに，産休中は，ベビーマッサージ通ったりとか色々してましたけど，やっぱり子どもと２人きりで過ごす時間が多くて，今までずっとめいっぱい働いてきたので，子どもと２人きりでどう過ごせばいいんだろっていうのがあって，私は，子どものために洋服作ってあげるとか，何かを凝ってするっていうタイプでもないので，旦那さんのために美味しいご飯をつくりたいとかそういうタイプでもないし，普通に作ればいいやとかそんな感じなので，子どもと２人きりだとヒマでどう時間を過ごせばいいか戸惑いもありました……．１日中，子どもと過ごすのもそれも楽しいけど，何か１日が長いなみたいな．どう過ごそうかな，何すればいいのかな，とか感じてて．だから，仕事戻ったときに，仕事が休みの時に子どもに対して，一緒に遊びたいという気持ちも大きくなりました

し，私の性格上，仕事をしている方が自分も生き生きとできるし，産休中は，自分が行き詰まっていた部分もあったので，子どもにも悪影響を与えてしまうことにもなりかねなかったので……．これで [7ヶ月で職場復帰して] 良かったなっていうのは思いました．仕事に戻ってからは，例えば，専業主婦で幼稚園のお子さんと同じくらい，子どもと一緒に過ごす時間をつくろう！　と強く意識するようになりました．なので，私の仕事の休みの日は，子どもの保育園をお休みさせて，必ずどこかに遊びに出かけてきますし，子どもと過ごす時間をとても大事に考えています．

　以上の D さんの話から，サービス業の移り変わりの速さが伺える．D さんのお店では，頻繁に新メニューが追加され，また季節に応じて商品が入れ代わる．その度に新しい商品知識が必要になるし，それに対応した販売方法もあるだろう．このような移り変わりの早いサービス業の世界で 2 年間も休暇を取ることは，独身の社員と同じ働きぶりを求める D さんにとって，かなりなリスクになることは頷ける．また，「手に職があるような専門職の方なら，スキルがあるし，2 年とか休んでも問題ないのかも知れないけど」との D さんの発言からは，特に資格などを必要としない販売員という職種柄，自分の代わりはいくらでもいる，という想いが見え隠れする．

　このようなサービス業の特徴は，サービス業，接客業のネガティブな面とも捉えることが出来るのかも知れないが，このような事情もあり，産後，早々に職場復帰したことは D さんにとって，子育て上はポジティブな結果となった．7ヶ月で職場復帰したことを子育てとの関連で述べる D さんの話しからは，子どもと 1 日中 2 人きりでいることをあまり楽しめなかった D さんの素直な心情が伝わってくる．子どもと長時間過ごすことを好む母親もいれば，そうでない母親もいる．エイビイシイ保育園のようなところが東京で 1 つしかないのは，そんな当たり前のことが社会では認められづらいことを反映しているのかも知れない．

●Eさん —— 夜にしかできない仕事がある．子どもをもった女性はそうい
う仕事をしてはいけない？

　Eさんは，現在36歳独身だ．新聞社で現在は編集の仕事をしながら，2人
のお子さんの子育てをしている．Eさんは，大学を卒業後現在の会社に入社
し，しばらくの間記者職に就いていた．また，入社後，数年して結婚し，数
年の間に2人のお子さんを出産した．

　Eさんの勤める会社は，転勤が多い．彼女は入社後，何回か転勤を繰り返
すなかで，結婚後の翌年から約7年間，お子さんと3人で福岡に住んでおり，
その後東京へ戻ってきた．同じ時期，夫（当時）の方も国内や海外への転勤
が続いており，家族揃って一緒に生活する時間はほとんどなかったという．
このような状況のなか，結婚後8年で，離婚をした．

　Eさんは，帰京後からエイビイシイ保育園を利用するようになったが，福
岡でお子さんと3人暮らしをしているときも，「どろんこ保育園」という夜間
保育園を利用していた．「どろんこ保育園」は，朝7時から深夜2時まで開園
している認可の夜間保育園である．エイビイシイ保育園と同様に，無認可か
ら法人格を取得した保育園で，このような背景をもつ認可の夜間保育園は，
全国でも「エイビイシイ保育園」と「どろんこ保育園」のみだ．

　Eさんの仕事は帰りが遅く，そして「どろんこ保育園」は会社から近い場
所にあったため，保育園選びは迷わず「どろんこ保育園」に決めた．その頃
利用していた保育時間は，記者職に就いていた頃は，朝9時から夜10時ま
で．その後，編集職に異動になり夜勤をおこなうようになってからは，朝
10時頃から翌日の深夜2時まで利用していた[21]．その頃の生活について，Eさ
んは以下のように話した．

　　　　［どろんこ保育園は深夜2時に閉まるため］1時50分に会社を出て，タク
　　　シーで急いで帰って保育園に迎えに行ってました．子ども2人が同じ所
　　　にゴロンって寝てるんですけど，下の子を自分で抱っこして，お兄ちゃ

21　朝刊の編集シフトに入ると夜勤に，夕刊の編集シフトに入ると昼間の勤務になる．

んの方を先生が抱っこしてくれて．で，タクシーのドアを先生が開けて
くれて子どもをタクシーに乗せてくれて，私は下の子を抱っこして，荷
物もって乗って，うちまで帰って，またベッドまで往復してっていうの
をやってました．

　日曜日が出勤になる場合は，保育園が夜9時で閉まるので，シッター
さんを頼んでいました．9時になったら迎えに行ってもらい，寝かし付
けてもらっていた．シッターの費用は，月に3万円くらいだった．

　上記のような生活を2年程続けた後，転勤が決まり，東京に戻ることに
なった．東京での保育園は，「どろんこ保育園」の園長の勧めもあり，「エイビ
イシイ保育園」にしようと決めていた．しかし年度の途中ということもあり，
クラスに空きが無くすぐに入園することが出来ない状況だった．そのため，
仕方なく子どもたちは福岡に残し，ひとまずEさんは，1人で東京に戻った．
この時子どもたちは，海外赴任から戻った夫（当時）と夫の母親が面倒を見
てくれていた．Eさんは，平日は東京で働き，週末は福岡に帰るという生活
をその後半年間続けた．そして，エイビイシイに入園できるタイミングに合
わせて，子どもたちと3人で東京に住み始めた．この時上のお子さんは，小
学校入学の年齢のため，風の子クラブへ入園．下のお子さんは，エイビイシ
イの3歳児クラスへ入園した．

　「エイビイシイ」に行くと決めていたので，もう，大久保以外は住め
ないなと思って探しました．福岡のときの経験があったんで，寝てる子
を抱えて帰れる距離じゃないと嫌だと思っているところもあって．多少
お家賃張ってもいいから，近くに住むつもりでかなり探しました．

　いまEさんは夜勤がないため，現在のエイビイシイ保育園の利用時間は，
朝8時から夜10時までである．日帰り出張等で帰りが深夜になることがある
ので，そのような時は，東京近郊に住んでいる母親に迎えを頼むこともある
という．

Eさんは，子どもが生まれた直後からずっと夜間保育を利用しながら，仕事と子育てを両立させてきた．そのようなEさんにとって，男性が善意でいう言葉に違和感を覚えることがあるようだ．

　　男の人とかは，「やっぱり子どもはお母さんのそばにいるのが一番だからね」とか言ったりするんですよね．「早く帰ってあげなよ，こんな夜中に保育園いるなんてかわいそうだよ」とかって，結構皆さん善意で言ってくれるんですけど……．「早く帰んな」って，そりゃ，本当に早く帰れるに越したことはないし，無駄に長時間労働する気はこちらも全然ない．ただ，世の中一般見渡すと，新聞社もそうですけど，夜にしかできない仕事っていうのもあるんです．それは警察官もそうかもしれないし，病院もそうですよね．日本の経済が24時間動いている以上，やっぱり社会も24時間動いているわけじゃないですか．飲食店とか飲み屋さんとかも含めて．そういう時間に働く人がいるから経済って回ってるわけじゃないですか．そういうことを考えると，子どもを持った女のひとがそういうところで働けなくなるのは変ですよね．そういう所で働かざるを得ない人もいるかもしれないし，逆にそういう所で働きたい人もいるわけじゃないですか．
　　[子どもを持とうが持つまいが]そういう所で働くことって必要なことだと思うんです．夜中の仕事とか．でも，今，子どもをめぐる場で語られていることの多くって，やっぱり「夜」っていうことは全く入ってなくて……．夜間に子どもを預けられる場所がすごく少ないわけじゃないですか．極端に少ない．かといって，誰もが夜中まで働けっていう話じゃないんです．そういうことでは全くなくて，なんか難しいんですけど……．じゃあ「夜間保育園」が悪いのかって，「夜間保育園」っていうか，夜仕事をして，その間，子どもを保育園に預けてるっていうことが特別悪いことなのかっていうと，そうじゃないんじゃないかなって思うんです．

　E さんは,「夜間保育」に対する世間からの批判的な視線や子どもを持つ女性が夜遅くまで働くことへの無理解を実感している. しかし, このような世間からの無理解に反して, 子どもたち自身は, 夜間保育に対する抵抗感は全くないという.

　　うちの子どもは, 生まれたときから夜間保育園育ちっていうこともあるけど……. [大久保では] 周りで仲良くなる子どもたちもみんな似たような環境で育ってる子が多いので, やっぱり [子どもと] 友達同士の会話を聞いてても, どうもそれ [夜間保育に対する抵抗感] はない. ただ, これが大久保ではないところだったら……. 大久保って割とそういうお家の人も多いので. だから, マジョリティーまではいかなくても, そういう環境の子たちが必ずしもマイノリティーじゃないっていうか, [大久保は] そこがすごく特殊なところで.
　　大久保は, 同じ新宿区内でも, 多分, 全然雰囲気が違う所だと思うんです. 大久保ってすごく緩やかっていうか, とにかく色んな人がいるので. 色んな人がいる中で, 特殊とか特殊じゃないっていうことじゃなくて, なんか, 夜間保育にお泊まりだろうが, 母子家庭だろうが, 外国人だろうが, 割と普通だよみたいな. それがどうした的なものは, 何となくあるような…….

　E さんは,「夜間保育」に対する世間一般の無理解や批判的な視線を感じる一方で, 大久保ではそのようなことは感じない, という. 大久保で暮らす当の本人達とその友だちとの会話を聞いていても, 夜間に家ではなく保育所や学童に居るといった事に対する, 批判的な内容は出てこない, と言うのだ. それは,「とにかく色んな人がいる」という大久保の地域性が関係しているとE さんはいう. 大久保には, 夜間保育園での子育てに限らず, 母子家庭や外国人といった様ざまな家庭環境や人種のひとがいるため, 一般的には理解されづらい夜間保育園の利用についても特殊なことではなく, ふつうのこととして受け止められるような地域性があることが E さんの話しから分かる.

●Ｆさん──エイビイシイのような保育園が増えれば，女性の働くハードルが下がる

　Ｆさんは，現在35歳の既婚女性だ．25歳で結婚をし，29歳で出産をした．現在，新宿区内の会社で事務職に就きながら，1人のお子さん（5歳）の子育てをおこなっている．夫は，歌舞伎町で飲食店を経営しており，帰宅はいつも24時をまわる．彼女は，「うちはシングルマザーチックだから」という．

　Ｆさんは現在の会社で働く前は夫のお店で働いており，当時は今よりもお店の閉店時間が遅く，帰宅は深夜2時をまわっていた．お子さんが生まれ，保育園を選ぶ際は，新宿区から「条件に当てはまるところがエイビイシイしかないですね．他は無理です」と言われ，エイビイシイを紹介されたそうだ．当時は，仕事が終わった深夜2時頃に子どもを迎えに行って，寝かせていたという．そんな生活を1年弱続けたが，子どもの生活時間とあまりにも違うため，「子どもに申し訳ない」と思い，夫のお店の仕事は辞めて，現在の昼間の仕事に変更した．現在は，夜6時に仕事を終えて一旦帰宅し，8時までにエイビイシイ保育園に子どもを迎えにいく．彼女は，「エイビイシイで夕飯を食べさせてくれるので，それがすごく大きい」という．

　　夕飯がなかったら，8時に迎えに行って，帰ってきて夕飯つくって食べさせて……それでお風呂入ってとかしてたら，子どもとゆっくり過ごす時間もなく，バタバタしてすぐ寝る時間だけど，エイビイシイで夕飯を食べているから帰ってきたらお風呂一緒に入って，ドリルやって寝るって感じでゆっくり過ごせるから，夕飯はほんとうに大きい！

　またＦさんは，エイビイシイ保育園の存在について以下のように話した．

　　本当にエイビイシイがなかったら，美容院も行けない，マッサージも行けない，ちょっとした飲み会にも行けない，友達にも会えない．多分，私と同じような状況のママで普通の保育園に預けてる方っていうのは，そういうところも制限されてると思うんです．すごいストレスですよね，

きっと……．

Fさんは，仕事と子育てだけで目一杯の生活を送っていない．エイビイシイ保育園に子どもを預けることによって，仕事と子育ての両立だけではなく，自らのプライベートな時間も確保している．またFさんは，働くことについて，以下のように話した．

　　私，働かないのってすごいもったいないなと思うんです．働けるのって今しかないじゃないですか．今って，65歳までって決まっていて，再雇用制度もできたけど，それでも70歳までしか働けない．私，今年36歳なんですけど，あと34年しか働けないって考えたら，なんで働かないのかなって．40歳になったら，本当に働けるのなんてスーパーのパートとかそういう所だけになってくるじゃないですか．

　Fさんは，人生において働くことをとても大事に考えている．エイビイシイ保育園をもっと多くの人びとに知ってもらい，またエイビイシイのような保育園が増えることを願っている．それは，「女性が働くことへのハードルが下がることに繋がるから」だという．

●Gさん——「小1の壁」には負けたくない．「働き続けてやる」と決意した
　Gさんは，新宿区在住の現在47歳の既婚女性で，9歳のお子さんの子育て中だ．仕事は，IT機器を販売する企業で課長職に就きながらマーケティング業務をおこなっている．Gさんの出身は，九州の福岡県で，大学を卒業後，就職のために上京してきた．勤め先は，現在の会社で3社目だ．2005年に結婚，同じ年に出産をした．「できちゃった婚なんで」とあっさりと言うGさんの物腰は，彼女が社内で唯一の女性の課長であることを教えてくれているようだ．夫は会社経営をしており，とても忙しく，帰宅はいつも夜10時から11時になるという．
　長男を出産後，新宿区内の保育所を探していたGさんは，無事，希望の

条件に合う認証保育所を見付け，出産後，3ヶ月で職場復帰をした．保育所探しのポイントは，「生後49日から預けられて，夜ご飯を保育園で食べさせてくれて，夜10時まで開いているところ」．彼女は，「なるべく早く仕事に復帰したかった」という．

　　　[会社に] 席がなくなったらどうしようって思ってたんです．会社からそういうプレッシャーがあったわけではまったくないですけど，ずっと働いていたいと思っていたし，私の代わりなんていくらでもいるだろうし，会社に女の人そんなにいないけど，[産休] を取るひとは皆さん1年とか取るけど，私は何としてでも早く戻らないといけないと思っていました．その時から役職があったので，また平社員に戻るのは嫌だなと思っていて，部下のこともあるし，1年間ものんびり休んでいられないなっていうのがあって，6月に休んで9月に [会社に] 戻りました．でもやっぱり，[職場復帰してから] はじめは，時短勤務からのスタートになるんですけど[22]．

　Gさんは，出産後3ヶ月で仕事に戻り，半年間の時短勤務を経て，完全な職場復帰を果たす．子どもを夜10時まで保育所に預けながら，仕事と子育てを何とか両立させてきた．それは，とても大変だったけれども，「なんとかやり繰りはできていた」という．しかしGさんは，お子さんが小学校入学の年齢になり，保育園を卒園しなければならなくなったとき，「小1の壁」にぶつかった．

　「小1の壁」とは，子どもが小学校入学の歳になり，これまで通っていた保育園を卒園しなければならないが，特に小学校低学年までは，放課後に子どもを1人きりで家に居させることは難しいため，学童クラブの利用へと移行する．しかし，現状，公立の学童クラブの基本開所時間は，夜6時までで，延長をつかっても最大で夜7時で閉まるところが一般的である．私立の学童

22　Gさんが利用していた保育園は，生後半年を過ぎないと夜10時まで預けることができないため，Gさんは，職場復帰後半年間は時短勤務で出勤していた．

クラブは，数自体もそれほど多くないが，夜遅くまで開いているところはさらに少なくなる．そこで，保育園で夜間の時間帯を利用してきた母親たちは，子どもが小学校へ上がるタイミングで，仕事を辞め，専業主婦になるか，時間に融通の利くパートやアルバイトというかたちで労働を続けるか，という選択に迫られる．これが「小1の壁」だ[23]．Gさんは次のように話した．

　　子どもが1年生になった途端に，社会的なインフラが整っていないというか，子どもの預け先がほんとうに無くて……．すごい心細くて．すがる所がない．今までは，保育園っていう受け皿があったわけじゃないですか．区に行ってもそういう情報はいっぱいあるし，保育園もなかなか入れないとか待機児童の問題もあるけど，保育園は，インフラとしては整っているんです．けど，小学校1年生に上がった途端に，学童は6時までですと言われると……．6時までって，[Gさんの会社の]定時が6時だし，それから帰ってっていうと，1時間くらいはやっぱりかかるし，どうすればいいの？　って．あと，小学生になると，夏休み，春休み，冬休みもあるじゃないですか．休みの日の学童は，基本，10時からなんです．私は9時から出勤なのに，10時までどうするんだ？　って……．

　「小1の壁」にぶつかったGさんだったが，どうしても仕事を辞める気にはなれなかった．当時の事を振り返って，彼女は次のように話した．

　　今まで一生懸命やってきたものを捨てる気にはなれなかったです．あと，ちょうどその時にやっていた仕事も面白かったですし，今でも[仕事は]面白いですし．一緒に商品を出して，皆でつくってみたいな，こういう事はパート仕事じゃ出来ないですし……．何でしょうね……．私は働くのは当たり前だと思っていたので，そもそもの人生プランにあまりなかったのかも知れないです．子ども生むことが……．

23　この点については，Gさんから口頭で教示を得た．

出産は，たまたま事故に遭ったようなものかと……．でもそれは，とても有り難い事故だったんだけれども．九州から1人で出てきて，ずっと働き続けるっていうのはもう決めていたし，部下もいて，役職もあるし，仕事も面白いってなると，子どものためには［仕事を］諦める方が良いんだろうけど，でもやっぱり収入も減るし，主人は仕事のことは［辞めても辞めなくても］どちらでもいいよって言ってはくれて……．

　「小1の壁」のまえで苦しむ当時のGさんは，「これで諦めては，絶対にいけないと思った」という．

　これで諦めて，仕事を辞めちゃって，自分の人生がつまらなくなるのは嫌だったし，それを言い訳にするのは嫌だなと思ったので，何としてでも，何か見つけて，［仕事と子育てが両方できる］方法はないかなと思ってました．自分は絶対に働き続けてやろうって．

　以上のような心境のなかGさんは，インターネット等から学童の情報を探しまわり，程なくして，自宅から近所の場所にまだオープンしたばかりの夜8時まで開いている民間の学童クラブの存在に行き当たった．そして，小学校入学の年の4月から子どもを通わせることにした．利用していたのは，放課後から夜8時まで．毎月，12万円支払っていたという．

　そこの学童は，新宿区の認可とか何も受けていない民間の学童なので，保育料がもの凄く高いんです．夜8時まで預けていて，月12万円ほど払っていました．何のために働いているの？　ってなっちゃうくらいの金額で……．でも，そこしかもう預けられる所がなくて，このときは，毎月12万円払っていました．
　そのときは，もう，7時くらいにはここ（会社）を出て，急いで向かわなきゃいけないから，残業もほとんどできない感じだったんです．それで，月12万円．でも，すがる思いですよね．保育園の時代からすると

160

……. ほんと, 何ていうんですか……. 何の助け舟もないっていうか,
放り出されたような気持ちになって, この先どうすればいいんだろう,
みたいな……. やっぱり, [小学校] 1 年生だから, 鍵っ子ってわけにも
いかないですし.

　高い保育料だったが, 仕事と子育てを両立するには, それしかなかった.
しかし, 子どもが夏休みに入る時期になり, また, 問題が起きる. 夏休み
になると, 学童の預かり時間が長くなるため, G さんが仕事に行く朝から今
まで通りの夜 8 時まで利用していると, 金額はこれまでの倍近くになると
いう.「倍ぐらいになっちゃうって, ちょっと考えられなくて……」そこで G
さんは, 会社のフレックスタイム制を利用するなどして, 何とか時間を調整
して, 夏休みの間だけ公立の学童を利用してみることを考えた.

　　フレックスって言っても, 10 時までには出社しなくちゃならなくて,
　　学童 (公立の) は, 10 時から開くから, だから, 朝, 子どもと一緒に学
　　童の前まで行って, 子どもは学童の前で待たせて, 私は先に会社に向
　　かってました. そしたら, 慣れてきたかなって思ったら, [子どもが] 泣
　　いて帰ってきたりして, やっぱり慣れないじゃないですか. なかなか生
　　活に慣れないし, 学校のお友達が全員いるかっていったら, そうじゃな
　　かったりするので, そんなことがあって, なんかもう…….
　　　もう, どうしたらいいんだろうってなっちゃって. じゃ, やっぱり高
　　いけど, そこ (民間の学童) に行かせるしかないってことになって, また,
　　民間の学童に戻りました. でも, 遅くまで預けるともの凄い金額になる
　　ので, 6 時ぴったりに仕事を終わらせて, とにかく 7 時には迎えにいっ
　　て……. そういうのをやってはみたものの, もう仕事をたくさん [家に]
　　持ち帰ってやったりとかしてて……. とにかく, 無理やりやっていたよ
　　うな…….

　そんな折, G さんは, エイビイシイ保育園の片野園長が 2004 年に運営を開

始していた24時間運営の学童クラブ「エイビイシイ風の子クラブ」(以下, 風の子クラブと呼ぶ) の存在を知る. 風の子クラブは, 新宿区から助成金を受けている民間の学童クラブだ. 風の子クラブの存在を知った彼女は, すぐさま見学に行き, 利用を申し込んだ. その時, 風の子クラブはちょうど定員がいっぱいだったため, その後, 1ヶ月半程待って, 風の子クラブの利用者となる. お子さんが小学校1年生の10月のことだ. 今年 (2016年現在) で風の子クラブの利用を始めて, 5年目になる. 現在 (調査時点) の風の子クラブの利用時間は, 放課後から夜10時まで. 金額は, 月額2万5千円程だという. 彼女は, 風の子クラブを利用後の心境について, 次のように話した.

　　仕事的にも金銭的にも, もの凄く楽になりました. あと, 夜10時まで預けられるので, 残業というか, 私, 一応, 課長職なんです. なので, やっぱり部下がいるわけです. そうすると, 私だけ1人, 先に帰りますっていうのもなかなか出来ないので. あと, 会議が少し長引いたりすると, やっぱり, 私1人, 帰りますっていうのもなかなか出来ないので.
　　子どもが幼い頃 (小学校入学前まで) は,「育休」だとか「時短勤務」っていうのが制度として認められているのでいいけど, 子どもが小学生ってなると, 制度としてもないし, 小学生でまだまだ1人にしておけないので帰りますっていうのは, 何だか通用しないというか…….

　風の子クラブの利用を始めてからGさんは, ようやく, 仕事と子育ての両立を無理なく実現させることができた. 彼女にとって, 区で認められた夜間の学童クラブ「風の子クラブ」とは, どのような存在なのだろうか.

　　[風の子クラブは] もうなくてはならない存在です. 男性はどうでもいいのかも知れないですけど, 働く女性にとっては, フルタイムできっちり働き続けようと思うと絶対にないと……. ほんとにキャリアが途切れてしまうので,「小1の壁」があるので.
　　今までに積み重ねてきたキャリアが途切れるなんて, もったいないと

思いません？　だって，女のひとも進学率が高くなってて，皆さん，男性並みにいい大学出ているわけじゃないですか．会社の方もまだまだ男社会とはいえ，女性に役職付けるところも増えてきているし，けど，その受け皿がないと，パートに戻るか，パートでいいやってなるのか分からないけど，それって結構もったいない話しだと思うんです．女性だって能力は絶対にあると思いますし，やっぱり色んな節目で，母親だからっていうことで，男性よりも不利なことってあるわけですよね．例えば，子どもに何か病気があった場合は，絶対，母親に連絡がきますから．

　女性が社会で活躍できるような受け皿をもっと増やすべきだと思うんです．保育園のことばっかりみんな取り上げるんですけど，「小1の壁」を経験した私は，学童のことをもっと取り上げるべきだと思うんです．ただ，女性の意見としても，やっぱり[子どもの]大事な時期を一緒に過ごしてあげたいっていうのはあるとは思うんですけども，親と短い間しかいられないのは子どもが可哀想とか，そういうことではなくて，その期間，同じ学年の子とか，同じ環境の子どもたちと一緒にいる場所があって，そこで勉強でもいいですし，なにか体験できたり，晩ごはん付きできちんと預けられる場所があれば，親と一緒にいる時間が短くたって……．そういう場所が安価にもっと増えるべきだと思うんです．そうでないと，女性が社会で活躍することは無理です．

　Gさんにとって，区で認可されている夜間の学童クラブ「風の子クラブ」は，仕事と子育てを両立するためにはなくてはならない存在だ．風の子クラブがなかったら，彼女は，自分らしい人生を送ることが出来なかったといっても言い過ぎではないだろう．

4.4「多文化空間」に生まれた保育ニーズ

4.4.1　24時間保育園
　本節では，本章においてこれまで提示してきたエイビイシイ保育園の設立

小史，利用者の職業と利用保育時間の特徴，そして利用者のインタビューデータから当該エリアにおける保育ニーズ及び人びとの価値観や生活様式について考察する．

　「多文化空間」新宿，大久保には，東京都で唯一の認可の24時間保育園「エイビイシイ保育園」が誕生した．これは，この地域に24時間運営の保育園が必要であることを区のみならず東京都が認めたということであり，エイビイシイ保育園の存在だけをとっても，「多文化空間」における夜間保育のニーズの高さが証明されている．ではこの24時間保育園は，どのような人びとに求められているのだろうか．

　先ずエイビイシイ保育園の利用者の職業構成をみると，多種多様であるが，次の3つのカテゴリーで利用者の8割を占めていた．先ず，医師，看護師，大学教員，官公庁の職員といった専門技術職層．次に，一般企業の営業や事務職に就いている会社員，そして，飲食業を中心とするサービス職従事者である．このような利用者の職業構成は，第3章において示した通り，2000年以降の東京のインナーシティで起きている都心回帰現象と連動した，大都市インナーシティにおける新住民層の職業構成と一致するものである．本研究では，彼ら／彼女らのような大都市インナーシティにおける新住民層の存在，或いは，その人びとが当該エリアにもたらす新たな価値観やライフスタイル等を「多文化空間」の一要素として挙げた．そして，このような親たちの保育園の利用状況をみると，皆，基本開所時間の夜10時以降の時間帯を利用しており，「多文化空間」における夜間保育の需要が確かなものであることが分かる．

　次に，利用者のエスニシティをみると，全体の3分の1程が外国人住民の利用となっていた．国籍は，韓国，中国・台湾，ミャンマー，タイといったアジア系の国籍が主である．外国人住民の存在によるエスニシティの多様性は，これまでも大都市インナーシティの特徴として語られてきたことであり，それは現在の特徴としても挙げられる．エスニシティの多様性も「多文化空間」の一要素として継続されているものである．

　また，エスニシティとの関連で保育園の利用時間をみると，基本開所時間

を超えて深夜，朝方まで保育園を利用する人びとは，外国人住民や母子／父子家庭が多く，彼ら／彼女らの職業は，飲食業である割合が高い．外国人住民や母子／父子家庭は，家族や親族からの子育て支援を得られない／得づらい立場にあるが，職業としては，飲食業等のサービス業に従事している傾向が強く，労働時間が夜間，深夜までに及ぶ長時間労働者のため，24 時間保育のニーズは切実である．彼ら／彼女らにとっては，エイビイシイ保育園のような 24 時間の保育施設に頼らなければ，家計と子育てを両立させることが出来ない．筆者が過去に行ったインタビュー対象者には，まさに，外国人住民／母子家庭／サービス職従事者のカテゴリーに属する人びとがいたが，彼女らの語りからは，エイビイシイ保育園を利用しながら，仕事と子育てを必死にやり繰りする当時の姿を垣間見ることができた．

　以上のように，「多文化空間」新宿，大久保では，夜間保育のニーズが高い．そして，ここで留意したいのは，「夜間保育」といっても「24 時間保育」のことだということである．「多文化空間」では，インナーシティの住民としてはニューカマーとなる，働き盛りの専門技術職層，販売・サービス職層，事務職従事者がマジョリティーとなっている．専門技術職層と事務職従事者は，夜間まで働いているが，時間的に固定された就労形態となっている．販売・サービス職は，シフト制等のフレキシブルな勤務形態をとる場合が一般的で，また，勤務時間も他の職種と比較して遅い．このような状況を考えると，この地域において，必要となる保育時間が固定化できないことが分かる．さらに，「多文化空間」の一要素である外国人住民の働き方をみると，彼ら／彼女らは深夜，朝方までの飲食業に従事している傾向が強く，彼ら／彼女らの存在が保育時間における多様性を一層強化している．

　「多文化空間」では，多様なエスニシティに関連した多様な働き方と連動して，必要な保育時間もまた多様なものとなる．従って，「多文化空間」では，24 時間保育のニーズが生まれるのだ．

4.4.2 都心回帰組みの価値観，生活様式——子育てをめぐる現場を通して

a.「働く」ということ

本研究では，大都市インナーシティにおける新住民層としてのヤングアダルトの専門技術職層，販売・サービス職，事務職従事者が当該地域に持ち込む，新たな価値観や生活様式が現代のインナーシティの多様性を進行させている大きな要因であるとして，これらを「多文化空間」の一要素と位置付けていることは既に述べた．彼ら／彼女らの価値観，ライフスタイルとは，どのようなものなのか．

本章4.3で言及した，Aさん (42歳，北海道出身，看護師)，Dさん (31歳，新宿出身，販売員)，Eさん (36歳，東京近郊出身，新聞社編集)，Fさん (35歳，東京近郊出身，会社事務職)，Gさん (47歳，福岡県出身，IT企業マーケティング業務) は，東京近郊や地方から，就職のタイミングで上京して，結婚や出産後，子育てが始まる段階に入っても郊外に移動せず，東京のインナーシティに留まった，まさに都心回帰現象を担っている人びとである[24]．「子どもの環境は整えたい，けど仕事で妥協はしたくない」と語るAさん，「子どもがいても，独身社員と同じようにフルタイムで働きたい」と主張するDさん，「夜にしかできない仕事がある．女性はそのような場所で働いてはいけないのか」と語るEさん，「働かないともったいない」と明るく話すFさん，「『小1の壁』に負けず，働き続けてやる」と決意したGさん．彼女たちは皆，経済的な事情のために仕方なく，といったような消極的な理由で働くことを選択しているわけではない．むしろ，毎月数十万円の保育料を支払ってまで，子育てしながら働く方法を必死で獲得してきたケースさえある．

彼女たちにとって「働く」ということは，パートやアルバイトではなく，独身社員と同じようにフルタイムで働くことを志向しており，そのため，夜間まで働くことを厭わない生活様式となる．「働く」ことは，彼女たちにとってごく当たり前のことであり，結婚や出産をしたからといって，仕事を辞めることの方が不自然なことであり，苦痛でさえあるのだ．

24　Dさんは，新宿の出身であるが，子育て段階に入っても郊外に出ず，大都市インナーシティに留まっているという点で都心回帰の担い手と位置付けられる．

166

b. 子どもがいても「自分の人生」を楽しむ

　Aさん，Dさん，Eさん，Fさん，Gさんは，フルタイムで仕事をし続けることで，「自分の人生」を生きている．それが彼女たちにとって，「自分の人生を楽しむ」ということなのだ．仕事を続けようとする多くの母親は，子どもの成長に合わせて働き方を変える／変えざるを得ないため，フルタイムで責任のある仕事を行うのは困難で，パートやアルバイトになる傾向がある．本章で言及した都心回帰の担い手たちは，そのような意味においては，子どもに合わせない．自分の人生を優先させているのだ．従って，「子育て」についても，一般的な「良い母親」像とは異なると思われる発言をする．Dさんの場合はこうだった．

　　やっぱり子どもと2人きりで過ごす時間が多くて，今までずっとめいっぱい働いてきたので，子どもと2人きりでどう過ごせばいいんだろっていうのがあって，私は，子どものために洋服作ってあげるとか，何かを凝ってするっていうタイプでもないので，旦那さんのために美味しいご飯をつくりたいとかそういうタイプでもないし，普通に作ればいいや，とかそんな感じなので，子どもと2人きりだと，ヒマでどう時間を過ごせばいいか戸惑いもありました……．1日中，子どもと過ごすのもそれも楽しいけど，何か1日が長いなみたいな．どう過ごそうかな，何すればいいのかな，とか感じてて．(中略)産休中は，自分が行き詰まってた部分もあったので，子どもにも悪影響を与えてしまうことにもなりかねなかったので，これで[7ヶ月で職場復帰して]良かったなっていうのは思いました．

　Dさんの発言からは，子どもと長い時間，2人きりで過ごしているとヒマになってしまい，行き詰まりを感じること，炊事はほどほどにやればいいと思っていることが伝わる．また，Fさんは次のように話していた．

　　本当にエイビイシイがなかったら，美容院も行けない，マッサージも

行けない．ちょっとした飲み会にも行けない．友達にも会えない．多分，私と同じような状況のママで，普通の保育園に預けてる方っていうのは，そういうところも制限されてると思うんです．すごいストレスですよね，きっと……．

そして，G さんは，次のように発言していた．

　　[女性が社会で活躍できるような仕組みをつくらないと] 子どもの晩ごはんは，母親の手づくりのものを食べさせてないと子どもが可哀想とか，そういう訳の分かんないことを言う人が減らない[25]．

　以上のような，自分が子育てをあまり得意としないと受け取られたり，保育園に預けている間に美容院やマッサージに行くことを当然のことのように話したり，家事は手抜きであると思われたりするような発言は，多くの母親はそう簡単にはしない．それは，一般的には，ここで挙げたような母親像は，「良い母親」とは思われないし，世間の多くの母親自身もこのような言動を良しとしないからだ．しかし，大都市東京の都心部における都心回帰の担い手の女性たちは，子育てに関して，一般的には良いと思われないことを堂々と発言する．それは彼女たちの価値観と生活様式に基づいた言動であり，彼女たちにとってはそれほどおかしなことではないのだ．
　以上のような，都心回帰組の担い手の子育てに関する価値観，生活様式に下支えされて，「多文化空間」における24時間保育のニーズが生まれている．そして，都心回帰組みの価値観は，従来，大都市インナーシティの特徴として強調されてきたエスニック・マイノリティの価値観や生活様式と大きく異なっているため，大都市インナーシティに一層の多様性をもたらしている．このように彼女たちのことを述べていると，彼女たちが一般的な見た目などまるで気にせず，自由に楽に生きているかのように映るかも知れない．実際

<hr />

25　本章4.3では掲載していないインタビューデータである．インタビュー実施日と方法については表4-4, 4-5と同じ．

にそうであるのか．この点については，次章で言及する日本の保育運動史を
踏まえて考察をおこなう．

4.5 「多文化空間」 の保育の在り方に向けて——政策的な課題点

　本節では，「多文化空間」新宿，大久保における保育サービスの在り方につ
いて，課題点を明らかにし，政策的な提案をおこなう．

　先ず，大久保のように多文化化した都市空間における保育の在り方を考え
る場合，都市の多様な生活スタイルに合わせて考えなくてはならないという
ことだ．現在の認可保育園の保育時間は，延長保育を使っても夜 8 時から 8
時半までが最大である．職種，就業時間の面で多様な都市の住民にとって，
皆がこの時間までの保育で家庭の生計と子育てを両立させられるとは考えづ
らい．実際に，エイビイシイ保育園，そして風の子クラブの利用者のほとん
どが，朝から夜 10 時以降の保育時間を利用している．さらに，エイビイシ
イ保育園では全体の 3 分の 1 を占めていた，深夜から朝方までの保育のニー
ズが切実な「サービス業従事者，母子家庭，外国人」という人びとを見逃す
こともできない．そして，このような多様な人びとの保育ニーズに応えるた
めには，エイビイシイ保育園，風の子クラブのような 24 時間運営の保育施
設が不可欠となる．

　次に，風の子クラブ設立の経緯や G さんのインタビューデータからも明
らかなように，保育園と学童保育を繋げた保育サービスの必要性である．子
どもが保育園を卒園しても親の職業の事情が変わるわけではなく，就学後に
も引き続き，「こどもの夜の居場所」に切実なニーズがある．そのため，夜間
学童の条例整備が必要である．大久保地区における，子ども達だけの夜の出
歩きを目の当たりにし，約 12 年前から「子どもの夜の居場所づくり」の必要
性を主張していた片野園長は，今から 10 年前に東京都ではじめての 24 時間
運営の学童クラブをスタートさせた．園長は，当時から夜間の学童クラブの
条例設立を新宿区に訴えてきたが，現在も夜間学童に関する条例はない．し
たがって，風の子クラブは，昼間の学童条例で保障されていない夜 7 時以降

は，自主運営をおこなっている．現在，新宿区には，26の公立の学童クラブ（児童館内16箇所，子ども家庭支援センター内4箇所，小学校内6箇所）がある．それらの開所時間は，放課後から夜6時まで．延長をつかって夜7時までとなっている．また民間の学童クラブは，風の子クラブを含めて3つある．風の子クラブ以外のそれぞれの開所時間は，1つは，放課後から延長を含めて夜7時まで．もう1つは，放課後から延長を含めて夜8時までである．夜間学童クラブの条例がない現在，補助金対象外の時間帯に学童クラブの運営をおこなうのは至難の業なのだ．このような現状のなか，24時間開所している「風の子クラブ」は，「多文化空間」における人びとの生活様式を捉えた貴重な社会的施設であると言えるだろう．

第5章 エイビイシイ保育園の認可獲得の運動

　本章では，エイビイシイ保育園がおこなった保育運動を取り上げる．そし
て，エイビイシイ保育園の保育運動を通して「多文化空間」における子育て，
保育のニーズや課題を分析し，さらに，「多文化空間」に特徴的な生活様式を
明らかにする．

　第4章において述べたようにエイビイシイ保育園は，1983年に新宿の職安
通りにあるビルの一室から始めた無認可の保育所だった．2001年に「認可夜
間保育園」になるまで，18年間，無認可の24時間保育園として地域の保育
ニーズに応えてきた．エイビイシイ保育園は，地域の確かなニーズを感じる
一方で，夜間保育に対する世間の批判的な視線の的となってきた．「夜間の
時間帯というだけで昼間の保育と差別されるのはおかしい」とのエイビイシ
イ保育園園長，片野清美氏の強い想いを背景として，エイビイシイ保育園は，
1998年頃から園を認可保育園とするため，園のスタッフはもとより父母会，
そして地域住民をも巻き込んでの本格的な運動を開始した．そして，運動を
開始してから約3年後の2001年，運動の成果が実りエイビイシイ保育園は，
東京都で初，そして唯一の夜間 (24時間) の認可保育園としてスタートした．

　エイビイシイ保育園の特徴の1つは，利用者 (保護者) が多様な職業で構成
されていることである．それは，医師，弁護士，国家公務員，中小企業経営
者，飲食店経営者，一般企業サラリーマン，夜間のサービス業従事者などで
ある．そして，このなかには，母子／父子家庭や外国人といった人びとも含
まれている．エイビイシイ保育園の運動は，このような多様な社会的背景を
もつ父母，そして地域住民が一体となって展開された運動である．

　「夜間保育連盟」によると，全国で24時間運営の認可保育園は，エイビイ
シイ保育園を含め7園ある．片野園長によると，エイビイシイ保育園のよう

に無認可から法人格を取得して認可園となったのは，エイビイシイ保育園を含め2園である．両園とも認可獲得のための運動をおこなった[1]．他の園は，「もとから昼間の保育で法人格をもっていて，そこに夜間を付け足した」という[2]．「無認可から認可立ち上げるなんてなかなか出来ないよ！」[3]と片野氏が話すように，エイビイシイ保育園が24時間保育をおこなう認可園の立場を獲得したのは，全国の夜間保育園の設立事情を見ても分かるように特異であるといえる．

　本章では，エイビイシイ保育園のおこなった認可獲得のための保育運動について，運動の主体者である片野園長と父母会メンバー，そして運動当時の新宿区の福祉部部長のインタビューデータ，またエイビイシイ保育園が運動の際に作成したビラや嘆願者，新宿区がエイビイシイ保育園を認可園と認めた際の行政文章等を頼りに詳細に記述する．

5.1 運動史としての保育運動

5.1.1　1955〜70年代に全国展開された保育運動

　「保育運動」とは，どのようなものなのだろうか．日本には，保育運動の歴史がある．本節では，エイビイシイ保育園の運動をみる前に先ず，日本の保育運動史を振り返る．

　保育運動を主要に扱う研究によると，日本の保育運動は次のように時代ごとに区分することができる．すなわち，第1期：戦前〜戦中（1930〜44年），第2期：戦後直後（1945〜55年），第3期：高度経済成長期（1955〜70年）である（浦辺, 1969; 橋本, 2006; 松本, 201）．そしてこのうち，浦辺（1969）は第1期を，松本（2013）は第2期を，橋本（2006）は，第3期に展開された保育運動を中心にそれぞれ当時の社会状況や中心となった各運動体の設立経緯，活動

1　この点については，片野氏より口頭で教示を得た．インタビューは，2013年9月11日におこなった．
2　インタビューは，2013年9月11日におこなった．
3　インタビューは，2013年9月11日におこなった．

実践などについて詳細に記述している．つまり，上記 3 冊で戦前から戦後という 1 つの保育運動の連なりの歴史を網羅している．さらにこれら保育運動に関する先行研究は，著者自身が保育運動の実践者だったことも原因となり，保育運動史として高く評価できるものである．

　保育運動の歴史の上記 3 区分のうち第 1 期は，日本の保育運動にとって中心的な存在となる「保育問題研究会」が生まれた時期である．また第 3 期において保育運動は，「この時期にその規模と範囲において国民運動と呼んで差し支えないほどに発展した」(橋本, 2006: 4) や「職場や階級を越えた全国的な運動，さらに地域を基盤とする運動として組織されてゆく」(松本, 2013: 199) と指摘のあるように，国民運動と呼べるほどに大規模に展開された．そのため本章においては，第 3 期 (1955 〜 70 年) の保育運動に言及することで，日本の保育運動の特徴をみていきたい．

5.1.2　国民運動として保育運動——「ポストの数ほど保育所を！」とは

　本項では，1955 〜 70 年代に「ポストの数ほど保育所を！」とのスローガンのもと全国展開された保育所要求運動がいかなるものだったのかについて，(1) 行為主体：誰が運動の担い手だったのか, (2) 運動のイシュー特性：その運動が何を中心的な課題としていたのか, (3) 運動の価値志向性：運動が志向している価値や意味，以上の 3 つの視点からみていく．

a. 行為主体：誰が運動の担い手だったのか

　「ポストの数ほど保育所を！」とのスローガンのもと全国展開された保育所要求運動は，その要求内容の違いから初期と初期以降の 2 つの時代に分けて説明できる．

　初期の運動の主体となったのは，全国的な労働組合組織の女性部やその職場ごとの労働組合の女性組合員であった．そのためこの時期の運動は，自分たちが働いている職場での保育所づくり，「職場保育所づくり」を目的としてきた．

　初期以降の運動は，女性運動団体の全国組織メンバーが自分の住んでいる

地域において保育所づくり実行委員会などを組織し,「地域の保育所づくり」を目的として展開された．運動の中心メンバーは,高学歴で専門職の女性たちで占められていたが,運動に参加した大多数の女性は,経済苦を理由に働くことを辞められない女性たちであった．

このように1955〜70年代の保育運動は,その主体が女性労働組合員から女性運動メンバーへと変わるなかで,「職場の保育所づくり」から「地域の保育所づくり」へとその目的を変化させていった．

b. 運動のイシュー特性：その運動が何を中心的な課題としていたのか

運動の初期では,仕事を辞めると生活が成り立たない,生活のために働き続けたいという経済的事情を背景に,「働いている間に職場で子どもをみてくれる場所があったら有りがたい」という共通認識のもと,「職場保育所づくり運動」が展開された．

初期以降に展開された「地域の保育所運動」では,運動体のもつ問題意識は,「経済的困窮からくる保育所要求」ではなく「女性の労働は権利であり,その権利を保障するための社会的解決が必要である」という問題設定のもと,その具体的解決策として地域に公立保育所をつくることが目指された．

c. 運動の価値志向性：運動が志向している価値や意味とは

運動初期では,経済苦からくる既婚女性の就労の必要性を訴え,職場における保育所,託児所の設置を目指して運動がおこなわれたことは既に述べた．この「職場保育所づくり運動」では,「働いている間,預かってくれればよい」(橋本, 2012: 117) として,これ以上の意味は志向されていなかった．

初期以降の運動は,上述のように「権利である女性の労働を保障するため公立の保育所が必要である」との問題設定のもと,地域における公立保育所の設置を求めて運動を展開してきた．

橋本 (2012) は,この時代,政府が打ち出していた子育て理念には,「家庭保育」,「母親の家庭責任」といった言葉が使われており,「子育ては家族,とりわけ母親のものである」との考えが根本にあったこと,また「[この時代]

一般的に，女性は結婚後妊娠・出産しても子育てと仕事を両立させる生き方は認められていなかった」(橋本, 2012: 112) ことを指摘している．保育運動は，このような社会的通念への対抗を志向するものだった．

　以上のように，1950年代中期から1970年代に東京の都市部を中心に展開された保育運動は，子育ては母親がおこなうべきものである，との社会的通念を背景として，またそれへの異議申し立てを志向し働きたい母親たちが主体となり公立保育所の増設を目指しておこなわれた運動であった．
　この時期の保育運動から約20年後，同じく東京の都市部でエイビイシイ保育園の保育運動はおこなわれた．本節で述べた保育運動史を踏まえながら，エイビイシイ保育園の認可獲得運動についてみていく．

5.2 どのようにして認可の24時間保育園になったのか

　エイビイシイ保育園は，新宿で夜間保育園をやりたいと決意した片野園長が，1983年に職安通りのビルの一室にて無認可の保育所 (24時間・年中無休) をスタートさせたことが始まりである．その後，2001年に東京都で初，そして唯一の認可の24時間保育園の立場を獲得して再出発している．エイビイシイ保育園の認可獲得の背景には，1998年頃より片野園長をはじめ，園のスタッフ，父母会メンバーが主体となり，さらに地域住民を巻き込んで展開された認可獲得のための運動 (以下，認可運動と略) があった．本節では，エイビイシイ保育園の認可運動について，片野園長が運動を起こそうと思った要因から認可獲得に至るまでの経過を辿りながら記述し，その全体像を描き出す．

5.2.1　個人的な活動から「運動」へ——片野園長のインタビューデータから
　エイビイシイ保育園は，1983年から認可保育園として再スタートする2001年の間の18年間，無認可の24時間保育所として，地域に根ざし人びとの保育ニーズに応えてきた．無認可の保育所として大久保で実績を積んできたエイビイシイ保育園が，認可獲得に向けて本格的に動き出した背景には何が

あったのだろうか.

　片野園長は，無認可の保育所としてやってくるなかで昼間の保育園と夜間の保育園の待遇の差にずっと疑問を抱えてきたという．片野氏は次のように話す．

　　うちももう，無認可でずっとやってたやない？　18年間，無認可で夜間やってさ，昼間の保育は良い環境で育てられてさ，なんで夜は？って思ってたよね．
　　認可を本気で考え始めた頃，ちょうど，「認証制度」[4]ができる直前でさ，「先生，認証でもいいんやない？」なんて，周りから言われたりしたけど，認可が良かった．公的な立場で持続性がなきゃいけないと思ってたからね．
　　認証はね，ちゃんと申請して手続きすればなれるけど，補助もそんなに出ないしね．それに，認証は東京都がやってるでしょ．認可保育園っていうのは国が認めたものだから，国が認めた夜間の保育所をつくりたかったんよ[5]．

　エイビイシイ保育園が認可を獲得したのは，2001年のことである．ちょうど同じ年，2001年5月に「認証保育制度」が施行された．そして，2年後の2003年9月には，この制度により東京都内に172ヶ所の認証保育所が設立した．このような時期に片野園長が「認証」ではなく「認可」に拘ったのは，「国が認めた夜間保育所」をつくりたかったからだ．「国が認めた夜間保育所」に拘ったのはなぜだったのだろうか．

4　認可保育所とは，児童福祉法に基づく児童福祉施設で，国が定めた設置基準（施設の広さ，保育士の職員数，給食設備，防災管理，衛生管理等）をクリアして都道府県自治に認可された施設である．これに対して，認証保育所は，2001年5月に東京都独自の制度として発足した，「認証保育制度」により設置される保育所である．認証保育制度では，東京の特性に着目した独自の基準を設定して，多くの企業参入を促し事業者間の競争を促進することにより，多様化する保育ニーズに応えることができる新しい方式の保育所を設置するために，認証保育所制度を創設した（とうきょう福祉ナビゲーション）．

5　インタビューは，2014年9月24日におこなった．

　　さんざん言われてきたよ，「夜間，深夜子ども預けて，子どもの発育に
　良くない」とかね．そんなんいっぱいあった．けどさ，違うよね．違う．
　　周りからはいろいろ言われたけど，お母さんたちは必要としている
　し，自分がやっていることが悪いなんて思ってなかったからね[6].

　片野園長は，夜間保育に対する多くの偏見や批判を経験してきた．「無認
可でバカにされてきたからねー！！」と力強く語る場面もあった[7]．また，当
時の区長から，「そんなの（夜間保育園）は，新宿に必要ない」と言われたこと
もあった[8]．片野園長が「国が認めた夜間保育園所」を目指したのは，エイビ
イシイ保育園を利用している，夜間に働く父母，そして「夜間保育」に対す
る社会の理解を広げるための挑戦だった．
　以上のように，認可の夜間保育園としての立場獲得の決意をする片野園長
は，本格的に認可運動を起こす以前より認可獲得に向けて個人的な活動をこ
つこつと行っていたという．

　　前から，ずーっとやってたんよ，独りで．福祉課行って，「夜間必要で
　すよ」って話したり，認可とるための情報集めたり，聞いたり．
　　それに，ずーっと赤字だったからね．幸い，主人の会社があったから
　どうにかなったけど[9]．けどさ，主人の会社もダメになって．「今だ」って，
　そういう感じだね[10].

以前から片野園長が個人的におこなってきた，認可獲得に向けた情報収集

6　インタビューは，2014年9月24日におこなった．
7　2014年11月4日インタビューデータ．
8　2014年11月4日インタビューデータ．
9　片野園長は，無認可時代のエイビイシイ保育園の赤字を当時夫が経営していた会社のお金
　から補てんすることで，エイビイシイ保育園の経営を継続させていた．詳細は，第3章を参
　照のこと．
10　インタビューは，2014年9月24日におこなった．

や活動の蓄積, そして夫の会社倒産でエイビイシイ保育園の経営の後ろ盾を失くしたことをきっかけとして,「今だ」と, 片野園長は, 認可獲得に向け本格的に動き出した.

5.2.2 署名活動と対区交渉: 1998〜99年夏

　片野園長は, 認可運動を本格的に始動するにあたり園のスタッフ, そして父母に向けて認可運動への理解を呼びかけた. 認可園になるとスタッフの待遇が良くなる, 保育士の人員配置の充実により保育園定員の増加が可能になり夜間保育を必要としているたくさんの人びとの入園が可能になる. また, 保育料が今よりも下がる, 看護師の配置が可能になること等, 認可園になることへのメリットを保護者会や父母会, そして子どもの送り迎えの際の父母へ語りかけたという. そして,「ABC 乳児保育園の認可をすすめる会」を, 園スタッフと父母会メンバーを中心に組織した.

　「ABC 乳児保育園の認可をすすめる会」は, 1999年6月頃より対区交渉と署名活動を開始した. 署名活動は, 新大久保駅前を中心にエイビイシイ保育園近くにある生協や高田馬場駅前でもおこなった. 7〜8人のチームを組んで交代制で週に3回程おこなった. 片野園長は, 駅前で拡声器を持って「エイビイシイの片野清美と申します」と本名を名乗り, 夜間保育の必要性を訴え, ビラを配った. 片野氏は当時のことを次のように回想する.

　　本当にあの頃 (運動をしていた頃) は, 夢中でよくやったよー. 2時になったら新大久保の駅前に行くんよ, 署名活動にさ. 炎天下, 暑くてね. 署名終わって帰りに飲む自販機のジュースが美味しかったー!　で, うちの理事長 (夫の仁志さん) もさ, 署名活動を大久保通りの反対側の道路から見ててさ, 何もいわんと, こっちみて「うんうん」ってやってさ. あんまり大変そうだったんで, 声かけんやったんやろうね. そんときのこと覚えとるよー[11].

11　インタビューは, 2014年11月4日におこなった.

署名活動の最中に通行人から「どこの党だ！　うるせー！」,「何やってんだ！」など批判の声が出たこともあるが，多くのひとは理解を示してくれたという．署名活動を始めて 2 ヶ月後の 8 月には，1 万数千の署名が集まった．また，対区交渉の様子を片野園長は以下のように話した．

　　親と地域の住民とスタッフと 60 名から，多いときは 80 名くらいでぞろぞろと行くんよ．アポなしで．朝いちで新宿区に！

　　全部で 4〜5 回は行ったよー．子どもをおんぶしてさ，区のひとなんかみんなびっくりしてさ，ぎょっとしてたよね！　皆で福祉課に行って，「福祉部長と会いたい」,「区長」と会いたいって言ってね．あの時は，無認可だからできたんだよ！

　　ある時なんてさ，朝，いきなり，保育課のひとから私のところに電話かかってきて，「いまエイビイシイのひとたちが何十人も来てるんですけど，片野先生なんか知ってますか!?」って（笑）！　知らないよね，その時，私は何も知らんかったんよ．そうやってみんな自主的にやってさ[12].

　上記のように，運動は，時には園長の片野氏の知らないところでも活動がおこなわれる程精力的に展開された．しばらくして，「ABC 乳児保育園の認可をすすめる会」は，区長と面会できる機会を得た．片野園長は，その時の区長とのやり取りが今でも忘れられない．

　　そうやってくなかで区長に会ったんだけどさ,［区長に］言われたんよ，「あぁ，水商売の子どもを預かっている園長か」って……許せんよね！だから私，言ってやったよ，「あんただって夜，飲み行ってんだろ！」って．次の日，反省して謝り行ったけどね（笑）[13].

12　インタビューは，2014 年 9 月 24 日におこなった．
13　インタビューは，2014 年 9 月 24 日におこなった．

「ABC乳児保育園の認可をすすめる会」は，署名活動と対区交渉を精力的におこない，最後の対区交渉となる1999年7月15日，新宿区福祉部へ「新宿区に夜間保育の開設を求める陳情書」を，1万数千人分の署名とエイビイシイ保育園父母の嘆願書を添えて提出した．その際，エイビイシイ保育園側は，約80名，区側は，当時の区長，福祉部長とその他，福祉部執行部が揃っていた．

> ボタン押すとマイクがピーって自動で出てくる，そんな部屋でさ！区長がいて，福祉部長がいて……．ほいでさ，福祉部長が言ったんだよ，「エイビイシイを認可保育園にする努力をしよう」って！　すっごく嬉しかったー！[14]．

以上の福祉部長の発言をもって新宿区は，エイビイシイ保育園を認可の夜間保育園として認める為の手続きを開始することを正式なものとした．

この時のことを話す片野園長は，本当に嬉しそうだった．本格的に運動を開始してからわずか1年足らずと短い間かも知れないが，大久保で夜間保育を始めてから18年間，片野氏は，世間の無理解，冷たい眼差しや経営難に負けず，24時間保育をやり続けてきた．その成果が実った瞬間だった．

5.2.3　抵当権抹消へ向けた活動：1999年夏〜2000年5月

1999年7月15日，最後となった対区交渉において新宿区は，エイビイシイ保育園のこれまでの保育の実績を認め，認可園とすることを決定した．しかし，同時に，片野園長たちに大きな課題が突き付けられた．認可保育園は，児童福祉法に基づく児童福祉施設である．そのため，私立の認可保育園の運営者は，社会福祉法人又は宗教法人となる．つまり片野園長は，エイビイシイ保育園を認可保育園とするために，社会福祉法人を設立する必要があった．そして社会福祉法人の設立は，施設の不動産の自己所有が条件となっている．

14　インタビューは，2014年9月24日におこなった．

　片野園長と夫の仁志さんは，1990年に現在の場所に土地を購入し，認可基準にかなう園舎を建てていた．その費用は1億数千万円．しかし，1999年当時，園舎には金融機関の抵当がついたままになっていたため，金融機関へ債務の返済をおこない，抵当権を抹消しない限り，園舎の所有者とはならず社会福祉法人の設立は出来ない状況だった．

　　[最後の] 対区交渉の後すぐ，父母会役員の会長，副会長，会計と集まって，「さて，保育実績は認めてくれたけど，1億数千万円の借金はどうしようって」．認可にするには，借金あったらいけないからね．そしたら，理事長が「寄付を募ろう」って言ってさ．そんな寄付なんかで1億数千万，どうなるんよって．そしたらさ，そこにいた若い先生が，「片野先生，お金はどうにかなりますよ，ここまでできたらやりましょう！」って言うけど，「どうにかなるって，どうなるよ？」って私も言ったんよ．そしたら，そのときに，今でも覚えてる．父母会役員のナンバースリー，会長，副会長と会計がね，「お金を集めたら，片野先生が一番，儲かるんじゃないか」とか言い出してね……．何で，私が儲かるのよ!? そういう議論があってから，うっとうしくなってからさ，じゃあいいよ，私が個人で借りることにしようということになってね……．その後，3人はもうおらんくなっちゃったよ．エイビイシイ辞めて公立の保育園に行った[15]．

　その後片野園長たちは，金融機関と協議をおこない，当時の評価価格1億750万円で片野園長が園舎を購入し，その後，新規設立予定の社会福祉法人に園舎を寄贈するという計画になった．もちろん，そんなお金はなかった．ここから片野園長たちのお金集めの闘いが始まる．

15　2012年11月7日及び2014年9月24日インタビューデータより．

a. 親への借金, 職員と父母へ１口, 100万出資のお願い

　園舎購入のための１億750万円を集めるため, 悩んだ末, まず片野園長は, 自分の両親に5000万円の借金をした. それから目標額へ6000万円足りないため, 園のスタッフと父母を中心に地域のひとにも１口100万円の出資をお願いすることを決意した. 出資を募るビラを作成し, 地域に配り歩いた.

　　　5,000万円は, 私たちの両親にお願いして借金したんだ. 九州の父と母に. 5,000万は借りた. あと6,000万ぐらい足りんから, それは保護者に借りようちゅうことで, １口100万出資をお願いした. 毎日, 保護者が来たらお願いして, 手紙も出したよ. 地域の人とか, みんなにお手紙書いて, 「ABC乳児保育園の認可をすすめる会」の名義で郵便局の口座を１つ作って, 直接そっち側のほうにお金を振り込んでもらうようにして, 振り込んでくれたら, 理事長がお礼のお手紙と, 借用書を書いたよ. 出資と寄付と２通りやった. けど, 寄付はやっぱり５千円のひともおれば, １万円のひともいたね[16].

b. 100万円出資者の第１号

　１口100万出資をお願いをすることを決意した片野園長は, 理事長と相談して, 当時エイビイシイ保育園を利用していた保護者のおばあちゃんのところへお願いに行った.

　　　今でもよく知ってるおばあちゃんが居て, ここの保護者のおばあちゃん. 理事長と相談して, お願いしようかということになって, 勇気をもって行ったんだ. [出資を]頼んだら, 「いいよ」って言ってくれて……. それが, １号やったね. 100万貸してくれたよ. すごく思いやりがあって……. 今でもそう. 良くしてくれる.
　　　100万借りて, それから勢いづいた. お金借りるのは, 悩んだらい

16　2012年11月7日インタビューデータより.

けない．だって，私が個人で自分の生活に使うわけでもないし，ここが
認可されたら，子どもの保育料だって安くなるし，職員の処遇も良くな
る．色んなことが良くなるじゃない？　だから，それを話したね[17].

c. 1日3回，自転車を走らせて

出資者第1号を得ることができ，勢いづいた片野園長は，1日3回自転車
を走らせて，父母や地域のひとたちに出資や寄付のお願いにまわったという．

　　自転車で1軒1軒，訪ねてね．「お金貸して下さい」って，頭下げて．
近隣の人でお金持ってる人がおるって聞いたら，私，1日3回ぐらい自
転車走らせて行きよったよ，お願いに．「出資して下さい」，「寄付くださ
い」とか……．しょっちゅう，そればっかりやってたよ．
　　みんなに借りまくってさ．職員にも，彼氏がおるやつに，[彼氏は] 貯
金もってないかっち聞くんよ．50万ぐらいだったら，ちょっとお願いで
きないかなって．いろいろ借りたよ．その時は，本当に必死だったと思
うよ[18].

片野園長は必死な思いで出資や寄付をお願いにまわった．そうして，夏か
ら始めたこの活動は，約8ヶ月後の2000年3月頃までには，出資金と寄付
金合わせて，4,600万円程が集まったという．しかしそれでも抵当権抹消ま
では，あと1千100万円足りなかった．

d. 保育料の前借として

2000年4月，抵当権を抹消できる目標金額まであと1千100万円まできて
いた．前年の夏から地域じゅうを周り，必死で頭を下げ，お金を借りてきた
片野園長は，もう出資やカンパをお願いにまわるのが精神的にきつくなって
いたという．

17　2012年11月7日インタビューデータより．

18　2012年11月7日及び2014年9月24日インタビューデータより．

春になってさ，あと1,100万ぐらい足りないよとかになるやん．ど
　うするかね，[お金貸してくれと]言うのも，もうきついねって．だから，
　色々考えて，そしたら，いい考えがあるって言って，保育料の前借りを
　しようとか言って……．
　　当時，うちが60人定員やったやろ？　1,100万円を60人で割ったら，
　2ヶ月か，3ヶ月分くらいの保育料になるんよ．1人，18万くらいにな
　るんよ．それをお母さんたちに言うてさ，ちょっと悪いけど，保育料の
　前借りをさせて下さいて言ったら，みんな貸してくれたの[19]．

　片野園長は，最終的に「保育料の前借」ということで，父母への出資をお
願いした．そうして，なんとか，目標額に到達した．社会福祉法人設立にこ
ぎつけることが出来たのだ．2000年5月のことだった．その後は，行政文章
の作成や手続，行政側の決裁に約1年程を費やした．そして，2001年3月23
日，「理事会のメンバーと私と主任と職員の代表を連れて，東京都に行って，
石原知事からお墨付きをいただいて，法人化が認められた」(片野, 2008: 65)．
エイビイシイ保育園は，東京都で初，そして唯一の認可夜間保育園として，
ようやくスタートしたのだ．

5.3　父母からみたエイビイシイ保育園の認可運動
——Aさんのインタビューデータから

　ここまで，エイビイシイ保育園の認可運動について，片野園長のインタ
ビューデータを中心に運動の展開過程と内容を記述してきた．
　片野園長を中心的な担い手としておこなわれたエイビイシイ保育園の認可
運動は，子どもを通わす父母たちの目にはどう映ったのだろうか．本節では，
認可運動当時のエイビイシイ保育園の利用者であった母親（Aさん）のインタ

19　2012年11月7日インタビューデータ．

ビューデータを提示する．なお，本節で言及するＡさんは，第 3 章で登場
するＡさん（42歳，看護師）と同一人物である．

　Ａさんは，2000年4月から，1人目のお子さん（当時，1歳2ヶ月）をエイビイ
シイ保育園に預けていた．Ａさんが当時，27歳のときだ．2000年4月といえ
ば，エイビイシイ保育園の認可運動は，社会福祉法人設立のための資金があ
と 1,100万円足りずに，頭を悩ませていた時期である．

　Ａさんは認可運動について，片野園長から認可園になると色々な保育の条
件が良くなることを，子どもの送り迎えの際などに度々聞いていたため，認
可に向けての運動には賛成しており，駅前でのビラ配りや署名を周囲のひと
に個人的にお願いするなどして，運動に参加していた．

　　認可運動したときは，無認可と認可園の区別というか，はっきり私た
　ちにはよく分からなかったのはあるんです．ただ認可園になると，いろ
　いろもっと融通が利いたりとか，いろいろするんだよ．保育の条件も良
　くなるんだよねっていうふうに園長先生が言ってたので，そうなんだろ
　うなと．子どもたちの状況がますます良くなるんであれば，認可になっ
　たほうがいいかなって．

　またＡさんは，エイビイシイ保育園に社会福祉法人設立のための資金と
して，50万円の出資をおこなっている．片野園長や職員が父母へ向かって，
出資や寄付をお願いした会のことについて，その時の様子や心情を彼女は次
のように話した．

　　2000年の夏頃，確か，通常の父母会とは別に，特別に父母が集めら
　れたときがあって，認可運動のために，お金を具体的に出せるひとは出
　してほしいって話しでした．
　　正直，父母会のなかで「じゃあ，頑張りましょう」って言ってたひと，
　居なかったと思います……．シーンとして，先生方が泣きながらいろい
　ろ訴えてきてるのを聞いてて，それで多分，個人それぞれが色んな想い

185

を抱いたと思うんですけど．その場で父母側から「協力します，頑張り
ましょう」みたいな話をしたひとは居なかったと思います．どちらかと
言うと，その場の父母は引いている感じでしたね……．

　たぶん，二極だったと思うんです．認可運動には賛成するけど，お金
を出さなくちゃいけないというのは，それはちょっと別じゃない？　み
たいなひともいたと思います．二極になって，多分，エイビイシイに支
援した方は残ったと思います．支援に無関心だった方も多分残ったと
思うんですけど……．

　お金の話があって，反対された方は多分抜けて，いらっしゃらなく
なって……ていうのを，チラッと聞いた気がするんですよ．多分そこで
新体制の父母会ができたと思うんで，その辺りから私は，父母会役員に
参加してるんです．

　Aさんの話によると，片野園長と職員からの出資・寄付のお願いについ
て，その場の父母は，積極的な雰囲気ではなかった．しかし，そのなかで，
彼女は，出資することを決めた．なぜだったのか．

　もちろん，娘もそうだし．これから2人目の出産も考えていたので，
その子も［エイビイシイ保育園に］お世話になることを考えたら，［出資をし
て］今が大変になることは別に問題じゃないって思えました．ただ，当
時若かったし，結婚したばかりですぐ子どももできたので，そんなに貯
金自体がなくて，［出資は,］気持ち程度の金額ですけど．

　それに，当時は若かったし，2人とも働いていたので，［お金は］また
んどん貯まるんじゃないかって，毎日の生活に必死だったのもあるの
で，やれるだけやろうかなみたいな……．［出資について］そんなに深く
は考えてなかったですね．

　Aさんは，当時，家計に余裕があったわけではないなかで，エイビイシイ
保育園の認可獲得のために，出資をおこなった．

　エイビイシイ保育園が認可園になること自体に反対する父母は，おそらく
いなかっただろう．しかし，そのために出資や寄付が必要だということにつ
いては，賛成と反対に二極化した．泣きながら出資を訴える職員たちの姿は，
父母たちにどう映ったのだろうか．分かるのは，賛成派がエイビイシイ保育
園に残り，反対派はエイビイシイ保育園を去ったということだ．

5.4 新宿区行政からみた，エイビイシイ保育園の認可運動
——元新宿区福祉部長, L 氏のインタビューデータから

　ここまで，認可運動の担い手である片野園長や父母のインタビューデータ
等を通して，エイビイシイ保育園の認可運動についてみてきた．本節では，
エイビイシイ保育園が認可運動を展開していた時期，新宿区の福祉部長とし
てエイビイシイ保育園の認可運動に関わっていた L 氏のインタビューデー
タや，エイビイシイ保育園の認可に関わる行政資料などを通して，新宿区が
エイビイシイ保育園の認可運動，また「夜間保育」をどのように受け止めて
いたのかを明らかにする．尚，本節で提示するインタビューデータは，全て
2015年5月18日のものである．

5.4.1　24時間保育園「エイビイシイ保育園」の実践を知って

　L 氏は，新宿区で総務課長を務めた後，福祉部長，総務部長，収入役，そ
して最後は，副区長を8年間務めた．L 氏が福祉部長を務めていたのは，1999
年から2002年の間で，ちょうどエイビイシイ保育園が認可運動をおこなっ
た時期と重なる．

　L 氏は，学生時代から「福祉にはすごく関心があって，社会福祉法とか，
福祉関係の児童福祉法を含めて，すごく関心を持っていて，このままの行政
で本当に国民として，また新宿区民として大丈夫なんだろうか」との想いが
あったという．そして，東京都の管理職試験では，福祉の専門職での通過を
第1希望としていたが，特別区の管理職試験の方にパスして，引き続き，新
宿区に勤めることになった．L 氏は，以前から抱えていた保育行政に対する

想いについて，次のように話した．

　新宿には，日本の最初の保育園「二葉保育園」があるでしょう．現在
の南元町にある私立の保育園ですが，個人の努力で，日本で最初の保育
園を始めたところなんです．行政なんか何もやっていない時代に，民間
のひと達が，貧しいところの子どもたちをまた保護者の方の支援をして
いた．民間のひと達が，保育行政の先駆的な役割を果たしていた．そう
いうことが新宿の歴史としてあるわけです．
　私は，新宿の保育行政っていうのは，民間の人たちが本当に一生懸命
になって先駆的にやっていて，それが我々行政の後押しをして，国も都
も区もそうですけど，行政側も保育の必要性を再認識しながら保育行政
が進んできたっていう，私には，そういう想いがあるわけ．
　そういうような想いのなかで，片野さんの無認可の24時間やってい
るエイビイシイ保育園を知ったときにね，日本の特に，新宿の歌舞伎町
を中心とした繁華街の中でいろんな人が働いていて，その人たちの子ど
ももそうだし，保護者もそうだし，受け皿となるのは，支えるものは何
なんだろうか．今までの行政のやり方，休日や夜間はやらないというよ
うな保育行政で，それでいいのかなって私は思ったんですよ．
　片野さんがここで始めた，新宿の地域性とか子どもの状況を反映した保
育ってなると，何とか私は支援したいなっていう想いがあったんです．

　L氏は，福祉部長になってすぐにエイビイシイ保育園を訪問している．そ
の時のことを以下のように話した．

　そんなに長い時間居たわけじゃないけれども，需要っていうか，区民
の要望があって，それにちゃんと応えてるんだなっていうのが分かった．
　今は，働き方，土曜日も日曜日も含めて，働いてる人が増えてるわけ
でしょう．そうしたときに，公務員スタイルの月曜日から金曜日までの，
土日祝日は保育をしないスタイルっていうのは，区民の要望に応えてる

のかなっていう，私の疑問っていうか，問題点があって．そのなかで，片野さんが一生懸命努力されてるということを現実に見てきて，これは私の行政上の役割というよりも，何とか支援したいなっていう，個人的な感情としてね，そういう私の想いがあった．

　学生時代から福祉に強い関心を持っていたＬ氏は，日本の保育の歴史が貧しい子どもたちの為の保育として新宿の鮫河橋から始まり，保育行政が個人の努力に後押しされ発展してきた，という歴史を胸に刻んでいた．そのような想いのなかＬ氏は，日本最大の繁華街をもつ新宿の地域性に応えて無認可で24時間保育園を実践するエイビイシイ保育園を知り，何とか支援したいという想いを持ったのだ．

5.4.2　区の現場からの反対
a. 保護者からの借金と園長の報酬
　片野園長たちのおこなった1万人の署名活動や陳情書の提出を受けて，福祉部の雰囲気もエイビイシイ保育園の認可化を前向きに検討する方向になっていた．しかし，実際に社会福祉法人の設立に向かうと，福祉部の現場から反対の声がかなり出たという．

　　もうざっくばらんに言うと，社会福祉法人をつくる際にも色々と課題があったんですよ．片野さんから聞いてると思うけど，保護者から随分，お金借りてるんですよ．そのやり方も区の現場からすると，保護者からお金借りるとは何事だっていうのがあるわけですよ．そういうような所に［認可を与えて］本当にいいんですかっていうのは，職員の素直な思いとしてあって．
　　あそこのお二人の報酬の話も聞いてます？　多分，それは言わないと思うんだけど，報酬が高かった．すごくお二人の．で，それは，私が仄聞するところによると，お金を自分たち個人で借りてるから，個人で返さなくちゃいけないから，そのために普通じゃ考えられない報酬を2人は

もらってた．私の所に職員が来ましたよ．「理事長と園長がこんなに高い報酬をもらっていて，これは健全な運営でしょうか」って．「これは行政として，こんなのいいんでしょうか」って言うから，うん，確かにそれは，職員の言ってる通りだ．しかし，個人でした借金の返済を乗り越えるための選択肢として，そうせざるを得なかったんだろうと．私はこれ，想像で言ってるんだけれども．それは許容の範囲なのか，法的に逸脱してるのか，その辺のところはよく調べて，社会福祉法人の認可は東京都ですから，東京都ともよく話をして，その辺のところは間違いのないように．指導のほうを間違えないように，感情じゃなくて指導のほうを間違えないようにちゃんとしてよねっていう話をした覚えがあります．

b.「夜間保育」に対する偏見

エイビイシイ保育園を認可園にすることについては，父母からの借金と園長たちの報酬についての批判以外にも，区側からは，「夜間保育」そのものに対する批判もあった．

　　職員の側には，保育そのものが夜間まで……エイビイシイは，深夜・早朝までっていうのかな，そういう [24時間の] 保育っていうのは，あるべきじゃないっていうような考えもありましたよね．夜間，深夜まで子どもを預かるていう保育が，本当に子どものためにいいのだろうかみたいな話も含めて．

5.4.3　前向きに変わっていく

エイビイシイ保育園の認可取得は，様々な課題や区の職員からの反対を受けながらも，前向きに走り出していった．その要因は何だったのだろうか．

a.「お互い」努力しよう——行政の体質を乗り越えて

L氏は，職員と片野氏に向けて以下のように話をしたという．

　社会福祉法人の条件に合うように我々も努力するし，片野先生の方も
しっかり努力してくださいねっていう言い方を，うちの課長や職員の前
で言った覚えはありますね．

　非常に否定的なんですよ，行政っていうのは．「行政っていうのは」っ
て言い方［私が言うのも］おかしいけど．今までの枠があるじゃないです
か．枠を飛びだして基準がないものに対して，往々にして否定的になっ
ちゃうのね．だから，エイビイシイを認可の夜間保育園として認めるこ
とは，もの凄く難しいことだった．

　エイビイシイ保育園は，東京都で初，そして唯一の認可の夜間保育園であ
る．つまり，エイビイシイ保育園が認可園になるまで，新宿区には，「夜間保
育」という保育の枠組み自体がなかった．新宿区行政にとってエイビイシイ
保育園の24時間保育は，まさに，「枠を飛び出して基準がないもの」であった．

b. 園庭がない

　認可保育園，つまり児童福祉施設として認められるためには，児童福祉施
設の「最低基準」として設定された条件を全て満たさなくてはならない．児
童福祉施設は，「園庭を持っていること」が「最低基準」の1つとして設定さ
れている．しかし，エイビイシイ保育園の園舎には園庭はない．エイビイシ
イ保育園が認可園として認められたことは，児童福祉施設の「最低基準」の
枠からいうと「例外中の例外」だという．

　認可保育園っていうのは，園庭がなくちゃいけないでしょう．うちの
職員は，「認可基準に書いてあるんだから，園庭が絶対になくちゃいけな
い」って言ったんですね．その通りなんですよ．けど，私が言ったのは，
近隣に公園とかそういうのがあって，そこを使うってことで，認可して
いるケースもあるんですよ．だから，そういうケースを参照して，緩和
基準っていうのかな，そういうようなものも含めてよく相談に乗ってあ
げなさいって，言った記憶があるね．

「夜間保育」の枠組みがないなかで，夜間保育をおこなうエイビイシイ保育園を認可することは，「基準がないものには否定的」な行政の体質にとって，難しいことだった．しかし，新宿における 24 時間保育の必要性を実感していた L 氏の柔軟な対応と区職員への発言により，福祉部は，次第に「夜間保育」の枠組みづくりへと向かっていった．

5.4.4　L 氏の想い——エイビイシイ保育園をロールモデルに

L 氏は，「私は職員に対しては，厳しい指示をしたのかも分かんないよ」と話す．

> 今までなかったことをやるっていうのは，公務員はやらないんだよ，だいたい．それにも関わらず，それをどうしたら認可できるのかとか，どうしたら考えられるのか，やらないって方向じゃなくて，できる方向で考えてみてっていう指示をしたから．

このように，区職員にとっては「厳しい指示」を出した L 氏の言葉の背景には，どんな想いがあったのだろうか．

> 保育の 24 時間制というのは，これは東京だけの問題ではなくて，働き方の多様性は，日本社会全体のなかの大きな現実になっているわけですから，だから，うち（新宿区）が 24 時間保育園を認可園として認めたことがロールモデルになればいいなって，そんな想いもあった．新宿でやれば，それは日本の中で必ず需要があるはずだし，良いモデルになるんじゃないのっていうような言い方は，当時，職員にしましたけどね．

L 氏は，エイビイシイ保育園のケースが全国の保育行政にとって良いモデルケースになれば，との想いを持っていた．
エイビイシイ保育園の認可獲得は，新宿区にとっても異例というべきものだった．片野園長を始めとした保育園側の精力的な働きかけに加え，当時

福祉部長であった L 氏の保育行政に対する熱い想いがちょうど重なり合い，この「例外中の例外」は実現したのだ.

5.5 行政資料にみる，新宿における「夜間保育」の必要性とその基準

　新宿区では，エイビイシイ保育園が認可保育園になる以前まで「夜間保育」に関する定めはなかった. そのため，以上のような認可運動を受けて，エイビイシイ保育園を認可するに際して，東京都に対する「夜間保育園」の必要性の説明，さらに「夜間保育」の枠組みを設定する必要があった.

　本節では，エイビイシイ保育園の認可に関わる新宿区の行政資料をもとに，新宿区が，夜間保育園の必要性及び「夜間保育」をどのように理解しているのかを確認する.

5.5.1　東京都知事宛てに出した意見書から

　新宿区は，平成 12 年（日付は不明），新宿区長小野田隆（当時）を差出人として，東京都知事石原新太郎（当時）宛てに「ABC 乳児保育園の設置認可に係る本区の意見書」を提出している. 意見書の全文を以下に引用する.

　　今日，勤労者の就労形態は多様化し，夜間及び深夜勤務が著しく増大することに伴い，夜間保育に対するニーズも高まっている. 特に，本区は都内有数の繁華街（歌舞伎町）を有し，飲食店や中小企業，病院，デパート等が多数存在し，その従業者には，育児休業あるいは育児時間等の制度外の就労形態や交代勤務などにある保護者も多い. ゆえに，産後，母体が安定次第職場復帰が必要かつ，長時間の保育需要も高い状況である.

　　当区としても産休明け保育及び 0 歳児受け入れ月齢の引き下げ園の拡充，延長保育の充実に努めているが，現在の認可園における延長保育は，公立でも 2 時間，私立でも 4 時間であり，それを超えるものは無認可の当該園が対応している.

　　今回の ABC 保育園の認可にあたっては，当該園がこのような地域の

保育ニーズに柔軟に対応しており，産休明け保育や長時間の保育ニーズにも対応したものであること，また，保育内容についても長年の実績があり昼夜働く保護者からの期待も高く，当区が進める子育て支援新宿プランにおける「民間夜間保育事業を積極的に支援し，夜間保育に対応する」とした施策にも一致するものである．

　当区としては，今回の認可申請が多様な保育需要に対応し，当該園はもとより本区の待機児童の解消に寄与すると共に，最低基準にも適合した妥当なものと認められるので，副申するものである．

　なお，意見書の提出に際し，安定的・長期的な経営基盤確保のために，組織的にも社会福祉法人となり，園運営にあたることを強く要望するものである（「ABC乳児保育園の設置認可に係わる本区の意見書」より引用）．

　以上の文章によると，新宿区は，都内有数の繁華街を有するため，就労形態の多様化と夜間・深夜勤務が著しく増大している地域であり，そのため，夜間保育に対するニーズが非常に高い地域である．しかし，既存の認可保育園の枠組みでは，地域の保育ニーズに対応できないため，地域性に関連する保育ニーズの受け皿として，無認可のエイビイシイ保育園が24時間保育を実践することで応えてきた．従って，エイビイシイ保育園を認可園として設置することで，安定的・長期的に地域の保育ニーズに応えていけると主張している．

　「多文化空間」では，就労形態の多様化に伴う夜間・深夜勤務が著しく増加しているため，そこでの保育の在り方を考えた場合，24時間型の保育が必要であるというとだ．

5.5.2　新宿区の「夜間保育園」の基準

　新宿区では，エイビイシイ保育園に認可を与える以前まで「夜間保育」の枠組みがなかったため，エイビイシイ保育園を認可保育園とするに際して，「新宿区保育の実施に関する条例施行規則（昭和62年新宿区規則第32号）」において，保育時間に夜間保育に関する事項を加える改正をおこなった（表5-1参

照）．この規則は，2001年4月から施行されている．

　表5-1は，エイビイシイ保育園を認可するにあたり，「新宿区保育の実施に関する条例施行規則」の保育時間について改正をおこなった際の新旧対照表である．改正内容は，第4条第1項2号中「又は午前7時30分から午後6時まで」が削られ，同号を同項第3号とし，同項第1号の次に，(2)「夜間保育を実施する保育所においては，午前11時から午後10時まで」が加えられた．午前11時から午後10時までという保育時間は，エイビイシイ保育園が基本開所時間としておこなってきた保育時間と重なる．

　新宿区のいう「夜間保育園」とは，午前11時から午後10時まで保育をおこなう保育園のことである．エイビイシイ保育園がおこなってきた実践がそのまま，新宿区の「夜間保育園」の枠組みとして適用されるかたちとなった．

5.6「多文化空間」における認可の24時間保育園の成立

5.6.1　なぜ，認可の24時間保育園が実現したのか

　エイビイシイ保育園の認可獲得は，片野園長が中心となって精力的に展開された認可運動の成果だ．その道のりは困難で，24時間保育をおこなうエイビイシイ保育園が認可を獲得したことは，保育行政においては，異例ともいうべきものだった．それが実現した背景には，当時，福祉部長に就任したばかりのL氏の保育行政にかける想いがちょうど重なったことは，本章5.4において示した通りだ．しかし，エイビイシイ保育園の認可運動が成功した要因には，「多文化空間」というもっとマクロな仕掛けが背景にあることに言及する必要があるだろう．

　「多文化空間」では，その特性上，多様なエスニシティと関連した多様な職業上の構成や働き方ゆえに，24時間保育という独自のニーズが生まれていることは既に述べた．「多文化空間」では，エスニック・マイノリティの存在，またその多様性が以前より注目されてきた．新宿，大久保においては，彼らは，飲食店など夜間，深夜までのサービス職に従事する傾向が強く，「多文化空間」では，従来から夜間保育の需要が高かった．また，エイビイシイ保育

表5-1. 新宿区保育の実施に関する条例施行規則　新旧対照表

新　規　則	旧　規　則
第一条〜第三条 （保育時間） 第四条　保育時間は、次の各号に掲げる時間内のうち、八時間とする。ただし、区長（私立の保育所においては当該保育所の長）が必要であると認めたときは、この限りではない。 一　延長保育を実施する保育所においては、午前七時十五分から午後六時十五まで又は午前七時から午後六時まで 二　夜間保育を実施する保育所においては、午前十一時から午後十時まで 三　その他の保育所においては、午前七時三十分から午後六時三十分まで 2　（略） 3　（略） 第五条〜第十四条　（略）	第一条〜第三条 （保育時間） 第四条　保育時間は、次の各号に掲げる時間内のうち、八時間とする。ただし、区長（私立の保育所においては当該保育所の長）が必要であると認めたときは、この限りではない。 一　延長保育を実施する保育所においては、午前七時十五分から午後六時十五まで又は午前七時から午後六時まで 二　その他の保育所においては、午前七時三十分から午後六時三十分まで又は午前七時三十分から午後六時まで 2　（略） 3　（略） 第五条〜第十四条　（略）

出典）新宿区資料「新宿区保育の実施に関する条例施行規則新旧対照表」より筆者作成.

園がその規模を拡大し始める，1980年代中後期は，近隣のアジア諸国からの
デカセギ労働者が東京都市部に大量に流入している時期でもあり，その需要
は最大限に高まっていたといえる．

　また，エイビイシイ保育園が認可運動を開始する1990年代後半から，認
可獲得に至る2001年は，ちょうど，東京都心において都心回帰現象が起き
始めた時期と重なる．第3章において示したように，新宿区の人口も1998年
以降，それまでの減少傾向から転じ，現在まで増加を続けている．エイビイ
シイ保育園の転換期と時を同じくして，新宿などの都市部に定住を始めた，
働き盛りの専門技術職層や販売・サービス職層の人びとは，第4章において
示したように，「子育て」や「働く」ということについて，独自の価値観を備
えている．それは，結婚や出産をしても仕事を辞めないという選択であり，
その仕事とは，独身社員と同じようにフルタイムで働く就労スタイルを志向
しており，夜間まで働くことを厭わない生活様式だ．そのため，都心回帰現
象以降，「多文化空間」における夜間保育の需要は，さらに高まったといえる．
近年のエイビイシイ保育園の利用者の職業が，専門技術職に就く父母の割合
が高いのもこのためだ．

　新宿，大久保におけるエイビイシイ保育園の設立やその後の認可運動と
いった片野園長の動きは，「多文化空間」における，人口変動を背景とした社
会的需要の変化とぴたりと重なるかたちで進行してきた．それは，まさに，
地域の変化やニーズを反映しているということであり，それ故に，「異例」と
もいえる，エイビイシイ保育園の認可獲得は実現したのだ．

5.6.2　制度化の成果とネガティブな面

　エイビイシイ保育園が24時間の保育園として認可を獲得したことの成果
は大きい．筆者のこれまでの調査によると，無認可園だった当初，エイビイ
シイ保育園に対する地域住民の視線は，かなり冷ややかなものだった．それ
は同時に，夜間保育園に子どもを預けて夜まで働く母親に対する批判の眼差
しでもあった．しかし，片野園長の地域に根ざす姿勢に加えて，エイビイシ
イ保育園が認可の保育園となったことで，地域住民の視線も好意的なものに

変化していった.

　エイビイシイ保育園が認可の24時間保育園となったことは，世間の夜間保育，そして，夜間まで働きながら子育てをおこなう父母への偏見を軽減することに繋がった．この意味で，エイビイシイ保育園の認可運動が果たした役割は大きい．しかし，エイビイシイ保育園が「認可保育園」という制度の枠内に入ることによって，そこから，こぼれ出てしまった人びとの存在に言及しないわけにはいかない.

　筆者が過去に行った外国人住民へのインタビュー調査によると，エイビイシイ保育園が認可園となったことで，外国人住民の母親たちは，入園しづらくなったというのだ．認可園になることで，入園の窓口が区役所に置かれたため，昼夜問わず忙しく働く外国人の母親たちにとって，それは時間的な面において，言語の壁という面においてハードルが上がった．彼女らによると，1980年代中後期，エイビイシイ保育園の利用者はほとんどが外国人住民，1990年代中頃は，半分程が外国人の利用者である．そして，認可園となった2001年以降においては，外国人の利用は，全体の3分の1程度となっている．確かに，エイビイシイ保育園の外国人住民の利用は減少しているのだ．そして，それと交代するように，都心回帰組みが入園してきている.

　「多文化空間」の特性の1つは，多様なエスニシティで構成されていることである．特に，外国人住民の存在は，「多文化空間」形成以前からの大都市インナーシティの特性として注目されてきた．エイビイシイ保育園の片野園長が新宿の歌舞伎町，大久保界隈で24時間の保育所をスタートさせたのも，夜間，深夜労働をすることの多い外国人の母親の存在が大きな要因となっている．彼女たちは，1990年代後半以降に都心及びインナーシティに定住し始める都心回帰組みとは違い，生活のために必死で労働する人びとであるケースが多い．片野園長の認可運動は，このような人びとの生活を守るための闘いでもあった．しかし，いざ，認可を獲得すると，それは外国人住民にとっては，入園方法の面において，ハードルの高い場所となった．経済的事情からみると，夜間保育に対するニーズがより切実な人びとである外国人の父母に向けた，適切な入園機会の提供が今後の課題となる.

5.6.3　「大久保」で公立の24時間保育園が成立した意味

　第４章4.4において，都心回帰組みの仕事や子育てについての価値観，生活様式について言及した．一見，自由で気楽に生きているかのように思える彼女たちだが，本当にそうであるのか．第３章で提示したインタビューデータを参照しながら検討する．例えばＤさんは，独身社員と同じように働きたいと思っていること，実際にそうしていることについて，「自分のわがまま，エゴなんですけどね……」，「子どもには申し訳ないことしていると思うんですけど……」と話し，Ｇさんは，「[子どものためには]仕事を諦める方が良いんだろうけど……」と複雑な心境を語った．子育てをしながらフルタイムで働くことの物理的な大変さは，第４章4.3のインタビューデータから明らかだが，このような発言からは，子育てをしながら夜間まで働くことが，物理的な難しさにまして，現在の母親像，家族観のなかでは，いかに肩身の狭い行為なのかが分かる．実際に，子育てをしながら夜間まで働くという彼女たちの行為は，学校教育現場では，教員から説教の対象になる場合がある．エイビイシイ保育園に続き，24時間の学童クラブ「風の子クラブ」を利用していたＡさんは，次のように話した．

　　学校の先生方は，エイビイシイを偏見の目で見てました．（当時の）担任の先生に言われました．「（子どもが）かわいそうだと思わないの？」って．「学校でも放課後とかいろいろな仕組み（公立の学童）があるんだから，そっちを利用したらいいんじゃない？」って．普段は，放課後（公立の学童）とかを使って，夜勤のときだけ預けるとかして，エイビイシイに居る時間は少ない方がいいんじゃない？　みたいな感じだったと思うんです．

　　エイビイシイの保育の状況を知らないでそういうことを言ってるんだなと思ったので，さらっと，「そうですかね，はい」って言って聞き流してました．

　また，現在「風の子クラブ」を利用中のＧさんは，子どもが授業中に居眠

りをしたということで担任の教員に呼び出されたという．

　　学校の先生から呼び出されて，ちょっと○○くん（Gさんの子どもの名
　　前），居眠りしてるんですけどって．小学校1年生で居眠りなんてあり
　　得ないんですけど，どういう生活送らせてるんですかって言われて，仕
　　事してるのは分かるんだけども，もっと早く帰ってきて，[子どもを] ちゃ
　　んと早く寝かせて下さいって．とっても熱心で良い先生だし，言ってい
　　ることは正論なんだけど……．現実的ではないですよね……．

　以上のインタビューデータからは，彼女たちが「子どもがいても仕事を続
ける」という人生を保ち続けることは，決して気楽なものではないことが分
かる．それは，子育てをしながら夜間まで仕事をする母親に対する世間の
無理解や偏見と闘っていかなければ成立しない生き方だ．本章5.1で言及し
た今から約20年前に東京都市部を中心に起きた保育運動は，「子育ては家族，
とりわけ母親のものであり，一般的に女性は結婚後妊娠・出産しても子育て
と仕事を両立させる生き方は認められていなかった」との社会的通念への異
議申し立てとして，日本の運動史に残った出来事であった．このような保育
運動史から観察してみると，現在の東京都市部においても，母親が働くこと
についての社会的通念は，根本的には何も変わっていないことが分かる．そ
れは，本章で取り上げた，エイビイシイ保育園の認可獲得過程における，当
時の区長の「あぁ，水商売の子どもを預かっている園長か」との発言に象徴
されているように，世間の夜間保育園に対する偏見は根強い．
　それだけに，大久保において，24時間保育園が公立化されたことの意味は
大きい．Eさんは，「大久保は，同じ新宿区内でも，たぶん，全然雰囲気が違
う所だと思うんです」と話した．彼女によると，大久保では，夜間保育に対
する抵抗感は感じない．それは，大久保には，多様なエスニシティ，母子／
父子家庭といった複数の家族形態，多様な職業を背景とした子育てに関する
緩やかな価値観が関係しているという．Eさんはこのような大久保の地域性
について，「同じ新宿区でも他の地域ではこうはいかない．これは大久保の特

殊なところである」と語った．筆者のこれまでの調査において，このように大久保の特徴を語るひとは他にもいた．大久保には，標準的な家族形態におさまらない人びとが織りなす，独特な繋がりの雰囲気があるのだ．

　「多文化空間」とは，以上のような，多様なエスニシティに関連した働き方，子育て，家族の在り方についての多様な価値観やそれと連動した生活様式，それら全てを包摂した空間のことである．そして，大久保は，「多文化空間」に特徴的な生活様式が顕著に表れている場所なのだ．

第6章　無認可の24時間保育園における利用者の実態と子育て

　ここまで，東京都で唯一の認可の24時間保育園であるエイビイシイ保育園を取り上げ，24時間保育がどのような人びとに求められ，「多文化空間」においてなぜそれが必要とされているのかなどを明らかにしてきた．エイビイシイ保育園のある新宿区内には，他にも24時間の保育園が複数存在するが，それらは全ていわゆる「無認可」といわれる認可外の保育施設のため，行政などの公的機関は必ずしもその数や内容などの実態を把握していない．

　本章では，14年前から新宿の歌舞伎町において，無認可の保育施設として24時間保育をおこなう「I保育園」を事例に，保育の実態，また利用者の子育て実態に迫る．

6.1 歌舞伎町にある，無認可の24時間保育園「I保育園」

　本節で取り上げる「I保育園」は，歌舞伎町でホステスをしていた女性が，2001年に無認可の24時間保育所として，歌舞伎町に開園したものだ．

　本節では，「I保育園」で10年程前から保育士として働くJさんのインタビューデータをもとに，「I保育園」の保育実態，そこに子どもを預ける保護者の利用状況や子育て実態などを明らかにする．なお，本節で提示するJさんのインタビューデータは，全て2015年5月25日のものである．

6.1.1　保護者の利用している保育時間

　「I保育園」は，昼間のコース（朝7時30分～夜6時）と夜間のコース（夜6時～深夜2時）の2つの時間帯の保育時間を設定している．従って「I保育園」を利用する保護者は，基本的にはどちらかのコースに契約をすることになる

はずだ．しかし，後ほど詳しく述べるが，実際には昼間，夜間どちらのコースにも当てはまらない，イレギュラーな保育時間を利用する母親が相当数いる．

　Jさんが働き始めた10年程前は，昼間のコースに通う子どもは5〜6人で，夜間のコースに通う子どもは，「10人以上はいた」という．では，現在の利用状況はどうなっているのだろうか．現状は「夜より昼のほうが断然，多い」という．

　　　その間にこっち（歌舞伎町）に規制が入っちゃって，水商売の人たちは，深夜1時までの営業になっちゃったから，もう減っちゃってて．逆に，認可保育園の待機児童の子が入ってきてるから，昼間の子が増えた．

　歌舞伎町は，石原慎太郎都知事（当時）の号令で，2003年より通称「歌舞伎町浄化作戦」のもとに置かれた．この「歌舞伎町浄化作戦」では，風営法が改正され，2006年5月からは従来からの0時以降営業（地域により申請をおこなえば深夜1時まで可）の罰則が強化され，客引きの禁止などが加わった．かつては「I保育園」で夜の時間帯を利用するひとの多くは，歌舞伎町のキャバクラ等水商売で働く人びとだった．しかし，「歌舞伎町浄化作戦」により，営業時間の短縮が余儀なくされ廃業に追いやられた店も多く，またそこで働くホステス等も稼ぎが悪くなったため，昼間から営業しているソープランドなどの風俗店に転職するケースが増え，歌舞伎町全体のキャバクラ人口は減ったという．歌舞伎町のキャバクラ人口が衰退したことと平行して，「I保育園」の夜の時間帯の利用者も減ったのだ[1]．

　それでは，現在（2015年5月25日調査時点）の「I保育園」の利用者状況はどうなっているのだろうか．現在，昼間のコースに通う子どもは15人程．夜間のコースのみに契約をしている子どもは2人．それ以外は，イレギュラーな保育時間の契約をしている人びとになるという．

1　この点については，J氏から口頭で教示を得た．インタビューは，2015年5月25日におこなった．

表6-1.　I保育園　保育時間と利用者の人数

正規の保育時間		イレギュラーな保育時間	
昼間のコース	夜間のコース	昼夜連続契約	24時間契約
15人	2人	5人	5人
計17人		計10人	

出典)K氏へのインタビュー・データを基に，筆者作成.

　表6-1は，「I保育園」の保育時間と利用者の人数を整理した表である．表にあるように，保育園全体の利用者が27名．そのうち，正規の保育時間の利用者が17名，そしてイレギュラーな保育時間の利用者が10名となっている．このように「I保育園」では，昼間のコースと夜間のコースの保育時間のどちらにも当てはまらない，イレギュラーな保育時間を利用する保護者が多い．イレギュラーな保育時間とは，1つは夜間のコースに延長保育を付けるかたちで，例えば昼12時から夜12時までといった「昼夜連続契約」のかたちのことである．そしてもう1つは「24時間契約」だが，言葉からイメージすると，例えば朝7時に預けたら，翌日朝7時に迎えに来るといった丸一日，つまり24時間保育を考えるだろう．しかし，この24時間契約に該当する利用者の中には，「例えば，本当，2日にいっぺんしか（お母さんが）お迎えに来ない子」などが含まれるという．「24時間契約」の仕組みとは，どのようなものなのだろうか．Jさんと筆者のトランスクリプトを以下に引用する．尚，トランスクリプトでは，「J」はJさんの発言，「＊」は筆者の発言を意味する．

　　J：そう．だから，昼から夜の子が居るから，そういう子たちでは
　　　　……．なんつったらいいんだろうな……．もともと24時間の契約
　　　　にしてるから，昼も夜も来られる子たちだから．
　　＊：24時間契約ってものがあるんですね．
　　J：うん．
　　＊：24時間契約っていうと，丸一日預けるということですか？
　　J：丸一日．好きな時間に来て，好きな時間に帰れるじゃん．
　　＊：24時間，預けっぱなしということでもないんですか？
　　J：うん．そういうときもある．

＊：そういう時もあるし，自分の生活のタイミングに合わせてそうでない時もある？

J：そう．ただ，3日以上超えちゃうと，育児放棄になっちゃうから，それだけは避けてもらってるけど．だから，行政からそういうふうに指導受けてて，要は，3日以上，迎えに来なかったら，捨てたっていうことになるから．

　以上のやり取りから分かるように，「24時間契約」をしている場合，親は，3日間を越えない範囲で都合の良い時間に子どもを迎えに来ることができるわけだ．そして，先ほども述べたように，現在，24時間契約をしている利用者は5名で，そのうち子どもを2日に1度迎えに来る母親が数名いるということだ．保護者の職業については次の節で述べるが，24時間契約をしている5名の保護者のなかには，一般企業の会社員はおらず，皆キャバクラのホステスか風俗店[2]勤務だ．そのなかで2日に一度迎えに来る保護者は，「2日間働いて，1日休む」というような勤務スタイルをとっているため，働いている2日間のあいだは預けっぱなしになるという．

6.1.2　保護者の職業と利用している保育時間
——昼は「会社員，昼キャバ，風俗」，夜は「キャバクラと風俗」で占めている．

　I保育園には，前項で述べたように，正規の保育時間（昼間のコース・夜間のコース）とイレギュラーな保育時間（昼夜連続契約・24時間契約）の設定がある．では，それぞれの保育時間帯にはどのような人びとが利用しているのであろうか．Jさんによると，昼間のコースに子どもを預けている保護者は，新宿界隈で仕事をしている会社員，昼キャバや風俗業に就く人びとだという．「昼キャバ」とは，早朝からオープンしているキャバクラのことだ．以下に提示するJさんと筆者のトランスクリプトから「昼キャバ」の業態について示す．

2　ここでいう「風俗」とは，ヘルスかソープランドを指す．キャバクラも風営法のもとでは風俗店となるが，本書では，キャバクラと明記する．

＊：昼キャバ？

Ｊ：お昼にやってるキャバクラかな．水商売の営業時間が深夜 1 時までになっちゃったから，朝 5 時とかから開くんですよ．

＊：早朝から開けているんですね．

Ｊ：で，出勤前のひとがコーヒー飲み行くみたいな．

＊：出勤前のひとっていうのは，その……．一般のサラリーマンが？

Ｊ：そう．サラーリマンとか OL とかが．

＊：コーヒー飲みに行くんですか？

Ｊ：そう．で，相手（ホステス）にお酒飲ませて，仕事に行く．

＊：そんな早朝に利用者っているんですね……．

Ｊ：うん．逆に今，多いらしいですよ．夜よりも．仕事前にちょうどいいんじゃないですか．

＊：お目当ての子と出勤前にちょっと一杯コーヒー飲んで，じゃあ，仕事行ってきますみたいな感じ？

Ｊ：うん．

　Ｊさんによると，早朝からお店をオープンさせ昼の時間帯も営業する「昼キャバ」という業態は，石原都政下で歌舞伎町の風俗店の営業時間に夜 1 時までという規制ができた後ぐらいから増えてきた．

　さて親の職業に話を戻すと，昼間のコース以外に子どもを預けている保護者は，一般企業の会社員などは稀だという．昼 12 時から夜 12 時のような昼夜連続契約（5 人）や 24 時間契約（5 人）の保護者のなかで一般企業の会社員 1 名，飲食業 1 名以外は，キャバクラと風俗店勤務の母親だ．また，夜間のコースの契約の 2 人は，1 人はフィリピン人の女性でもう 1 人は「何やっているか分からない」という．外国籍の保護者の利用は，現在 3 名で国籍は，前述のフィリピン以外に中国と韓国だ．3 名のお子さんは，全員，日本人とのハーフということだ．

　さて，「親が何をやっているか分からない」というＪさんの発言には理由が

ある．なぜなら「I保育園」は認可外の保育所のため，親たちは，自分の職業を保育園に知らせる必要がないからだ．従って，必ずしも保育園側で親の職業は把握していない．しかしJさんは，「何となく分かる」という．

　　キャバクラのお母さんたち，服装が違うし．で，風俗のお母さんたち，ドレス着ないし．若干，差がある．仕事着で迎えに来る場合，あと，酔っ払ってる場合が多いとか，いろいろあって，大体そうなんだろうなっていうのが分かる，聞かなくても．ほんと，来るひとは，仕事着のドレスのまま迎えに来るから．

　I保育園は認可外の保育所のため，利用する親たちは自分の職業を保育所に届け出る必要がない．しかし，保育園側では子どもの送り迎えの際の親の服装や様子などから何となく分かっているのだ．
　本項の最後に，「I保育園」を利用する保護者の職業を利用している保育時間を軸に整理すると，表6-2のようになる．昼間のコースを契約している15名の保護者には，一般企業に勤める会社員を中心に昼キャバ，そして風俗店勤務のひとがいる．また，夜のコースを契約している保護者には，飲み屋で働くフィリピン人女性と職業の判断が付かないひとがいる．そして，昼夜連続契約（5人）のなかには飲食業と会社員が1人ずつおり，残りの3名は，キャバクラのホステスか風俗店勤務だ．そして，24時間契約の保護者5名は，キャバクラか風俗に勤める親たちだ．

表6-2.　職業と利用している保育時間

	職業
昼間の保育	「会社員」が主で，他は，「昼キャバ」，「風俗」
夜間の保育	「キャバクラ」が1人，「不明者」が1人
昼夜連続契約	「飲食業」が1人，「会社員」が1人，他は，「キャバクラ」，「風俗」
24時間契約	全員「キャバクラ」か「風俗」

出典）J氏のインタビュー・データをもとに，筆者作成．

6.1.3　保育時間と保育料

　既に述べてきたように「I 保育園」では，昼間のコースと夜間のコースの2つの保育時間を設けている．そして，一般的な保育園と同様，年齢によって保育料金を設定している．表6-3は，I保育園のHPの情報より筆者が作成した「I保育園」の保育時間と保育料金を示した表である．

　「I保育園」の保育料金は，イレギュラーの保育時間の場合，例えば昼12時から夜12時まで利用したい場合は，夜間のコースの料金に夜6時から12時までの6時間分の一時保育料金を追加するかたちとなる．これが，昼夜連続契約だ．この他，先ほど触れたように「24時間契約」の保育時間があるはずだが「24時間契約」の保育料については，ホームページ上に記載がない．なぜなのだろうか．

a.「24時間契約」は，信頼関係ができてから

　「24時間契約」の保育料金は，どのようになっているのだろうか．Jさんに尋ねると24時間契約の場合，月額で1人13万円．兄弟で預けた場合，割引が付いて2人で17万円だ．実際に現在，24時間契約で兄弟を預けている保護者がいるという．しかしこの24時間契約の保育料金は，現在保育園の

表6-3.　I 保育園　保育時間と保育料金

月保育の場合（月曜日から土曜日）

昼間のコース（午前7時30分～午後6時）		夜間のコース（午前7時30分～午後6時）	
年齢	保育料金	年齢	保育料金
0 歳	59,400 円	0 歳	70,200 円
1～3 歳	54,000 円	1～3 歳	64,800 円
4～6 歳	43,200 円	4～6 歳	54,000 円

一時保育の場合(1 時間の料金)

昼間のコース（午前7時30分～午後6時）		夜間のコース（午前7時30分～午後6時）	
年齢	保育料金	年齢	保育料金
0 歳	1,050 円	0 歳	1,200 円
1～3 歳	950 円	1～3 歳	1,100 円
4～6 歳	750 円	4～6 歳	900 円

出典)「I 保育園」HP より，筆者作成．
※時間外(昼間のコース，夜間のコースに収まらない時間)は，一時保育料金を適用する．

ホームページには掲載されていない．ホームページに記載のある保育料金は，表6-3で示したものだけだ．なぜなのか．以下にJさんと筆者のトランスクリプトを引用する．

＊：24時間契約の保育料って，ホームページとかに書いてますか？

J：書いてないです．基本的に書かないです．24時間のことは．

＊：駄目なんですか？

J：別に，駄目じゃないですよ．ベビーホテルで届出，出してあるから．駄目じゃないんですけど……．それ（24時間契約）が増えられても困っちゃうし，みたいな感じで．

＊：増えても困る？

J：うん．その……．24時間契約，払えない親は払えないから．結構，大変なの．だから，一発目から24時間契約っていうのは，たぶん今まで居ないよね．基本的には受けない．最初は，普通に昼か夜，どっちかに入ってきて，延長したり泊まったり繰り返してて，こういうの（24時間契約）があるからこっちにしたらって，じゃあ，って．そういうふうにやってるから……．

＊：しばらく通ってから，24時間契約にもできますよってかたちで徐々に？

J：そう．最初っから24時間っていうのはしない．だって，迎えに来るか分からないじゃないですか．こっちもどういう人か分からないんで．

「24時間契約」という保育時間は，「イレギュラーな保育時間」の設定のなかでも例外的な保育時間のようだ．「I保育園」では，確かに24時間保育をおこなっているが，初めは昼間，夜間や昼夜連続の時間帯で通い，しばらく経って保護者とある程度の信頼関係ができてからでないと契約できないシステムだ．そしてここでいう信頼関係とは，その保護者がちゃんと子どもを迎えに来ること，保育料をきちんと支払うことを意味する．このような判断が

付いて初めて，24時間契約の門戸を開くというのだ．Ｊさんは，「Ｉ保育園」に勤めるようになって約10年の間に，実際に親が子どもを迎えに来なかったケースに遭遇したことがある．

　時々あるんで．ここに置いて捨ててくみたいな親がいるから……．なんか，色んなことありますよ．子どもをここに預けてる間に，親が自殺しちゃった子とか，ここに居る間にどっか行っちゃって捨てちゃったりとか．「お迎え，来ないね」って言ってたら，おじいちゃんから電話あって，「首，吊ってました」みたいな．そういうのがあったりとか．その子なんかは，最終的におじいちゃんが面倒見ようと思ったんだけど，無理で児童養護［施設］に入ったとか……．

　子どもを迎えに来なかった親は，もともと，児童相談所に「育てらんないから，預けたい」って言ってたんだけど，断られてらしくて．で，もともとうちに，一時保育で何度か来てたので，そのときも，一時保育で来るって言って，預けて，そのまま居なくなった．それまでは，ちゃんと迎えに来てて，ある日突然，ポンって［居なくなった］……．

＊：どのくらい待ってから気が付いたんですか？　もう迎えに来ないんだって……．

　迎えに来る時間が過ぎても連絡が取れないから，何回か［電話を］かける間に，うーんってなって……．取りあえず，3日間っていう限度があるから[3]，そこまで待って．で，新宿区の児童相談所か，子育て支援センターに電話したのかな．あと，警察にも電話して．そしたら，その子が確か住所が杉並区かどっかだったんだけど，行政の方がなかなか引き取りに来なくて．「職員が行くまで，そこで面倒みてください」みたいな言われ方をして．完全ボランティアですよね．そこから数日間，ボランティ

---

[3] 3日間以上を超えて保育所にいると，育児放棄になる．

アで面倒みてました．この子捨てられちゃったんだなぁと思いながら見
ていた……．最終的に，たぶん，その子は乳児院に行ったんじゃないか
な．

　以上のようにＪさんは，親が子どもを捨ててしまったケースに遭遇したの
は，１度のみだそうだが，捨てそうになっていた未遂や「怪しいケース」を
含めると数度にわたり経験してきたという．

　　未遂もありました．ずっといろんな所に連絡を取って，やっと，親に
繋がって，迎えに来てもらったりとか．迎えに来ないと思い，[親に] 連
絡をし続けてたら，「入院していて，連絡しなかった」とか……．親から
「[子どもを] 捨てる気で迎えに行けなくなっちゃいました」とか連絡が
入ったり……．男と一緒に居て，「私はこの人と生きて行きます」みたい
なのとか……．大げさな夢見てんなって……．駄目ですよね．本人は幸
せかも知れないけど子どもはいい迷惑ですよ……．でも，大変だなとは
思いますけどね，片親で育てるのは．でも，それ覚悟の上で産んだもん
だからね．頑張ってもらわないと．その分，融通を利かせてるわけだか
らうちは．

　Ｊさんは，子どもを保育所に捨てそうになる親のケースを数度にわたり経
験してきた．「24時間契約」は，一度子どもを預けたら３日間を超えない範
囲ならいつでも親の都合のよい時間に子どもを迎えに行くことができる契約
のため，保育園側にとってはリスクが高い．なぜなら，親が確かに子どもを
迎えに来る保障はなく，最悪，迎えに来ないということは，保育料の支払い
がおこなわれないことを意味するからだ．そのため，Ｉ保育園では，24時間
契約は信頼のできる親としか結ばない．
　Ｊさんは，親の勝手な都合で子どもを保育所に捨てようとする親について
「駄目ですよね……」と言う一方で，そのような親たちに片親で子どもを育
てることの大変さに理解を示す．そして，「その分，うちは融通を利かせてい

る」と話した．「I保育園」は，そのような親たちにとってシェルターのような役割を果たしているのかも知れない．

6.2 認可保育園は「お堅い」?

表6-1で示した通り「I保育園」では，総利用者数27名のうち夜間のコース (2人)，昼夜連続契約 (5人)，24時間契約 (5人) と夜の時間帯の利用者が12名おり，夜間保育のニーズが高い．夜間保育園といえば，同じ新宿区内で「I保育園」から徒歩圏内に認可の夜間保育園「エイビイシイ保育園」[4]がある．エイビイシイ保育園は，認可保育園であるため行政から運営費の補助があり，親の収入によっては「I保育園」よりも保育料金が安くなる．そして，認可園であるということは，国，東京都，新宿区の厳しい設置基準を満たしているということであり，何よりも「認可」という安心感があるはずだ．「I保育園」で夜間を利用する親たちが，認可外の「I保育園」を選んでいる理由は何であろうか．Jさんは，この点について次のように話した．

> お堅いじゃないですか，認可保育園とかって．ここは認可外だから，ポンと入れられる．あっち (認可保育園) は，順番待ちとかあるし．認可は行政の窓口通さないといけないし，色んな申請書類書いて……．やっぱ，その差ってあって．
> しかも，水商売のお母さんって，ダミー会社通さないと [認可保育園には] 入れないから．ああいうお店 (水商売や風俗店) は，収入証明出せないから．

Jさんのいうように認可保育園は，入園の窓口が行政に置かれているため認可保育園に入園を申請したい場合は，行政の窓口を通しておこなわなければならない．そしてその申請時には，収入証明や勤務時間等就労に係わる複

---

4 「エイビイシイ保育園」については，第3章，4章で詳細に扱っている．

数の証明書の提出が求められる．書類を揃え，行政に出向いて手続きを行う
ことはシングルマザーやキャバクラ，風俗などで働く女性たちにとっては
ハードルの高い作業になるという．なぜならキャバクラや風俗店では，収入
証明が出せないため代わりに収入証明を出してくれるダミー会社を使って書
類を揃えることになるというのだ[5]．さらに，「認可保育園」ならではの面倒く
ささもあるという．

> 認可保育園は，行政の仕事だから親の指導とか多少そういう面も入っ
> てくると思う．例えば，認可保育園は，時間は時間で守って迎えに行か
> なきゃいけないけど，うちだったら，「遅れまーす！」って1本電話くれ
> れば「いいですよ」って言えるし．だから，うちの園のお母さんたちじゃ
> 合わないと思う．
> 　入園の書類も簡単にぴぴっと書いて入れる，みたいじゃないと駄目．
> ベロベロに酔っぱらって迎えに来ても，オッケーみたいな（笑）．エイビ
> イシイ保育園だったら，多少の注意は受けるんじゃないかな……．う
> ちなんて，[親が酔って迎えにきても]「転ばないでねー！　じゃねーばいば
> い！」で，終わりだから（笑）．

「認可保育園」であれば，おそらく保育料も安くなるし認可基準に適った
広々と充実した施設に子どもを預けることができる．しかし，行政での入園
手続き，申請書類を揃えることの難しさ，そして親の生活態度に関する認可
保育園ならではの「お堅さ」が，「Ⅰ保育園」で夜間保育を必要としている母
親たちにはハードルが高いのだ．

6.3 「昼間のコース」は待機児童の経由地として利用されている

それでは，「Ⅰ保育園」で昼間のコースの多数を占めている一般企業に勤め

5　この点については，J氏から口頭で教示を得た．インタビュー日時は，冒頭で示した日付と
　同様である．

る会社員は，どのような理由で認可外の「I 保育園」を利用しているのだろうか．J さんは，「昼間の子は，認可保育園の待機児童が大半」だという．なぜなら，「認可外保育園では，『受託証明書』が書けるから」というのだ．認可保育園への入園は，点数制となっている．共働き，公営住宅住まい，自営業，シングルマザーなどの項目に当てはまると加点されていく方式だ．その点数項目の 1 つに，「現在，認可外保育所に子どもを預けている」ことが入っており，そのことを証明するために預け先の保育所が書いた「受託証明書」の提出が義務付けられている．そのため，認可保育園の順番待ちをしている親たちは，受託証明書の取得も目的の 1 つとして認可外の保育所を利用するのだ．J さんいわく，区役所がそのような行動を指導する場合もあるという．J さんは，現在のように「I 保育園」の昼間のコースが待機児童で占められている状況について以下のように心境を話した．

　　待機児童って，公立決まったら「じゃあ，今月いっぱいで辞めますから」って，そんな感じだから．だから，昼の子をどんなに可愛がっても，どうせ辞めてくから……．受託証明書を目当てで入ってくる親もいるし．だから，ほんと，入園と同時に［受託証明書の書類を］持ってくる親もいるし．そういう風に持ってこられたら，へぇみたいな感じじゃない？　公立が決まったらすぐに辞めてしまうと思うと，寂しくなるしね，こちらもあまり愛着持ち過ぎないようにしているかな……．複雑だよね……．

　「I 保育園」のような認可外の保育園が，待機児童の一時的な受け皿として機能していることは，待機児童の多さが行政課題として上がる新宿区にとって都合の良いことなのかも知れない．しかし，保育園のスタッフ側からすれば，自分の勤める保育所がこのように扱われていることに戸惑いを隠せない．J さんの保育士としての複雑な心境が見て取れる．

6.4 ソープランドで働くKさん

　本節では，無認可の24時間保育所利用者の子育て実態の一例として，現在 (2015年6月26日調査当時)，ソープランドで働きながら，新宿の歌舞伎町にある無認可の24時間保育所に子どもを預けているKさんのインタビューデータを提示する．本節で提示するKさんのインタビューデータは，彼女の生活や職業と子育て，保育園との関わりに注目して筆者が編集したものである．また，Kさんのインタビューデータは，全て2015年6月26日のものである．尚，インタビューデータの提示において，特に何も記載がない場合は，Kさんの発言，「＊」は筆者の発言を示している．

6.4.1　離婚してすぐソープへ——戸惑いはなかった

　Kさんは，現在30歳，関西出身だ．地元の高校を卒業後，そのまま関西にある大学へ入学した．4年間で無事に卒業し，東京の会社に就職するために上京した．その会社に2年程務めた後，25歳のときに結婚した．それを機に会社を退職して専業主婦になった．その後，26歳で出産．専業主婦のときは，「子どもと，ずーっと一緒にいるのが苦手なのもあって」近所のカラオケ店でパートをしていたこともある．その後，結婚生活が3年程過ぎた後，28歳で離婚，離婚直後からソープで働き始めた．現在は，2つ年下の妹さんと4歳のお子さんと新宿区内にあるマンションで3人暮らしをしている．

　　　前の夫とは，最初ケンカがきっかけで別居生活をスタートさせて．妹がこっち (新宿) に住んでいたんで，妹のところに押しかけました．今も一緒に住んでるんですけど……．ちなみに，妹も同じ仕事なんですよ．妹の方が早かったんですよ．なので，離婚するってなった時に，妹に，「お願い！　良い店教えて！」って頼んで (笑)．

　　　＊：風俗っていっても色々ありますが，最初からソープですか？

　はい．もう最初から．私は，いきなりソープでした．そっちの方が
手っ取り早いかなと．ホテヘルとかデリヘルとかあるけど，ああいうの
は，本当に若い子．20 代前半とかまでしか稼げないし．風俗のなかだと，
ソープが一番お客さんの入りが良いから，一番，稼げます．ソープは，
ちゃんとしたお店は，現役を引退した女のひとが，先生になって，3 時
間くらいかけてサービスの流れを教えてくれるし，スッと入れました．
妹から聞いて，意外と簡単な仕事だっていうのも知っていたし．

　K さんは，離婚するまで風俗業界で働いたことは一度もなかった．そして，
離婚をきっかけにソープの世界に飛び込んだ．妹さんが 8 年程前から既に風
俗業界で働いていたため，業界に関する様々な情報を K さんは知っていた．
しかし，初めての仕事に戸惑いはなかったのだろうか．

　なじんでしまえば，意外と簡単．離婚した翌日から働き出しました．
けっこう，お金に焦っていたので……．離婚届けを出しに行ったときに
は，もう面接とか済ませてて．もう，ほんとに年齢が勝負だと思ってい
るから，若いうちでしか働けないお店から潰していくって感じで，時間
との勝負ですよ，ほんと．もう，20 代後半とか 30 歳近くなると，もう
下手したら，ぜんぜん稼げないお店とかあるから．お店選び重要ですよ
ね．ちょっとでも老けたら，速攻，人妻みたいな 40 代メインのところ
しか働けなくなっちゃうから．
　離婚してすぐ，何店舗かで働いたんですけど，今のお店は，そこそこ
お客さんも入るし，若い子向けの店なんで，そういうところは 20 代じゃ
ないと，電話の時点［電話で問い合わせした時点］で断られるから，ぎりぎ
り 30 歳になる直前に駆け込みで電話して，ラストチャンスだと思って．
本当に誕生日の 1 週間前に駆け込みで電話しました（笑）．

　K さんは，ソープで働くことに戸惑いはほとんどなかったという．そのこ
とは，K さんが離婚した翌日からすぐに働き出したということからも伺え

る. 彼女は, 風俗業界で働く戸惑いよりも離婚をしたことによって生まれた
将来のお金に対する焦りの方が上回っていた. 「別れた夫から養育費は貰っ
ているけど, そんなんじゃ, ぜんぜん将来不安じゃないですか……」とい
う.

6.4.2 年収1,200万円の働き方

Kさんの現在の収入は, 年収で1,200万円程あるという. Kさんの年齢で
この年収を稼げるのは, サラリーマンの世界ではごく一部のひとだけだ. し
かし, ソープの世界でもKさんの年収額は稀なようだ. ソープの世界は, 「ぜ
んぜん稼げないで, 社会性もなく, ただダラダラと働いてる子がほとんど」.
「給料が, 日払いだから貯金できなくて. だって, 貯金100万もない子, ざ
らにいますよ」と彼女はいう. では, Kさんが1,200万円という額を稼げる
のはなぜなのだろうか. 彼女の働き方とはどのようなものなのだろうか.

a. お店は3店舗掛け持ち——「メイン」と「サブ」と「短期でガッツリ」働くお店
Kさんは, 働くお店を3店舗掛け持ちしている. 「20代までしか雇ってく
れないお店を3店舗確保している」という. なぜ3店舗なのか. それは, 「効
率よく, 確実に稼げる」ためだ.

> 同じお店に毎日, 1日中ずっと居る子って, 出勤表みてお客さんから
> 敬遠されるんですよ. なんか, 「借金あるんじゃないのあの子?」とか,
> しかも, いつ行っても居るってなったらお客さんもいつでもいいやって
> なるし.
> あと, プロ感出ちゃうからダメなんですよね. やっぱりお客さんは素
> 人っていうか, バイト程度でやってて, 「この世界のことよく分かりませ
> ん〜」って子の方がいいから.

> ＊:3店舗って, 全部違うエリアなんですか?

　　ぜんぜん違います．東京，千葉，埼玉って感じで，全然違うエリアで
　　掛け持ちしてます．業界的に掛け持ち自体してはいけないからっていう
　　のもあるし，近いエリアだとお客さんがかぶっちゃうこともあるし，あ
　　えて，離れたところでやってます．

　以上のように，彼女は業界内でのお客さんの特徴をよく理解していて，戦
略的に働いている．このような働き方は，妹さんから学んだというよりは，
「働いているうちに何となく分かってきた」という．また，掛け持ちしてい
る3店舗は，「東京のお店がメイン，千葉はサブ，埼玉は短期でがっつり働く
お店」というかたちで，その位置付けも明確だ．

b. 勤務体系

　Kさんがメインにしている東京のお店は，いわゆる「吉原」[6]にあるお店だ．
そこでは，夕方から夜11時頃まで週に4〜5回働いている[7]．千葉のサブ的な
お店や埼玉の短期のお店は，メインのお店に行かないとき，「昼間ちょこちょ
こ」行っているそうだ．休みは平日に1日くらいしか取らず，金曜日と土曜
日は稼ぎ時のため絶対に働く．日曜日に出勤することもあるそうだ．「仕事
以外で体力を使いたくないから，移動は絶対にタクシーです．子どもの理由
で休むのはいいけど，自分とかの理由では……．なるべく休まず働きたい．」
との発言からも分かるように，Kさんは，休まず仕事をするため，自己管理
に気を遣っている．タクシー代をケチるよりも体力を温存して休まず働きた
い，との彼女の決意が聞こえてくるようだ．
　出勤は，完全シフト制で1週間ごとのシフトをお店に伝えればよいため，

　6　「吉原（よしわら）」は，江戸時代に江戸郊外に作られた，公許の遊女屋が集まる遊郭（吉原
　　遊郭），およびその地域の名前．現在の東京都江東区千束4丁目，および3丁目の一部．現在は，
　　日本一のソープランド街として知られている．
　7　「同じお店で毎日働くとお客さんから敬遠されて稼げなくなる」との旨の発言が前に出てく
　　るが，現在メインにしている吉原のお店は，固定客がほとんどいなくて，新規のお客さんの
　　入りがよいところだそうで，Kさんにとって，かなり都合の良い店だそうだ．そのため，メ
　　インとサブのお店は，あと2, 3年は続けて働く予定だという．

子どもの様子や自分の身体の調子によって，毎週動き方が変わる．Kさんの働く時間に固定された時間はない．またお盆や正月などの大型連休は，1年のなかで一番の稼ぎ時のため，特に稼ぎ時の正月は，保育園も休みに入るため京都の実家に子どもを預けて働く．Kさんは，「収入が最優先なので」ときっぱりと言う．以上のようにKさんは，週替わりの完全シフト制のなか3店舗掛け持ちをして，平日1日程度の休み以外，働き続ける．

6.4.3　保育園のことについて

　ここまでKさんが，専業主婦からソープランドで働くようになった経緯，またその働き方などについて見てきた．本項では，Kさんの保育園の利用状況についてみていく．

a. 利用している保育時間と保育料金

　Kさんが現在利用している保育時間は，昼12時から夜12時，又は午後3時から夜12時だ．その週の仕事のシフト状態によって，利用する保育時間も変わってくる．また保育料は，1ヶ月，7万円程度．日曜日に預けることが多い月は，10万円くらいかかる．一番高いときで，15万円くらいかかったときもあるという．

b. 無認可の保育所に預けている理由

　Kさんは，母子家庭だ．そのため夫婦がそろっている家庭より，認可保育園への入園は優先的になる[8]．しかし，彼女が無認可の保育所を利用しているのはなぜなのだろうか．

　　無認可保育園は，親同士の付き合いなど，しがらみが何もないから楽
　　です．あと認可とかだと，預けるときに毎回子どもの持ち物チェックを
　　したり，子どもの体調面を報告したりもあるし，今預けているところは，

8　認可保育園の入園条件が点数制になっていることは，本章6.3「昼間のコース」待機児童の経由場所として機能している，で述べている．

そういう煩わしいことは向こうでやってくれるし，子どものご飯に関しても，自分でお弁当を持参してもいいし，でなければ保育園に行ってお弁当を注文してもらうのでもいいし．私は今，子どもがお弁当を食べたいっていうからつくっているけど，寝坊してお弁当をつくれなかったときなんかもあって，そういう時は預けるときに，「今日お弁当お願いします」って言えばいいから．

　あと私は，固定の時間で働いてないから無理ですよね．認可園だと，最初に決めた時間に迎えにいかなきゃいけないから．認可園は，子どもを預けられるのは，本当に働いている時間だけで……．本当はいけないんだろうけど，仕事で夜遅くなった日なんかは［子どもを迎えに行かないでそのまま帰宅して］，昼頃まで寝てたいなとかもあるし……認可園だとそうはいかないですよね．

　Kさんは，認可保育園は決め事が多く融通が利かない，と言う．これまで述べてきた通り，認可保育園の入園方法は，行政の窓口での申請・手続きを行う．その際，自分の働いている時間に応じて利用する保育時間，つまり預ける時間と迎えに行く時間を申請する．そのため，申請した時間に変更のあった場合は，行政に変更の届けを出さなくてはならない．Kさんのように，完全シフト制で働き，勤務時間が固定ではない場合は，そもそも認可保育園の入園の仕組みに適合しない．加えて彼女は，「認可保育園は，本当に働いている時間だけしか預けられない」からという．つまり，彼女自身が例に挙げてくれたように，もう少し寝ていたい日，などはいつもより迎えに行く時間を遅らせたいのだ．このようなことが，認可保育園では叶わない．

　この他，本章のJさんのインタビューデータでも見られたように，風俗店では収入証明書は出してくれず，アリバイ会社やダミー会社を通さなくては認可保育園に入園するための書類は揃わない．Kさんは，「後で，何かあっても嫌だし，アリバイ会社などは使いたくない」という．風俗店に勤務している場合，認可保育園に入園するための書類を揃えることができないのだ．

6.4.4　シングルマザー／ソープランド／子育て

　本項では,「シングルマザー」,「ソープランド」,そして「子育て」という
キーワードに注目しながら,Kさんのインタビューデータをみていく.シン
グルマザーにとっての子育てとは,そしてソープランドとは,どのようなも
のなのか.

a. ソープランドは子育てと両立し易い職場

　Kさんは,離婚後ソープランドで働き出した直後に起きたある出来事が印
象に残っている.そのときのエピソードについて話してくれた.

　　　離婚してすぐにソープランドで働き始めた頃,子どもが胃腸炎をこじ
　　らせて入院したんですよ.お店の方は昼の12時からの出勤でシフトを
　　組んでいたんですけど,入院している間は,毎日病院へ子どもに会いに
　　行かなければならないしって,困ったなぁって思ったけど,お店に事情
　　を説明して,そしたらすぐ「分かりましたーっ」て,ほんとメール1本
　　ですぐに,朝7時から午後3時までのシフトに変更してもらいました.
　　こんなこと,普通の仕事じゃできないですよね.あの時は,本当,助かっ
　　たと思いました.

　ソープランドでは,1週間ごとに自分の好きなようにシフトを組むことが
出来る.また,それを変更することもメール1本で簡単におこなえる.Kさ
んは,「だから,シングルマザーが多いんですよ」という.風俗業は子育てと
両立し易い職業なのか.

b. 風俗はシングルマザーのセーフティネット

　Kさんは,ネット・サーフィンをしていたある日,次のような内容の記事
を見かけたという.

　　　そのネットの記事には,「シングルマザーでも短期間でたくさん稼げ

て，子育てとの両立が可能な風俗の仕事は，社会保障なんかより，よっぽど，セーフティネットになっている」みたいなことが書いてあって，すごく共感しました．私自身も社会保障は一切当てにしてないので．だって，例えばパートしながらシングルマザーの手当て貰ったって，最低限ぎりぎりの生活は出来るかも知れないけど……．私みたいに，ぜんぜん社歴もなくて早くに結婚して，キャリア中断して，結局シングルになったひとって，もう社会復帰できないですよ．正社員は無理．あっても，パートかアルバイトでしょう？　そんなことするぐらいなら，風俗で稼いだ方がいいって思った．

　彼女の話から，ソープランドの仕事がシングルマザーにとって，働き易く稼げる職業なのはよく分かる．しかしなぜKさんは，そんなにも稼ぎたいのか．

c. シングルマザーは子育ての基準が低い？
　Kさんは，「シングルマザーは子育ての基準が低いひとが多い」という．子育ての基準とは何だろうか．

　　例えば一般の家庭は，子どものための習い事とか，私立中学へ行かせたいから塾に通わすとか，大学に行かせたいとかあるでしょう？　シングルマザーでそういうこと考えるひとって少ないと思う．けどそれは，本当に経済的に苦しいから．余裕がないからそこまで考えられないんですよ．
　　シングルマザーの子どもの進学率って低いじゃないですか．親の経済力って本当にそのまま子どもの将来に影響するんですよね．お金が無くて，子どもの将来の幅が狭まるようなことだけはしたくない．
　　私から言わせたら，子どもに必死で貧しい生活をさせてる方が有りえない．私は，子どもは大学まで行かせたい．本当に，私から言わせたら，子どもがかわいそうだから風俗だけはやらないとか，子どものためにこ

れだけはしちゃダメとか，そっちの方が有りえない．子どものためなら
何でもしろよっ，て思う．

　Kさんのように，社会人経験があまりないままに結婚を機に退職して，そ
の後シングルマザーになった女性が再び企業で正社員の職に就くことは難し
い．パートやアルバイトならできるが，それでは独りで子育てしていく場合，
子どもの塾の費用や大学進学までサポートするのは経済的に厳しい．ソープ
ランドは，シングルマザーでも短期間でたくさん稼げて，子育てと両立可能
な仕事だ．彼女にとってソープランドは，「シングルマザーでも，子どもと自
分の将来を保障するお金を短期間で稼げる場所」として，合理的に選択され
ている．

d. 5,000万　貯金したらソープランドを辞める

　ソープランドで今のように稼げる年齢には限りがあるため[9]，稼げるうちに
働き，子どもと自分の将来を保障するための貯金をつくるというのが，Kさ
んがソープランドで働く目的だ．そのため，貯金の目標額に達成したらソー
プランドは辞め，「パートでもしながら普通に生活する」という．貯金の目標
額は，5,000万円．Kさんがソープランドで働き始めてから，あと少しで丸2
年が経とうとしている．「あと5年は，頑張る」と彼女は話した．

6.5「多文化空間」に生まれた保育のニーズ

　本章では，新宿の歌舞伎町にある「I保育園」スタッフのJさん，同エリ
アの無認可の24時間保育所を利用するKさんのインタビューデータを通し
て，一般社会や行政においてもその実態が把握されづらい，認可外の24時
間保育所の利用者の職業や親の生活，子育ての実態についてみてきた．

　9　ソープランドの世界には，「35歳の壁」というのがある．それを過ぎると，「手取りは悪いし，
　　サービスはハードだし」，一気に収入が減るという．つまり，ソープランドで最も稼げるのは，
　　35歳まで．Kさんは，この最も稼げる時期を逃さず，確実に稼ぐことを考えている．

　無認可の 24 時間保育所である「I 保育園」の利用者の職業は，認可保育園のエイビイシイ保育園が多様な職業で構成されているのに対して，「一般企業の会社員か風俗」というように二極化している．そして，昼間の時間帯を利用する会社員については，認可保育園が決まるまでの一時利用の要素が強く，入れ替わりが激しい．夜間の時間帯の利用者は，キャバクラや風俗店勤務のシングルマザーで大半を占めており，彼女たちが「I 保育園」のような無認可の保育所を求めてやってくる主たる利用者となる．

　「多文化空間」の住人の職業構成の特徴が，都心回帰の担い手である専門技術職層と販売・サービス職層が多いことはこれまでも述べてきた．本章では，子育ての現場における「多文化空間」の住人としての販売・サービス職層の人びとが，無認可の保育所を利用するケースを捉えた．エイビイシイ保育園においても販売・サービス職に就く人びとの利用は多く，特に深夜，朝方までの利用者の職業は，飲食業を中心とするサービス業従事者であったが，「I 保育園」の場合，サービス職に就く利用者というと，それはキャバクラのホステスやソープランドで働くシングルマザーとほぼ同義となる．母子家庭は，一般的には人気の高い認可保育園の入園基準において優遇されているにも関わらず，なぜ風俗業界で働くシングルマザーは，無認可の 24 時間保育所を選ぶのだろうか．

　まずは，認可保育園に入園の申請をするには，行政の窓口まで行って手続きを行わなければならないことが挙げられる．この点について J さんが，「入園の書類も簡単にぴぴっと書いて入れる，みたいじゃないと駄目」と言うように，夜間まで働くシングルマザーにとって，行政の窓口まで足を運ぶことは煩わしいこととなる．しかし，その煩わしさを置いてもさらに，風俗業で働くひとには，その申請時に必要となる収入証明の提出が困難となる．風俗業のお店では，収入証明を出さない／出せない場合がほとんどであり，アリバイ会社やダミー会社を利用して収入証明を作成する方法もあるというが，K さんが「後で，何かあっても嫌だし．アリバイ会社などは使いたくない」というように，それはリスクのある行為となる．

　次に，これは風俗業に限ったことではなくサービス業全般に当てはまるこ

とだが，入園の申込みの際に働いている時間に併せて子どもの登園と迎えにいく時間を申請しなければならない認可保育園は，勤務形態がシフト制である場合が多く，労働時間を固定しづらいサービス業従事者の働き方やライフスタイルに適合しない．ソープランドで働くKさんは，お店の状況，身体の調子や子どもの体調に合わせて，1週間ごとにシフトを組んで働いているため，働き方は非常に流動的であり，彼女の認可保育園の申請はこの点だけ取っても制度的にまず無理だ．

　そして，このように働いている時間や子どもの迎えの時間を固定しなくてはいけないことに加えて，「認可」ならではの母親に対する指導的な側面も彼女たちには不向きだという．Jさんは，仕事上お酒を飲み，酔って子どもを迎えに来る母親に対して，「うちなら，気を付けてねーで終わるけど，認可園だったら多少の注意は受けるんじゃないかな」[10]と話す．またKさんは，「認可保育園では，登園時に保育園のスタッフとやり取りする事項が多くて煩わしい」[11]と話した．見るひとが変われば，信用できる，手厚いと感じる認可保育園ならではの体質は，無認可の保育園スタッフやそこを利用する親にとっては，「お堅い」と映るのだ．この「お堅さ」故に，風俗業に就くシングルマザーたちは，無認可の夜間保育園を選択している．

10　データそのものの引用ではない．簡略化し要点をまとめて掲載した．

11　データそのものの引用ではない．簡略化し要点をまとめて掲載した．

第7章 「多文化空間」における保育所の利用者
及び利用状況について
——調査票調査の結果をもとに

　本章では，新宿区ある保育所5ヶ所に対しておこなった調査票調査の結果をもとに，次の2つの分析課題にアプローチすることを目的としている．先ず，「多文化空間」における保育所の利用者の特徴と彼ら／彼女らの保育所利用状況を明らかにすること，そしてその結果から，当該地域における保育のニーズや課題を分析することである．本章は，これまでの質的調査によるデータから得られた知見を補強する重要な章と位置付けられる．それでは先ず，本調査の概要を説明する．

7.1 調査概要

　本調査は，本書における対象地である新宿区内の保育所における利用者の特徴を明らかにすることを目的として，区内にある保育所5ヶ所を対象におこなった調査票調査である．調査票は，「新宿区の子育て家庭の生活と保育ニーズについてのおうかがい」との表題のもと，2015年5～6月にかけて各保育所に配布した．以下の表7-1は，対象の概要，配布部数及び回収数を示したものである．

表7-1. 対象の概要，配布部数及び回収数

対象	認可／認可外	開所時間	対象年齢	配布部数	回収数
エイビイシイ保育園	認可	24時間	0-5歳	77	46
L保育園	認可（認証）	朝7時～夜8時	0-2歳	16	8
M保育園	認可外	24時間	0-5歳	30	9
N保育園	認可	朝7時～夜8時	3-5歳	65	33
O保育園	認可外	朝7時～夜8時	0-1歳	40	19
				228	115

調査票の配布部数は，各保育所に在籍している家庭の数に合わせて配布した．全体で228件の配布数に対して，115件の回収数があった．115件のうち，白票および無効票は無かったため，最終的な有効回収数も115件とし，下記の通り有効回収率を計算した．

有効配布票総数：228件

有効回収数：115件

有効回収数：50.4％

7.1.1　回答者の属性——性別・年齢・婚姻状態・国籍

それでは，回答者の属性について見ていく．表7-2は，性別の度数分布表である．回答のあった115件中「女性」の回答者は，108人で，93.9％が女性の回答者だ．

次に，回答者の年齢についてみると全体の平均年齢は，36.6歳となっている．男女別の平均年齢は，男性（7名）が42.6歳，女性（108名）が36.3歳である．また，表7-3は，10年刻みに値の再割り当てをおこなった年齢の度数分布表である．調査票における年齢の質問項目では，回答者が自らの年齢を記入する形式をとった．度数分布表で確認したところ，23歳から53歳の値をとっていた為，値の再割り当てをおこない，20代から50代の10年刻みの4カテゴリーに変換した．

回答のあった115件中，最も多かったのは「30代」の回答で，全体の68人，59.1％が30代であった．次に回答が多かったのは，「40代」で，全体の35人，30.4％が40代であった．

表 7-2.　性別の度数分布表

	度数	全体パーセント	有効パーセント
男性	7	6.1	6.1
女性	108	93.9	93.9
合計	115	100.0	100.0

表 7-3.　年齢の度数分布表

	度数	全体パーセント	有効パーセント
20代	10	8.7	8.7
30代	68	59.1	59.1
40代	35	30.4	30.4
50代	2	1.7	1.7
合計	115	100.0	100.0

　表7-4は，婚姻状態の度数分布表である．回答のあった114件中，「既婚者」が最も多い94人で有効パーセントは，82.5％であった．次に多いのは，「離死別」の12人で有効パーセント10.5％と少数だ．その他の項目については，10％未満で，さらに少ない値となった．

　表7-5は，国籍又は母国の度数分布表である．回答者114件中，国籍又は母国が「日本」の回答者は105人で，有効パーセントは92.1％だ．「日本以外」と回答した9人の内訳は，韓国が5件，中国が2件，他2件は無回答であった．

　表7-6は，パートナーの国籍又は母国の度数分布表である．回答のあった96件中，77人は「日本」と回答し，有効パーセントは80.2％だ．また，「日本以外」と回答した19件の内訳は，韓国が7件，中国が4件，アメリカが2件，その他，カナダ，チリ共和国，ドイツ，そして，ネパールに各1件ずつの回答があり，他2件は無回答であった．

　以上のように，回答者の国籍及びパートナーの国籍は，「日本」のひとで8〜9割を占めているが，国籍を夫婦単位でみた場合はどうなるのか．回答者の国籍とパートナーの国籍の組み合わせにより，夫婦のパターンを分類した合成変数を作成し，夫婦の国籍をもとにした家族形態の分布について確認す

表7-4.　婚姻状態の度数分布表

	度数	全体パーセント	有効パーセント
未婚	7	6.1	6.1
既婚	94	81.7	82.5
事実婚	1	.9	.9
離婚・死別	12	10.4	10.5
合計	114	99.1	100.0

表7-5.　国籍又は母国の度数分布表

	度数	全体パーセント	有効パーセント
日本	105	91.3	92.1
日本以外	9	7.8	7.9
合計	114	99.1	100.0

表7-6.　パートナーの国籍又は母国の度数分布表

	度数	全体パーセント	有効パーセント
日本	77	67.0	80.2
日本以外	19	16.5	19.8
合計	96	83.5	100.0

表7-7.　家族形態の度数分布表

	度数	全体パーセント	有効パーセント
日本人カップル家族	73	63.5	66.4
国際結婚カップル家族	12	10.4	10.9
外国人カップル家族	6	5.2	5.5
外国人シングル家族	2	1.7	1.8
日本人シングル家族	17	14.8	15.5
合計	110	95.7	100.0

ると，表7-7のようになった．

表7-7は，家族形態の度数分布表である．110件の回答のうち日本人カップ
ル家族は，73件（66.4％），回答者かパートナーの国籍又は母国が日本以外で
ある国際結婚カップル家族は，12件（10.9％），回答者及びパートナーの国籍
又は母国が共に日本以外の外国人カップル家族は，6件（5.5％），外国人のシ
ングル家族は2件（1.8％），そして，日本人のシングル家族は，17件（15.5％）
となった．表7-5で示した通り本調査では，ほとんどの回答者の国籍又は母
国は「日本」であり国籍が外国籍の回答者は，1割にも満たなかったが，以
上のように国籍を夫婦単位で見てみると，回答者又は回答者のパートナーの
どちらか一方が「日本以外」である国際結婚カップルが12ケース含まれてお
り，エスニシティと関連した多文化の要素を保持する家族が国際結婚カップ
ル家族，外国人カップル家族，外国人シングル家族を合わせると全体の約2
割弱を占めている．

さて，次は回答者の出身地の分布についてみる．表7-8は，出身地の度数
分布表である．回答のあった113件のうち多かったのは，「新宿以外」と答え
た94人で有効回答の83.2％を占めた．113件のうち，新宿出身の回答者は，
わずか19人に留まった．

以上が，本調査の回答者の属性に関する度数分布の結果である．本調査の
回答者は，「30〜40代の既婚者の新宿以外が出身地である日本人女性が中心
（全体の8〜9割）」となっていることが分かった．

7.2 利用者の特徴

本節では，対象とした保育所の利用者の特徴として「雇用形態，職業，収
入」の観点から，それぞれ分析をおこなう．

表7-8. 出身地の度数分布表

	度数	全体パーセント	有効パーセント
新宿	19	16.5	16.8
新宿以外	94	81.7	83.2
合計	113	98.3	100.0

7.2.1 雇用形態・職業・収入の特徴

それでは,「雇用形態, 職業, 収入」の観点から分析をおこなう. まず本項では, 雇用形態の度数分布を示す. なお, 雇用形態の質問 (q24) については, 表7-9の通り値の再割り当てをおこなった.

a. 雇用形態の度数分布

表7-10は, 雇用形態の度数分布表である. 115件の回答数のなかで最も回答者数が多かったのは,「常時雇用されている一般従業者」で53人, 46.1％が回答した. 次に多いのは,「自営業主及びその家族従業者」で27人, 23.5％が回答した. それ以外は,「パート・アルバイト, 派遣・契約社員」に18人, 15.7％が回答した. その他の雇用形態は, それぞれ10％を切る少数に留まっている.

以上のように保育所利用者の雇用形態の特徴は, いわゆる正社員で半数近

表 7-9. 分析に用いた変数

使用した変数	対応する選択肢と変域, 変数処理の詳細
回答者の雇用形態 (q24)	「1：経営者、会社・団体役員　2：常時雇用されている一般従業者・一般社員・一般職員（公務員、教員を含む）3：臨時雇用、パート、アルバイト　4：派遣社員　5：契約社員、請負・委託業務　6：自営業主、自由業主　7：自営業の家族従業者　8：内職　9：無色　10：学生」との選択肢について, 以下のような値の再割り当てをおこなった. 1＝1：「経営者、会社・団体役員」 2＝2：「常時雇用されている一般従業者」 3～5＝3：「パート、アルバイト、派遣・契約社員」 6～7＝4：「自営業主及びその家族従業者」 8＝5：「内職」 9～10＝6：「無職（学生含む）」 なお, 9：「わからない」は, 欠損値指定をおこなった.

表 7-10. 雇用形態の度数分布表

	度数	全体パーセント	有効パーセント
経営者、会社・団体役員	5	4.3	4.3
常時雇用されている一般従業者	53	46.1	46.1
パート・アルバイト、派遣・契約社員	18	15.7	15.7
自営業主及びその家族従業者	27	23.5	23.5
内職	1	.9	.9
無職（学生含む）	11	9.6	9.6
合計	115	100.0	100.0

くを占めており，その他は自営業主が多くなっている．そして，正社員と自営業主の2つのカテゴリーで全体の約7割を占め，その他は，パート・アルバイトや派遣社員といった不安的雇用の形態にある回答者となる．それでは，次では職業分類の度数分布をみる．

b. 職業の度数分布

　本調査では，職業について職種に関する質問（q25）において自由記述形式でおこなった．q25について度数分布を確認したところ，98件の回答があった．そして，本章では98件の回答を分析可能な変数にするため，いくつかの職業カテゴリーに分類した．職業の分類は，第3章で使用した「平成22年国勢調査に用いる職業分類」を参考にしておこなった．それによると98件の回答は，(1)管理的職業従事者，(2)専門的・技術的職業従事者，(3)事務従事者，(4)販売・サービス職業従事者の以上4つのカテゴリーに全て分類可能であった．そこで以上4項目からなる「職業分類」という新変数を作成した．

　以下の表7-11は，職業分類の度数分布表である．表7-11の通り職業分類のなかで多数を占めるものは，専門的・技術的職業従事者と販売・サービス職従事者である．全体で98件の回答のうち多い値から見ていくと，専門的・技術的職業従事者に，39人（39.8％），販売・サービス職従事者に，28人（28.6％），そして事務職従事者に，19人（19.4％）が回答した．これら以外の職業分類は，それぞれ10％未満の低い値となった．

　以上のことから利用者の職業は，専門的・技術的職業従事者が特に多く，その次に販売・サービス職従事者が多いことが分かる．そして，この2カテゴリーで全体の約7割を占めている．そしてこの他の主だった職業分類は，

表7-11．職業分類の度数分布表

	度数	全体パーセント	有効パーセント
管理的職業従事者	3	2.6	3.1
専門的・技術的職業従事者	39	33.9	39.8
事務従事者	19	16.5	19.4
販売・サービス職従事者	28	24.3	28.6
無職	9	7.8	9.2
合計	98	85.2	100.0

事務従事者になる．尚ここでいう「無職」とは，専業主婦である場合がほとんどである．職種について質問をおこなった q25 の回答結果を確認したところ，9 件のうち 1 件は無回答でその他全ては専業主婦であることが分かった．それでは，職業と雇用形態の関係についてみる．

c. 職業と雇用形態のクロス集計

表 7-12-1 は，職業分類と雇用形態のクロス集計表である．割合の高い職業分類ごとに結果を見ていく．専門・技術的職業従事者は，雇用形態としては「常時雇用されている一般従業者」である割合が 40 人中，26 人（66.7％）と圧倒的に高い．次に多い販売・サービス職従事者は，「自営業主及びその家族従業者」である割合が 28 人中 12 人（42.9％），「パート・アルバイト，派遣・契約社員」である割合が 11 人（39.3％），「常時雇用されている一般従業者」である割合が 5 人（17.9％）となっている．販売・サービス職従事者の雇用形態は，

表 7-12-1．職業分類と雇用形態のクロス集計表

職業分類	雇用形態					合計
	経営者、会社・団体役員	常時雇用されている一般従業者	パート・アルバイト、派遣・契約社員	自営業主及びその家族従業者	無職（学生含む）	
管理的職業従事者	2(66.7%)	1(33.3%)	0(0.0%)	0(0.0%)	0(0.0%)	3(100%)
専門的・技術的職業従事者	1(2.5%)	26(66.7%)	3(7.7%)	9(23.1%)	0(0.0%)	39(100%)
事務従事者	0(0.0%)	15(78.9%)	3(15.8%)	1(5.3%)	0(0.0%)	19(100%)
販売・サービス職従事者	0(0.0%)	5 (17.9%)	11(39.3%)	12(42.9%)	0(0.0%)	28(100%)
無職	0(0.0%)	0(0.0%)	0(0.0%)	0(0.0%)	9(9.2%)	9(100%)
合計	3(3.1%)	47(48.0%)	17(17.3%)	22(22.4%)	9(9.2%)	98(100%)

表 7-12-2．職業分類と雇用形態

職業分類	雇用形態					合計
	経営者、会社・団体役員	常時雇用されている一般従業者	パート・アルバイト、派遣・契約社員	自営業主及びその家族従業者	無職（学生含む）	
管理的職業従事者	階層 I	階層 II	0(0.0%)	0(0.0%)	0(0.0%)	3(100%)
専門的・技術的職業従事者			階層 IV	階層 V	0(0.0%)	40(100%)
事務従事者	0(0.0%)	階層 III			0(0.0%)	18(100%)
販売・サービス職従事者	0(0.0%)				0(0.0%)	28(100%)
無職	0(0.0%)	0(0.0%)	0(0.0%)	0(0.0%)	階層 VI	9(100%)
合計	3(3.1%)	47(48.0%)	17(17.3%)	22(22.4%)	9(9.2%)	98(100%)

自営業かアルバイトや派遣社員といった不安定雇用形態にあるものが多くこの2カテゴリーで全体の8割を占める．そして事務従業者は，「常時雇用されている一般従業者」である割合が19人中15人（78.9％）で雇用形態として圧倒的に高い割合を示している．

　以上のように，保育所利用者の職業分類と雇用形態の関係をみると，次のように整理することができる．(1)専門的・技術的職業従事者は，正社員率が高い，(2)販売・サービス職従事者は，自営業主及びその家族従業者，又はアルバイトや派遣社員といった不安定雇用形態にある割合が高い．(3)事務従事者は，正社員率が高い．

　上記のような特徴は，利用者の職業分類と雇用形態に関する大まかな特徴になるが，本節ではより詳細な利用者の特徴を掴むため表7-12-1をもとに，利用者を職業分類と雇用形態に関する6つの階層に分類する．6つの階層分類が分かるように目印を付けたのが表7-12-2である．

　保育所の利用者を，職業分類と雇用形態に関する階層に分類すると，表7-12-2のように6つの階層に分類可能となる．また以上の分類に従い合成変数「職業階層分類」を作成した．

　表7-13は，職業階層分類の度数分布表である．有効回答98件中階層Ⅱが27人（27.6%）と最も多く，その次に階層Ⅴに22人（22.4%）のひとが属している．それ以降は，階層Ⅲの20人（20.4%），そして階層Ⅳの17人（17.3%）となる．階層Ⅰと階層Ⅵに該当する人数は著しく少ない．階層Ⅱ～Ⅴにはそれぞれ全体の2割程度の人びとが属しており保育所利用者は，主に階層Ⅱ～Ⅴで構成されていることが分かる．

　表7-14は，保育所利用者の階層分類の特徴とそれぞれの階層にどのような職業，職種が該当しているのかを示したものである．階層Ⅰは，「経営者又は管理職の専門・技術職」，階層Ⅱは，「正社員の管理又は専門・技術職」，階層Ⅲは，「正社員の事務又は販売・サービス職」，階層Ⅳは，「不安定雇用の多様な職業層」，階層Ⅴは，「自営の多様な職業層」，そして，階層Ⅵは，「無職（専業主婦）」となっている．

　保育所利用者は，以上のような職業と雇用形態の特徴をもった6つの階層

表 7-13. 階層分類の度数分表

階層	度数	全体パーセント	有効パーセント
I	3	2.6	3.1
II	27	23.5	27.6
III	20	17.4	20.4
IV	17	14.8	17.3
V	22	19.1	22.4
VI	9	7.8	9.2
合計	98	85.2	100.0

表 7-14. 回答者の雇用形態と職業に基づく 6 つの階層と職業・職種

階層	雇用形態と職業の特徴	職業・職種
I	経営者又は管理職の専門・技術職	エステ会社の役員、会社経営、会社の監査
II	正社員の管理又は専門・技術職	臨床検査技師、オンラインゲーム運営、新聞社の編集、専門学校教員、市役所部長職（健康関係）、銀行、出版社の DTP オペレーター、医師、税務、管理薬剤師、大学教員、外資系 IT 事務、事業投資、建築設計、研究職
III	正社員の事務又は販売・サービス職	レシピ開発、飲食店接客、お惣菜の製造販売、一般会社員、メーカー営業管理、スーパーのマネージャー、美容師、会社（受付業務）、一般事務、飲食店調理、運送会社内勤、製薬メーカー、総合商社、ビジネスコンサルティング、公務員、歯科助手（受付業務）
IV	不安定雇用の多様な職業層	ソープランド、風俗店勤務（コンパニオン）、飲食店接客、サービス業事務、量販店のレジ係、事務職、ネイルサロン、アイリスト、看護師、化粧品会社、医師、ジュエリー店販売員兼制作員
V	自営の多様な職業層	ネイリスト、エステティシャン、飲食店、ホテル、ライブハウス等での演奏、バー、美容業、建設設計、web 制作業、マッサージ、美容室（接客）、事務、文筆業、弁護士、会計監査、演奏家、弁護士、医師
VI	無職	専業主婦

から構成されており，階層 II 〜 V の人びとで全体の約 9 割を占めている．そして，それぞれの階層には表7-14で示したような多様な職業，職種の人びとが属している．

　以降では，保育所利用者の収入についてみていくが，ここで示した 6 つの階層分類を軸として分析を進める．

d. 個人年収の度数分布

　それでは，保育所利用者の収入の状況を職業との関連でみていく．ここでは個人年収（q26）の値を使用する．表7-15は，個人年収の度数分布表である．

　全体で101件の回答者のうち最も多い回答は「100万円未満」で25人

表 7-15.　個人年収の度数分布表

	度数	全体パーセント	有効パーセント
100万円未満	25	21.7	24.8
100万円以上200万円未満	16	13.9	15.8
200万円以上400万円未満	18	15.7	17.8
400万円以上600万円未満	11	9.6	10.9
600万円以上800万円未満	13	11.3	12.9
800万円以上1000万円未満	5	4.3	5.0
1000万円以上1200万円未満	5	4.3	5.0
1200万円以上	8	7.0	7.9
合計	101	87.8	100.0

（24.8％）がこのカテゴリーに属している．それ以降は，「200万円以上400万円未満」に回答したのが18人（17.8％），「100万円以上200万円未満」に回答したのが16人（15.8％），「600万円以上800万円未満」に回答したのが13人（12.9％），そして「400万円以上600万円未満」に回答したのが11人（10.9％）となっており，それ以外の収入区分に回答したのは10％を切る低い値になっている．回答者の個人年収は，金額区分のうえでの下位3カテゴリー（100万円未満，100万円以上200万円未満，200万円以上400万円未満）で全体の半数以上を占めており，回答者の個人年収が低い傾向にあることが分かる．

e. 職業階層と平均個人年収

　ここでは職業と収入の関係についてみるため，クロス集計表による分析をおこなう．表7-16は，職業階層と個人年収のクロス集計表である．表7-17は，表7-16の結果に従い各階層の年収平均を算出して整理した表である．なお平均年収を算出する際は，個人年収の各金額範囲の中央値をとった．

　表7-17にある通り，階層Ⅰの平均個人年収は，1,167万円となっており高収入者の階層である．階層Ⅱの平均個人年収は，625万円，続いて階層Ⅲは435万円，階層Ⅳは300万円，階層Ⅴは285万円となっている．各階層の平均個人年収は，階層の数字区分が上がるにつれて低くなっている．これは，各階層の雇用形態と職業に関連している．

表7-16. 職業階層と個人年収のクロス集計表

階層	個人年収								合計
	100万円未満	100万円以上200万円未満	200万円以上400万円未満	400万円以上600万円未満	600万円以上800万円未満	800万円以上1000万円未満	1000万円以上1200万円未満	1200万円以上	
I	0 (0.0%)	0 (0.0%)	0 (0.0%)	0 (0.0%)	0 (0.0%)	0(0.0%)	1 (33.3%)	2 (66.7%)	3 (100%)
II	1 (3.8%)	2 (7.7%)	3 (11.5%)	6 (23.1%)	8 (30.8%)	2 (7.7%)	2 (7.7%)	2 (7.7%)	26 (100%)
III	1 (5.0%)	3 (15.0%)	8 (40.0%)	5 (25.0%)	0 (0.0%)	1 (5.0%)	0 (0.0%)	2 (10.0%)	20 (100%)
IV	5 (33.3%)	3 (20.0%)	4 (26.7%)	0 (0.0%)	2 (13.3%)	0 (0.0%)	0 (0.0%)	1 (6.7%)	15 (100%)
V	5 (29.4%)	6 (35.3%)	3 (17.6%)	0 (0.0%)	1 (5.9%)	1 (5.9%)	0 (0.0%)	1 (5.9%)	17 (100%)
VI	6 (85.7%)	1 (14.3%)	0 (0.0%)	0 (0.0%)	0 (0.0%)	0 (0.0%)	0 (0.0%)	0 (0.0%)	7 (100%)
合計	18 (20.5%)	15 (17.0%)	18 (20.5%)	11 (12.5%)	11 (12.5%)	4 (4.5%)	3 (3.4%)	8 (9.1%)	88 (100%)

表7-17. 各階層の平均個人年収

階層	平均個人年収
I	1,167万円
II	625万円
III	435万円
IV	300万円
V	285万円
VI	64万円

f. 世帯年収の度数分布

　ここまで，保育所利用者の職業の特徴とそれに関連した年収についてみてきた．保育所利用者を個人年収でみた場合，収入が多くないひとの割合が高いことは既に述べた通りだ（表7-15参照）．しかしここで注目したいのは，世帯年収である．表7-18は，世帯年収の度数分布表である．

　表7-18にある通り，世帯年収では個人年収と逆転の結果が起きている．保育所利用者を世帯年収からみた場合は，年収1,200万円以上のひとが89人中44人（49.4％）と全体のほぼ半数を占めており圧倒的に多い．そして，個人年収では約半数を占めていた下位3カテゴリー（100万円未満，100万円以上200万円未満，200万円以上400万円未満）は，全体のわずか14％を占めるに留まっている．つまり世帯年収から保育所利用者をみると，裕福層が利用者の中核を占めているのだ．

　以上のように保育所利用者の年収は，個人年収，世帯年収のどちらでみるかによって大きな違いが生じる．

g. 職業階層と平均世帯年収

　ここでは，職業階層ごとの平均世帯年収について言及する．本章で述べ
ている職業階層分類は，回答者個人の職業をもとに分類したものであるた
め，その職業的性質と世帯の年収は直接の関連はないが，保育所の利用状況
などをみる際は，個人の収入よりも世帯全体の収入が重要なポイントとなる
ため職業階層を軸にそれぞれの平均世帯年収をおさえておく．そこで，職業
階層分類と世帯年収のクロス集計をした後，各階層の世帯年収の平均を算出
した．表7-19は，職業階層と世帯年収のクロス集計表である．表7-20は，表

表 7-18．世帯年収の度数分布表

	度数	全体パーセント	有効パーセント
100 万円未満	1	0.9	1.1
100 万円以上 200 万円未満	2	1.7	2.2
200 万円以上 400 万円未満	10	8.7	11.2
400 万円以上 600 万円未満	13	11.3	14.6
600 万円以上 800 万円未満	4	3.5	4.5
800 万円以上 1000 万円未満	10	8.7	11.2
1000 万円以上 1200 万円未満	5	4.3	5.6
1200 万円以上	44	38.3	49.4
合計	89	77.4	100.0

表 7-19．職業階層と世帯年収のクロス集計表

階層	世帯年収								合計
	100 万円未満	100 万円以上 200 万円未満	200 万円以上 400 万円未満	400 万円以上 600 万円未満	600 万円以上 800 万円未満	800 万円以上 1000 万円未満	1000 万円以上 1200 万円未満	1200 万円以上	
I	0(0.0%)	0(0.0%)	0(0.0%)	0(0.0%)	0(0.0%)	0(0.0%)	0(0.0%)	2(100%)	2(100%)
II	0(0.0%)	0(0.0%)	1(4.0%)	2(8.0%)	0(0.0%)	3(12.0%)	0(0.0%)	19(76.0%)	25(100%)
III	0(0.0%)	0(0.0%)	3(20.0%)	4(26.7%)	1(6.7%)	2(13.3%)	1(6.7%)	4(26.7%)	15(100%)
IV	1(7.7%)	0(0.0%)	2(15.4%)	2(15.4%)	0(0.0%)	3(23.1%)	2(15.4%)	3(23.1%)	13(100%)
V	0(0.0%)	2(12.5%)	3(18.8%)	3(18.8%)	1(6.3%)	0(0.0%)	0(0.0%)	7(43.8%)	16(100%)
VI	0(0.0%)	0(0.0%)	0(0.0%)	2(33.3%)	0(0.0%)	0(0.0%)	1(16.7%)	3(50.0%)	6(100%)
合計	1(1.3%)	2(2.6%)	9(11.7%)	13(16.9%)	2(2.6%)	8(10.4%)	4(5.2%)	38(49.4%)	77(100%)

表 7-20．各階層の平均世帯年収

階層	平均世帯年収
I	1200 万円
II	1072 万円
III	753 万円
IV	781 万円
V	738 万円
VI	950 万円

7-19の結果に従い各階層の平均世帯年収を算出して整理した表である．なお平均年収を算出する際は，表7-18のときと同様に世帯年収の各金額範囲の中央値をとった．

　表7-20にある通り階層Ⅰの平均世帯年収は，1,200万円．階層Ⅱは，1,072万円．階層Ⅲは，753万円．階層Ⅳは，781万円．階層Ⅴは，738万円．階層Ⅵは，950万円である．以上のように各階層の平均世帯年収は，700万円代を下回るところはなく，非常に高い傾向にある．個人の平均年収では，各階層の雇用形態と職業に関連して平均年収も下がっていく結果となったが，個人年収が低い階層でも世帯年収は総じて高い．世帯年収の度数分布表（表7-18）から保育所利用者は，裕福層が中核を成していることが明らかになったがその結果と符合している．

7.2.2　保育所利用者の特徴

　ここまで，保育所利用者の特徴を職業，雇用形態，そして収入の観点から分析してきた．それらの結果から，保育所利用者の特徴を整理すると表7-21のようになる．尚ここまで本章では年収について，利用者全体の平均個人年収，及び世帯年収について述べてきたが，表7-21では，利用者の全体像をよ

表 7-21．「多文化空間」の保育所利用者の特徴

階層		全体		独身者※	既婚者（事実婚含む）	
		個人収入(平均)	世帯収入(平均)	個人収入(平均)	個人収入(平均)	世帯収入(平均)
Ⅰ	経営者又は管理職の専門・技術職	1167万円	1200万円	-	1167万円	1200万円
		(3人)	(2人)	(0人)	(3人)	(2人)
Ⅱ	正社員の管理又は専門・技術職	625万円	1072万円	900万円	614万円	1079万円
		(26人)	(25人)	(1人)	(25人)	(24人)
Ⅲ	正社員の事務又は販売・サービス職	435万円	735万円	500万円	413万円	753万円
		(20人)	(15人)	(5人)	(15人)	(15人)
Ⅳ	不安定雇用の多様な職業層	300万円	781万円	467万円	258万円	786万円
		(15人)	(13人)	(3人)	(12人)	(11人)
Ⅴ	自営の多様な職業層	285万円	738万円	200万円	312万円	777万円
		(17人)	(16人)	(4人)	(13人)	(15人)
Ⅵ	無職（専業主婦）	64万円	950万円	-	64万円	950万円
		(7人)	(6人)	(0人)	(7人)	(6人)
合計		435万円	885万円	431万円	435万円	905万円
		(88人)	(77人)	(13人)	(75人)	(73人)

※本表で挙げられている独身者13名は全て女性のためシングルマザーとなる．

り詳細に表すため利用者を独身者と既婚者に分けて，独身者は個人年収のみを記載し既婚者は個人と世帯年収の両方を記載した．

　まず保育所の利用者の職業は，多種多様であるが雇用形態と職業の特徴から6つの階層に分類できた．それは，階層Ⅰ：「経営者又は管理職の専門・技術職」，階層Ⅱ：「正社員の管理又は専門・技術職」，階層Ⅲ：「正社員の事務又は販売・サービス職」，階層Ⅳ：「不安定雇用の多様な職業層」，階層Ⅴ：「自営の多様な職業層」，階層Ⅵ：「無職」である．階層ⅠとⅥには，ごく少数のひとしか属しておらず，「多文化空間」の保育所利用者は，階層Ⅱ～Ⅴの職業階層に属する人びとを中心に構成されているといえる（表7-13参照）．

　そして利用者全体の収入の特徴は，回答者の個人年収は低い傾向にあるが，世帯年収は非常に高いと言える．表7-21にあるように個人年収の平均額が435万円なのに対して，世帯年収の平均額は，885万円となっている．世帯年収については，各階層の平均額をみてもどの階層とも700万円以上と高額である．保育所の利用については，個人の年収より世帯年収の方が重要となるため保育所利用者の全体像を語る場合は，裕福層である割合が非常に高く，保育所を利用し易い経済状態にあると言える．

　次に，利用者を独身者と既婚者に分けた場合，既婚者の世帯年収は905万円と高額なのに対して，独身者の平均個人年収は431万円と少額だ．独身者の平均個人年収は，既婚者の平均世帯年収の半額以下となっている．独身者は，個人の年収が主たる家計の財源となるため保育所利用に関して厳しい経済状況であることが伺える．なお，本表で挙げられている独身者は全て女性のため，この13名はシングルマザーの家庭となるが，このように既婚者家庭と比較してみると，シングルマザー家庭が経済的に低い水準にあることが如実に表れる．

　以降では，利用者の保育所利用実態についてみていくが，保育所の利用は，働き方（職業分類や雇用形態）に影響を受けることが予測できるため，表7-14で示したそれぞれの階層の特徴を考慮しながら，6つの職業階層ごとに保育利用実態について分析をおこなっていく．その際階層Ⅰに分類されているのは3事例と少ないため，階層Ⅱと統合して分析を行う．

7.3 保育所利用者の利用実態

7.3.1　週の利用回数──「毎日・平日全部」の利用者が8割以上

　それではまず，保育所利用者の利用実態として，子どもを1週間にどのくらいの回数保育所に預けているのかみていく．この質問は，調査票のq7においておこなった．q7の度数分布を確認した結果，表7-22の通り値の再割り当てをおこなった．

　表7-22〜27は，1週間に保育園を利用している回数に関する度数分布表である．週の利用回数については，階層Ⅰ〜Ⅴ（表7-23〜26）については，子どもをほぼ毎日，保育所に預ける人びとが8割以上となっており圧倒的に多い．専業主婦が構成要素となる階層Ⅵ（表7-27）は，「毎日又は平日全部」と「週2〜4回」の利用回数で約半数ずつを占めている状況だ．

7.3.2　利用している保育時間

　では次に，利用している保育時間について見ていく．保育時間については，本調査票q8において質問をおこなった．分析可能な変数とするため，表7-28の通り変数処理をおこなった．

　度数の散らばり具合をみた結果，表7-28のように値の再割り当てをおこなった理由としては，次のようなことが考えられたからだ．まず，「7〜9時間利用者」というのは，例えば朝9時に子どもを預けて夜5時に迎えにいくというような，一般的によく言われる9–5時スタイルの働き方に該当するような人びとが入る．「10〜12時間利用者」というのは，朝9時からの利用の場合は，夜7時に子どもを迎えにいくことになるので，9–5時スタイルの働き方より，もう少し長時間，あるいは残業があるような働き方をする人びとが該当する．そして，「13時間以上」というのは，朝9時からの利用の場合は，夜10時まで利用することになるためこれは，夜間まで働く人びとが該当する．本書第5章で述べたが，新宿区の「夜間保育園」の基準は，午後10時まで保育をおこなう保育園のことである．つまり，「13時間以上保育利用者」とは，夜間保育利用者となる．それでは，以上のことを踏まえつつ階層

表 7-22. 分析に用いた変数と値の再割り当ての詳細

使用した変数	対応する選択肢と変域，変数処理の詳細
週に子どもを預けている回数（q7）	「1．毎日，　2．平日全部，　3．週3～4回，4．週2～3回，　5．週2回以下」との設問項目を以下のように値を再割り当てした． 1，2＝1：「毎日・平日全部」 3，4＝2：「週2～4回」 5＝3：「週2回以下」 なお，「週2回以下」についての回答はゼロだった．

※本表で挙げられている独身者13名は全て女性のためシングルマザーとなる．

表 7-23. 週の利用回数（階層Ⅰ，Ⅱ）

	度数	全体パーセント	有効パーセント
毎日・平日全部	29	96.7	96.7
週2～4回	1	3.3	3.3
合計	30	100.0	100.0

表 7-24. 週の利用回数（階層Ⅲ）

	度数	全体パーセント	有効パーセント
毎日・平日全部	18	90.0	90.0
週2～4回	2	10.0	10.0
合計	20	100.0	100.0

表 7-25. 週の利用回数（階層Ⅳ）

	度数	全体パーセント	有効パーセント
毎日・平日全部	15	88.2	88.2
週2～4回	2	11.8	11.8
合計	17	100.0	100.0

表 7-26. 週の利用回数（階層Ⅴ）

	度数	全体パーセント	有効パーセント
毎日・平日全部	20	90.9	90.9
週2～4回	2	9.1	9.1
合計	22	100.0	100.0

表 7-27. 週の利用回数（階層Ⅵ）

	度数	全体パーセント	有効パーセント
毎日・平日全部	5	55.6	55.6
週2～4回	4	44.4	44.4
合計	9	100.0	100.0

表 7-28. 分析に用いた変数

使用した変数	対応する選択肢と変域，変数処理の詳細
利用している保育時間（q8）	（　）時から（　）時まで． 終了時間から開始時間を引き算して，利用している保育時間を算出．度数分布表を出力した結果，以下のように値の再割り当てをおこなった． 3～6時間＝1，7～9時間＝2，10～12時間＝3，13時間以上＝4．

別に保育時間についてみていく.

　表7-29～33は，職業階層別の保育利用時間の度数分布表である．これら
の表を見ると，階層Ⅰ，Ⅱ（表7-29）は，30件中22件（73.3%）が「10～12時間」
の利用者で最も多い値となっている．それ以外の時間数に回答したのはそれ
ぞれ1割程度の回答者とごく少ない．階層Ⅲ～Ⅴ（表7-30～32）も，「10～12
時間」の利用者が4～5割程と多いが，他の時間数についても2～3割程の
回答者がいる．階層Ⅵは，全体の7割が「7～9時間」の利用者だ.

　以上のように，主に正社員の管理又は専門・技術職で構成されている階層
Ⅰ，Ⅱは，10～12時間の利用率が非常に高い一方で，他の時間帯について
はほとんどニーズがない．階層Ⅰ，Ⅱの人びとは，先にも述べたが，朝9時
からの利用の場合は，夜7時に子どもを迎えにいくというような働き方を
しているということであり，夜間勤務の傾向にない人びとといえる．次に，
階層Ⅲ～Ⅴは，「10～12時間」の利用者の割合が高くなっているといえるが，
他の時間数についても回答者がある程度おり，むしろ様ざまな時間帯にニー

表7-29. 利用している保育時間（階層Ⅰ，Ⅱ）

	度数	全体パーセント	有効パーセント
7～9時間	4	13.3	13.3
10～12時間	22	73.3	73.3
13時間以上	4	13.3	13.3
合計	30	100.0	100.0

表7-30. 利用している保育時間（階層Ⅲ）

	度数	全体パーセント	有効パーセント
7～9時間	4	20.0	20.0
10～12時間	10	50.0	50.0
13時間以上	6	30.0	30.0
合計	20	100.0	100.0

表7-31. 利用している保育時間（階層Ⅳ）

	度数	全体パーセント	有効パーセント
7～9時間	4	23.5	23.5
10～12時間	9	52.9	52.9
13時間以上	4	23.5	23.5
合計	17	100.0	100.0

表7-32. 利用している保育時間（階層Ⅴ）

	度数	全体パーセント	有効パーセント
3～6時間	2	9.1	9.1
7～9時間	4	18.2	18.2
10～12時間	9	40.9	40.9
13時間以上	7	31.8	31.8
合計	22	100.0	100.0

表7-33. 利用している保育時間（階層Ⅵ）

	度数	全体パーセント	有効パーセント
3～6時間	2	22.2	22.2
7～9時間	7	77.8	77.8
合計	9	100.0	100.0

ズがあると言える．つまり，正社員で且つ，管理職か専門・技術職に就いている人びと（階層Ⅰ，Ⅱ）以外は，働き方が固定されているものではなく，様ざまな保育時間帯にニーズがあるということだ．それでは次では，保育等にかけている金額についてみていく．

7.3.3　ひと月に保育等にかかるお金

　本節では，ひと月に保育等にかけているお金（q9）をみる．なおこの質問は，調査票上の文言では，「保育所等の利用に1カ月にどのくらいのお金をかけていますか．普段利用している以外の緊急時の保育サービス（例えば，ベビーシッターなど）の利用も含めて，以下から当てはまるものに1つだけ○を付けて下さい」との通り，普段利用している保育所以外の臨時の保育サービスの利用料金を含めた保育にかけている金額を聞いたものである．

　表7-34〜38は，各階層のひと月に保育等にかけている金額の度数分布表である．

　表を見て分かる通り，階層Ⅰ，Ⅱ（表7-34）は，30件の回答のうち19人（63.3％）が保育にひと月10万円以上の金額をかけていると答えている．階層Ⅰ，Ⅱの平均世帯年収は，共に1000万円を超える裕福層であるため，保育等にかかる金額も高くなっている可能性がある．

　階層Ⅲ（表7-35）は，「2万円以上4万円未満」の金額区分に回答した者が最も多く，20件中7人（35％）となっている．その一方で，「10万円以上」の区分に回答したひとも6人（30％）おり，保育料の二極化がみられる（表7-35参照）．この二極化は，この他の階層でもみられる．階層Ⅳは，17件中7人（41.2％）が「10万円以上」に回答しているが，それと同数の人びとが金額区分として最も低い「2万円以上4万円未満」に回答しており，二極化が顕著である（表7-36参照）．階層ⅢとⅣの平均世帯年収は，ともに700万円を超えており比較的高収入の階層といえる．しかし，両階層とも階層内での世帯年収をみてみると，「年収600万円以上800万円未満」の金額区分を境に低収入よりの家庭と高収入家庭に二分されてることが分かる（表7-19参照）．つまり，階層Ⅲ，Ⅳは，階層内で世帯年収が二極化されているため，ひと月の保育料もそれに

表 7-34. ひと月に保育等にかけるお金（階層Ⅰ，Ⅱ）

	度数	全体パーセント	有効パーセント
2万円以上4万円未満	3	10.0	10.0
4万円以上6万円未満	1	3.3	3.3
6万円以上8万円未満	4	13.3	13.3
8万円以上10万円未満	3	10.0	10.0
10万円以上	19	63.3	63.3
合計	30	100.0	100.0

表 7-35. ひと月に保育等にかけるお金（階層Ⅲ）

	度数	全体パーセント	有効パーセント
2万円未満	4	20.0	20.0
2万円以上4万円未満	7	35.0	35.0
6万円以上8万円未満	1	5.0	5.0
8万円以上10万円未満	2	10.0	10.0
10万円以上	6	30.0	30.0
合計	20	100.0	100.0

表 7-36. ひと月に保育等にかけるお金（階層Ⅳ）

	度数	全体パーセント	有効パーセント
2万円未満	7	41.2	41.2
2万円以上4万円未満	1	5.9	5.9
4万円以上6万円未満	1	5.9	5.9
8万円以上10万円未満	1	5.9	5.9
10万円以上	7	41.2	41.2
合計	17	100.0	100.0

表 7-37. ひと月に保育等にかけるお金（階層Ⅴ）

	度数	全体パーセント	有効パーセント
2万円未満	10	45.5	45.5
2万円以上4万円未満	6	27.3	27.3
8万円以上10万円未満	2	9.1	9.1
10万円以上	4	18.2	18.2
合計	22	100.0	100.0

表 7-38. ひと月に保育等にかけるお金（階層Ⅵ）

	度数	全体パーセント	有効パーセント
6万円以上8万円未満	2	22.2	22.2
8万円以上10万円未満	1	11.1	11.1
10万円以上	6	66.7	66.7
合計	9	100.0	100.0

伴い二極化されているといえる.

　階層Ⅴは，「2万円未満」の回答者が22件中，10人（45.5％）と最も多く，続いて，「2万円以上4万円未満」に6人（27.3％）のひとが回答している（表7-37参照）. 階層Ⅴは，この下位2つの金額区分の回答者で全体の7割以上を占めている. 階層Ⅴの平均世帯年収は，738万円となっており比較的高収入家庭の階層であるが，保育等にかかる金額はどの階層よりも低くなっている.

　階層Ⅵは，6万円以下の金額区分の回答者はゼロだった（表7-38参照）. 9件の回答のうち「6万円以上8万円未満」に2人，「8万円以上10万円未満」に1人，「10万円以上」に6人が回答した. 階層Ⅵの平均世帯年収は，950万円と高額のため保育等にかかる金額も高額となることが伺える.

　以上のように，階層Ⅰ，Ⅱ，Ⅲ，Ⅳ，Ⅵの分析結果をみると，世帯年収と保育等にかかる／かけている金額に相関がありそうに思われるが，階層Ⅴの

分析結果はそれに該当しない．世帯年収と保育等にかかる金額の相関関係を明らかにするため，世帯年収と保育等にかけている金額や各階層がどの保育園（認可園又は無認可園など）を利用しているのかについて，クロス表分析をおこなう．

7.3.4 世帯年収と保育等にかけている金額のクロス表分析

本項では，クロス表分析を用いて世帯年収と保育等にかかる金額に相関があるかどうかを分析する．階層と世帯年収のクロス集計表 (表7-19) から，年収600万円以上800万円未満の金額区分を境に世帯年収の傾向が二分されていることが分かったため，年収600万円未満を「低～中収入家庭」，そして，800万円以上を「高収入家庭」とする，合成変数を作成し，保育等にかかる金額との関係をみる．

表7-39は，世帯年収とひと月に保育等にかかる金額のクロス集計表である．χ^2検定の結果p<.05になっているため統計的に優位な関連があると判断できる．結果をみると，低・中収入家庭のひと月に保育等にかかる金額は，2万円未満と2万円以上4万円未満の金額区分に全体のおよそ7割が集中している．また高収入家庭は，10万円以上のカテゴリーに全体の6割が集中しており，8万円以上10万円未満のカテゴリーの数値を合わせると，この2カテゴリーで8割を占めている．このような分析結果から世帯年収が低い家庭は，保育にかかる金額が低い傾向にあり，世帯年収が高い家庭は，保育にかかる金額が高くなるという関連が明らかになった．

本章7.3.3では，階層Ⅰ，Ⅱがひと月10万円を超える保育料を支払っている家庭が多いことが明らかになったが，以上のような分析結果から，これ

表 7-39. 世帯年収とひと月に保育等にかかる金額のクロス集計表

世帯年収	ひと月に保育等にかける金額						合計
	2万円未満	2万円以上4万円未満	4万円以上6万円未満	6万円以上8万円未満	8万円以上10万円未満	10万円以上	
低・中収入家庭	12(46.2%)	8(30.8%)	2(7.7%)	1(3.8%)	2(7.7%)	1(3.8%)	26(100%)
高収入家庭	0(0.0%)	4(6.8%)	0(0.0%)	6(10.2%)	10(16.9%)	39(66.1%)	59(100%)
合計	12(14.1%)	12(14.1%)	2(2.4%)	7(8.2%)	12(14.1%)	40(47.1%)	85(100%)

χ^2(df=5, N=85)=55.96, Cramer' V = 0.81, p<.05。

は階層Ⅰ，Ⅱが平均世帯年収1,000万円を超える裕福層であるため，保育に
かかる金額も高くなっているといえる．また，階層ⅢとⅣは，保育等にかか
る金額が二極化していることが明らかになったが，これは階層内の世帯年収
が二分化しているため，それに応じて保育料の分布も二分化しているといえ
る．では，階層Ⅴの結果をどう解釈したらよいだろうか．階層Ⅴは，階層Ⅲ，
Ⅳと同様に階層内の世帯年収の二分化がみられる．しかし，階層Ⅴのひと月
に保育等にかかる金額は，二分化しておらずどの階層よりも低いという傾向
がみられた．この理由を明らかにするために，階層ごとの利用している保育
園の状況を確認する．

　表7-40は，階層と利用している保育園のクロス集計表である．階層Ⅴを見
てみると，22名中，16名（72.7％）がエイビイシイ保育園の利用者であること
が分かる．第4章及び第5章において繰り返し述べてきたが，エイビイシイ
保育園は，認可の24時間保育園である．また，階層Ⅴは，「自営の多様な職業
層」で構成されている階層である（表7-14参照）．エイビイシイ保育園のような
認可保育園には，入園について親の就業状態や家庭環境に関するいくつかの
基準が設けられており，その基準を満たしている者が優先的に入園できるよ
うになっている．自営業の家庭は，認可保育園の入園制度において優先順位
の高い家庭となっているのだ．そのため，階層Ⅴのように，自営業の多様な
職業層で構成されている階層の人びとは，エイビイシイ保育園の利用者とな
る割合が高くなっていると考えられる．そして認可の保育園は，認可外保育
園と比較して保育料金が安くなるため，階層Ⅴの「ひと月に保育等にかかる

表 7-40.　階層と利用している保育園のクロス集計表

階層	保育園の種類					合計
	M保育園 （認可外・24時間）	エイビイシイ保育園 （認可・24時間）	O保育園 （認可外・8時まで）	N保育園 （認可外・8時まで）	L保育園 （認証・8時まで）	
Ⅰ	0(0.0%)	2(66.7%)	1(33.3%)	0(0.0%)	0(0.0%)	3(100%)
Ⅱ	2(7.4%)	6(22.2%)	5(18.5%)	9(33.3%)	5(18.5%)	27(100%)
Ⅲ	2(10.0%)	12(60.0%)	1(5.0%)	5(25.0%)	0(0.0%)	20(100%)
Ⅳ	3(17.6%)	8(47.1%)	1(5.9%)	5(29.4%)	0(0.0%)	17(100%)
Ⅴ	0(0.0%)	16(72.7%)	3(13.6%)	1(4.5%)	2(9.1%)	22(100%)
Ⅵ	0(0.0%)	0(0.0%)	4(44.4%)	5(55.6%)	0(0.0%)	9(100%)
合計	7(7.1%)	44(44.9%)	15(15.3%)	25(25.5%)	7(7.1%)	98(100%)

金額」は，他の階層よりも低くなるのだ．以上のような要因から，階層Ⅴだけ世帯年収と保育等にかかる金額に相関がみられなかったと考えられる．

7.3.5　保育所利用者の利用実態

　本節では，保育所利用者の保育利用の実態を職業分類ごとに分析した．分析の結果から，利用している保育時間とひと月に保育等にかかる金額について次のような特徴が得られた．

　まず利用している保育時間については，正社員で且つ管理職か専門・技術職に就いている階層ⅠとⅡは，固定された利用時間にニーズがあるが，それ以外の階層Ⅲ〜Ⅴについては，保育時間帯のニーズは固定的ではなく，様ざまな時間帯に保育のニーズがある．階層Ⅰ，Ⅱは雇用形態としては正社員となるため，働き方や働く時間も固定される傾向にあり，従って必用とする保育時間についても一定の傾向が出るということになるだろう．階層Ⅲ〜Ⅴは，雇用形態がパート・アルバイトや契約社員や自営であること，また一部正社員も入るが，職種として販売・サービス業が入ってくるため，全体としてはフレキシブルな働き方になる人びとが多い階層であり，従って必用としている保育の時間帯も一様ではなくなる．またこの様ざまな保育時間帯に保育ニーズのある階層Ⅲ〜Ⅴの合計人数は，利用者全体の6割を占めているため（表7-13参照），いかに当該地域の保育時間のニーズを固定化することが難しいかが分かる．従って，この地域における保育時間のニーズは，多様なものとなる．

　次に，ひと月に保育等にかかる金額については，階層Ⅰ，ⅡそしてⅥは，平均世帯年収が高く，それに伴い保育等にかかる金額も高額となる傾向があった．階層ⅢとⅣは，保育等にかかる金額の二極化が見られた．これは，階層内で世帯年収の二分化が起きていることが要因であると考えられる．但し階層Ⅴは，認可の24時間保育園であるエイビイシイ保育園の利用者が大半を占めているため，どの階層よりも保育等にかかる金額が低い傾向となった．

7.4 「夜間保育園」利用者の特徴と利用実態
——「非夜間保育園」利用者と比較して

7.4.1 「夜間保育園」の利用者の特徴

　本節では，夜間保育園の利用者と利用実態について，非夜間保育園の利用者と比較しながらその特徴を捉える．本項では，夜間保育園の利用者の特徴を分析する．表7-41，7-42は，それぞれ夜間保育園と非夜間保育園の利用者の職業階層分類の度数分布表である．

　表7-41にあるように夜間保育園では，階層Ⅲ〜Ⅴにそれぞれ比較的高い割合の値が示されている．そして，夜間保育園の利用者はこの3階層で全体の約8割を占めている．階層ⅠとⅡには少数の回答者しかおらず，専業主婦の階層である階層Ⅵはゼロであった．次に，非夜間保育園の方では（表7-42），47件の全有効回答数のうち，19件（40.4%）が階層Ⅱに集中している．それ以外は，階層Ⅲ〜Ⅵの間で1割程度の回答者がいる．階層Ⅰは，もともと全ケースが3ケースと少数であることもあり，表中にもごく低い値しか入らない．

　以上のように，夜間保育園の利用者は階層Ⅲ〜Ⅴである割合が高かった．階層Ⅲ〜Ⅴは，雇用形態がパート・アルバイト，契約社員や自営であること，また一部正社員も入るが，職種として販売・サービス業が入ってくるため，全体としてはフレキシブルな働き方になる人びとが多い階層であり，そのため保育時間帯のニーズが固定されず，多様な時間帯に保育のニーズがあるということは，本章7.3.4で既に述べた．夜間保育園の利用者にこのような階層の人びとが集まるのもまさに上記のような理由からである．特に，本書及

表 7-41.　階層の度数分布表（夜間保育園）

	度数	全体パーセント	有効パーセント
階層Ⅰ	2	3.6	3.9
階層Ⅱ	8	14.5	15.7
階層Ⅲ	14	25.5	27.5
階層Ⅳ	11	20.0	21.6
階層Ⅴ	16	29.1	31.4
合計	51	92.7	100.0

表 7-42.　階層の度数分布表（非夜間保育園）

	度数	全体パーセント	有効パーセント
階層Ⅰ	1	1.7	2.1
階層Ⅱ	19	31.7	40.4
階層Ⅲ	6	10.0	12.8
階層Ⅳ	6	10.0	12.8
階層Ⅴ	6	10.0	12.8
階層Ⅵ	9	15.0	19.1
合計	47	78.3	100.0

び本章で事例としている「夜間保育園」は，24時間オープンしている夜間保育園のため，多様な保育時間にニーズがある人びとがより集まりやすい環境となっている．一方，非夜間保育園の利用者の約4割を占めている階層IIは，正社員で且つ管理職か専門・技術職に就いている人びとである．彼ら／彼女らは，夜間勤務の傾向が低く10〜12時間という一定の時間帯に保育のニーズが集中していることが本章7.3で明らかになっている．そのため，子どもを預けられる時間帯に限りがある非夜間保育園の利用者となるのだ．

7.4.2 「夜間保育園」利用者の保育所利用実態

a. 週の利用回数

それでは，夜間保育園と非夜間保育園の保育所利用実態についてみていく．以下の表7-43, 7-44は，週の利用回数に関する度数分布表である．

表の通り夜間保育園では，毎日・平日の利用者が全体の約9割，非夜間保育園では，約8割となっている．このように，週の利用回数については，夜間保育園も非夜間保育園も「毎日・平日全部」の利用者がほとんどである．

b. 利用している保育時間帯

表7-45, 7-46は，利用している保育時間に関する度数分布表である．夜間保育園では，10〜12時間の利用者が全体の5割以上を占める一方で，13時間以上の利用者も約3割いる．夜間保育園では，この2つの時間帯の利用者で

表 7-43. 週の利用回数（夜間保育園）

	度数	全体パーセント	有効パーセント
毎日・平日全部	50	90.9	90.9
週2〜4回	5	9.1	9.1
合計	55	100.0	100.0

表 7-44. 週の利用回数（非夜間保育園）

	度数	全体パーセント	有効パーセント
毎日・平日全部	52	86.7	86.7
週2〜4回	8	13.3	13.3
合計	60	100.0	100.0

表 7-45. 利用している保育時間（夜間保育園）

	度数	全体パーセント	有効パーセント
3〜6時間	1	1.8	1.8
7〜9時間	5	9.1	9.1
10〜12時間	31	56.4	56.4
13時間以上	18	32.7	32.7
合計	55	100.0	100.0

表 7-46. 利用している保育時間（非夜間保育園）

	度数	全体パーセント	有効パーセント
3〜6時間	7	11.7	11.7
7〜9時間	24	40.0	40.0
10〜12時間	25	41.7	41.7
13時間以上	4	6.7	6.7
合計	60	100.0	100.0

約 9 割を占めている.

　非夜間保育園では, 7 〜 9 時間と 10 〜 12 時間の時間帯に利用者が集中しており, この 2 つの時間帯で約 8 割を占めている.

c. ひと月に保育等にかかるお金

　表7-47, 7-48は, ひと月の保育等にかかるお金に関する度数分布表である. 夜間保育園の利用者は, 金額区分では最下層のカテゴリーである「2 万円未満」と「2 万円以上 4 万円未満」に回答者が集中している. 夜間保育園利用者のひと月の保育等にかかる金額は, この 2 つのカテゴリーで全体の 7 割以上を占めている. 一方, 非夜間保育園の利用者は, 金額区分では最も高額なカテゴリーである「10万円以上」の回答者が全体の78％以上いる.

　以上のように, 夜間保育園の利用者は, ひと月に保育等にかける金額が非夜間保育園と比べてかなり安いことが分かった. 通常は, 夜間保育園利用者のように利用する保育時間が長くなると保育料金も上がると予測できるが, ここではそれが当てはまっていない. それは, 本調査で対象にしている事例の特性と関連する. 本調査で対象にした 2 つの「夜間保育園」のうち, エイビイシイ保育園にほとんどの回答者が集中しているが (表7-1参照), エイビイシイ保育園は, 第 4 章及び第 5 章で述べてきたように認可の夜間保育園であるため, 利用者の収入の高低によって保育料が決まる仕組みとなっていること, また認可保育園の保育料そのものが, 認可外と比較して安いことから, 夜間保育園の利用者は, 非夜間保育園と比べて長時間の利用になるにも関わらず, 保育料金は非夜間保育園よりも安いということになる.

表 7-47. ひと月の保育等にかかるお金(夜間保育園)

	度数	全体パーセント	有効パーセント
2 万円未満	22	40.0	40.0
2 万円以上 4 万円未満	19	34.5	34.5
4 万円以上 6 万円未満	2	3.6	3.6
6 万円以上 8 万円未満	4	7.3	7.3
8 万円以上 10 万円未満	4	7.3	7.3
10 万円以上	4	7.3	7.3
合計	55	100.0	100.0

表 7-48. ひと月の保育等にかかるお金(非夜間保育園)

	度数	全体パーセント	有効パーセント
6 万円以上 8 万円未満	4	6.7	6.7
8 万円以上 10 万円未満	9	15.0	15.0
10 万円以上	47	78.3	78.3
合計	60	100.0	100.0

7.5 家族に外国人のいる回答者の保育所利用状況

7.5.1　回答者の属性

　本節では，家族に外国人のいる回答者の職業や世帯年収，保育所の利用状況をみたのち，回答者の国籍が外国籍であった9件については，現在の母国との繋がりについて確認する．

　表7-49は，家族に外国人のいる回答者の属性，職業，世帯年収などを示した表である．「家族に外国人のいる回答者」とは，回答者自身も外国籍で且つパートナーも外国籍である「外国人カップル家族」と回答者かパートナーのどちらか一方が外国籍である「国際結婚カップル家族」に分けられる．まず，外国人カップル家族の回答結果からみていく．本調査において外国人カップル家族は，全部で8家族である[1]．年齢は，事例8を除いて全て30代である．性別は，事例6以外は全て女性だ．婚姻状態は，事例7と9は離婚・死別となっており，それ以外は全て既婚者だ．回答者の国籍は，韓国が4名，中国が2名，それ以外は無回答である．パートナーの国籍をみると，回答のあった5件のうち4件が韓国であとは中国だ．日本滞在歴については，短期居住者はおらず，事例4と6は中期居住者（5年以上10年未満），その他の事例は全て10年以上の居住歴をもつ中長期居住者となっており，外国籍回答者の日本滞在歴は長い．雇用形態及び職業については，雇用形態はまちまちだが職業については，事務職かサービス職が多い．居住形態は，事例1と4は持ち家だが，その他は全て賃貸住まいとなっている．世帯年収は，回答のあった7事例のうち，100万円以上200万円未満が1事例，200万円以上400万円未満が2事例，他4事例が400万円以上600万円未満となっている．本調査における回答者全ての世帯収入は，1,000万円を超える裕福層が利用者の中核を成していることが特徴であったため，回答者全体の特徴と比較すると外国人カップル家族の世帯収入は，低くなっていることが分かる．

　次に，国際結婚カップル家族についてみていく．国際結婚カップル家族は，

　1　本調査においては，外国人シングル家族に分類される回答者が2人いたが，年収の状況を確認したのち，外国人カップル家族に統合した．

表 7-49.　家族に外国人のいる回答者の属性及び職業など

事例		年齢	性別	婚姻状態	国籍	パートナーの国籍	日本滞在歴	雇用形態／職業	住居形態	世帯収入	利用保育園
外国人カップル家族	1	39歳	女性	既婚	韓国	韓国	16年	自営業／事務	持ち家	400万円以上600万円未満	エイビイシイ保育園
	2	35歳	女性	既婚	韓国	韓国	10年	正社員／事務	賃貸	400万円以上600万円未満	エイビイシイ保育園
	3	36歳	女性	既婚	韓国	韓国	15年	正社員／事務	賃貸	200万円以上400万円未満	エイビイシイ保育園
	4	35際	女性	既婚	-	-	9年	自営業／飲食	持ち家		エイビイシイ保育園
	5	32歳	女性	既婚	中国	中国	12年	正社員／スーパー	賃貸	400万円以上600万円未満	エイビイシイ保育園
	6	34歳	男性	既婚	韓国	韓国	9年	正社員	賃貸	200万円以上400万円未満	エイビイシイ保育園
	7	32際	女性	離婚・死別	中国		13年	パート・アルバイト／飲食店接客	賃貸	100万円以上200万円未満	エイビイシイ保育園
	8	26歳	女性	離婚・死別	-	-	23年	会社経営	賃貸	400万円以上600万円未満	エイビイシイ保育園
国際結婚カップル家族	9	42歳	女性	既婚	韓国	日本	18年	自営業／美容	持ち家	200万円以上400万円未満	エイビイシイ保育園
	10	53歳	男性	既婚	日本	アメリカ	－	会社経営	持ち家	1,200万円以上	エイビイシイ保育園
	11	34歳	女性	既婚	日本	韓国	－	パート・アルバイト／アイリスト	賃貸	100万円	エイビイシイ保育園
	12	33歳	女性	既婚	日本	韓国	－	パート・アルバイト／飲食接客	賃貸	200万円以上400万円未満	エイビイシイ保育園
	13	42歳	女性	既婚	日本	韓国	－	パート・アルバイト／看護師・飲食接客(自営)	賃貸	200万円以上400万円未満	エイビイシイ保育園
	14	31歳	女性	既婚	日本	ネパール	－	正社員／お惣菜販売	賃貸	600万円以上800万円未満	エイビイシイ保育園
	15	48歳	男性	既婚	日本	中国	－	正社員／メーカー営業管理	持ち家	400万円以上600万円未満	エイビイシイ保育園
	16	31歳	男性	既婚	日本	中国	－	正社員／オンラインゲーム運営	賃貸	400万円以上600万円未満	M保育園
	17	32歳	女性	既婚	日本	ドイツ	－	正社員／製薬メーカー管理職	賃貸	1,200万円以上	O保育園
	18	40歳	女性	事実婚	日本	カナダ	－	契約社員／PC業務	賃貸	1,000万円以上1,200万円未満	O保育園
	19	40際	女性	既婚	日本	アメリカ	－	正社員／商業ビルの建築設計	実家	800万円以上1,000万円未満	L保育園
	20	41歳	女性	既婚	日本	チリ共和国		パート・アルバイト／ジュエリー店販売・製作	持ち家	800万円以上1,000万円未満	N保育園

　全部で12家族である．回答者の年齢は30代から50代までおり外国人カップル家族と比較すると高くなっている．性別は，男性の回答者が3名（事例10，15，16）で他9事例は，女性回答者である．婚姻状態は，事実婚を含め12事例とも全て，パートナーのいる家族構成だ．回答者の国籍をみると事例9の韓国以外全て日本である．パートナーの国籍は，日本，アメリカ，韓国，ネパール，中国，ドイツ，カナダ，そしてチリ共和国と様ざまである．回答者の雇用形態及び職業は，外国人カップル家族の回答者と同様にサービス業が

多いが，一方で専門職，技術職，一般企業の管理職といった外国人カップル家族では見られなかった職業が見られる．それに対応するかたちで世帯年収についても800万円以上1,000万円未満，1,000万円以上1,200万円未満，そして1,200万円以上といった裕福層の家族が12事例中5事例いた．しかし，この5事例以外は低収入の家族が多く，国際結婚カップル家族については，裕福な家族と低収入の家族に二分されているといえる．

7.5.2　保育所利用状況

それでは本節では，「家族に外国人のいる回答者」の保育所利用状況についてみていく（表7-50）．

表7-50にある通り週の保育所利用回数は，事例3を除いた19事例は，「平日全部」利用している．利用時間については，新宿区の「夜間保育」の定義[2]である夜10時以降の時間までの利用者が事例8，14の夜11時までの利用と，事例6，10，13の夜10時までの利用の全部で5事例である．それ以外の15事例は，

表7-50．　家族に外国人のいる回答者の保育所利用状況

事例		週の利用回数	利用時間帯	1ヶ月の保育料	世帯収入	利用保育園
外国人カップル家族	1	平日全部	朝10時〜夜8時	2万円以上4万円未満	400万円以上600万円未満	エイビイシイ保育園
	2	平日全部	朝10時〜夜8時	2万円未満	400万円以上600万円未満	エイビイシイ保育園
	3	週3〜4回	朝9時〜夜5時	2万円以上4万円未満	200万円以上400万円未満	エイビイシイ保育園
	4	平日全部	朝11時〜夜6時	2万円未満	-	エイビイシイ保育園
	5	平日全部	朝8時〜夜6時	2万円以上4万円未満	400万円以上600万円未満	エイビイシイ保育園
	6	平日全部	朝11時〜夜10時	2万円未満	200万円以上400万円未満	エイビイシイ保育園
	7	平日全部	朝11時〜夜5時	2万円未満	100万円以上200万円未満	エイビイシイ保育園
	8	平日全部	朝10時〜夜11時	2万円以上4万円未満	400万円以上600万円未満	エイビイシイ保育園
国際結婚カップル家族	9	平日全部	朝10時〜夜8時	2万円未満	200万円以上400万円未満	エイビイシイ保育園
	10	平日全部	朝8時〜夜10時	8万円以上10万円未満	1,200万円以上	エイビイシイ保育園
	11	平日全部	朝10時〜夜8時	2万円未満	100万円以上200万円未満	エイビイシイ保育園
	12	平日全部	朝10時〜夜8時	2万円未満	200万円以上400万円未満	エイビイシイ保育園
	13	平日全部	朝9時〜夜10時	2万円以上4万円未満	200万円以上400万円未満	エイビイシイ保育園
	14	平日全部	朝9時〜夜11時	2万円以上4万円未満	600万円以上800万円未満	エイビイシイ保育園
	15	平日全部	朝8時〜夜8時	8万円以上10万円未満	400万円以上600万円未満	エイビイシイ保育園
	16	平日全部	朝9時半〜夜7時半	6万円以上8万円未満	400万円以上600万円未満	M保育園
	17	平日全部	朝8時〜夜7時	10万円以上	1,200万円以上	O保育園
	18	平日全部	朝9時〜夜6時半	10万円以上	1,000万円以上1,200万円未満	O保育園
	19	平日全部	朝8時〜夜7時	8万円以上10万円未満	800万円以上1,000万円未満	L保育園
	20	平日全部	朝9時〜夜7時	10万円以上	800万円以上1,000万円未満	N保育園

2　新宿区では，「夜間保育園」について，朝11時から夜10時まで保育をおこなう保育園のことであると定めている．詳細は，本書第5章5.4を参照のこと．

夜5時から8時の時間帯を利用している．家族に外国人のいる回答者全20事例のうち，夜間保育園であるエイビイシイ保育園の利用者は，15事例と全体の4分の3を占めていることから，夜間保育の時間帯の利用者がもっと多いことが予想されたが少ない印象だ．1ヶ月の保育料については，外国人カップル家族は全て2万円未満か，2万円以上4万円未満の保育料金となっている．それに対して国際結婚カップル家族は，金額区分として最も低い2万円未満から，最も高い10万円以上まで幅が広い．この結果は，前項で述べた世帯年収についての結果と連動する．外国人カップル家族は，本調査の回答者全体，あるいは国際結婚カップル家族の世帯年収と比較するとかなり低くなっている．世帯年収が低いため，保育にかかる金額も低くなっていると解釈できる．国際結婚カップル家族は，裕福層と低収入家庭に二分されているため，それに応じて保育にかかる金額もその幅が広くなっているということができる．

7.5.3　母国との繋がり，今後の日本滞在予定

　本項では，外国籍回答者に対しておこなった母国との繋がりについての質問（q28, q29, q30）の結果について言及する．まず，q28の「日本に住んでいる間，母国との関わりはありますか」との質問については，9事例全部が「ある」と答えている．では，どのような事柄を介して母国との関係を保っているのだろうか．q29では「母国との関わりはどのようにおこないますか」との質問をおこなった．回答形式は，6つの選択肢を設けたマルチプルアンサー形式とした．表7-51は，q29に設けた選択肢である．また表7-52は，9事例の回答結果を表したものである．表記の方法は，回答のあった設問には○を付け，その他はブランク（-）とした．なお，「6. その他」の回答はゼロだったため，表7-52のなかでは削除した．

　表7-52にあるように，母国との繋がりにおいては，定期的な帰国と国際電話が最もよく利用されている．インターネットを利用した母国との繋がりは，事例1, 5, 7, 9が回答している．送金／仕送りを通じた母国との繋がりは，事例2, 5, 6が回答している．手紙を通した母国との繋がりについては，回答者はゼロであった．最後にq30の今後の日本滞在予定を聞く質問では，

表 7-51. q29 の選択肢

1. 定期的に母国に帰る　2. 手紙　3. 国際電話　4. インターネット　5. 送金／仕送り 6. その他（　　）

表 7-52. 母国との繋がりをどのようにおこなうか

事例（国籍）	定期的な帰国	手紙	国際電話	インターネット	送金／仕送り
1（韓国）	○	-	○	○	-
2（韓国）	-	-	○	-	○
3（韓国）	○	-	○	-	-
4（ - ）	○	-	-	-	-
5（中国）	○	-	○	○	○
6（韓国）	○	-	-	-	○
7（中国）	○	-	○	○	-
8（ - ）	-	-	-	-	-
9（韓国）	-	-	○	○	-

9 事例全て「1. 日本に住み続ける」と回答した.

　本調査における外国籍の回答者は，日本滞在歴が中期居住者（5年以上10年未満）と中長期居住者（10年以上）で構成されており，皆，滞在歴は長く定住者及び永住者と見られる人びとである．本回答結果からは，定住者・永住者として日本で働き子育てをしつつも，定期的な帰国や国際電話を介して母国との繋がりは保ち続けている国境を越えた移住者の姿を垣間見ることができた.

7.6　結論

7.6.1　「多文化空間」における24時間保育の必要性について

　本章で対象とした新宿区内にある保育所の利用者は，多種多様な職業の人びとで構成されているが，雇用形態と職業分類の特徴から6つの階層に分類できた（表7-14参照）．そして，6つの職業階層のなかでは，階層Ⅱ「正社員の管理又は専門技術職」，階層Ⅲ「正社員の事務又は販売・サービス職」，階層Ⅳ「不安定雇用の多様な職業層」，そして階層Ⅴ「自営の多様な職業層」の4階層で利用者全体の9割を占めていた．このような職業構成は，本研究における「多文化空間」の住人の職業構成と一致している．これまで何度も述べてきたが，1990年後半以降の東京のインナーシティは，ヤングアダルトの専

門技術職層と販売・サービス職層を主要な担い手とする人口の都心回帰が起きている. そして本研究では, 東京のインナーシティにおける新住民層としての専門・技術職層と販売・サービス職層の存在, 或いは彼らの価値観や生活様式を「多文化空間」形成の重要な要素と位置付けている.

　本研究ではこれまで, 大都市インナーシティにおける「多文化空間」形成以前からの住民として注目されてきたエスニック・マイノリティ, 及び新住民層としての専門技術職層と販売・サービス職層を背景とした, 大都市インナーシティにおけるエスニシティの多様性とそれと連動した職業や働き方の多様性の故に, 当該地域では24時間保育という独自のニーズが生まれていることを質的な諸データを用いて示してきた. そして, このことは本章における, 調査票調査の分析からも明らかになった. 利用している保育時間を回答者の職業分類ごとにみた結果, 6割の回答者においては, 保育時間のニーズに一定の傾向は見られず, むしろ様ざまな時間帯に保育のニーズがあることが分かった. この6割の人びとは, 雇用形態がパート・アルバイトや契約社員や自営であること, また一部正社員も含まれるが, 職種としては販売・サービス業が入ってくるため, 全体としてはフレキシブルな働き方をするひとが多く, そのため必要としている保育の時間帯も一様ではなくなるのだ. このような人びとが, 回答者の6割を占めていることから対象とした地域においては, 保育時間のニーズを固定化することが難しく, この地域の多様な保育時間のニーズに応えるためには,「24時間保育」というかたちがどうしても必要となるのだ.

7.6.2 「多文化空間」に生まれた保育の課題点
——サービス業のシングルマザーと外国人住民について

　本章では, 保育所利用者の特徴の1つとして, 利用者の世帯年収が非常に高い傾向にあることが分かった. 世帯年収1,200万円以上の人びとが全体の約半数を占めており, 裕福層が利用者の中心を成しているのだ. そのため, 利用者を世帯年収からみると, 保育所を利用し易い経済状態にある家庭が多いといえる. このように, 世帯年収が高い家庭が多い一方で, シングルマザー

家庭の世帯年収が低いことが目立った．実際に，既婚家庭の平均世帯年収は905万円と高額であるが，シングルマザー家庭の平均個人年収は，431万円と低く，保育所利用に関して，シングルマザーの家庭は，経済的に厳しい状況にあることが分かる．また同様なことは，外国人住民についてもいえる．本章7.5において，外国人カップル家族の世帯年収についてみた結果，回答のあった7事例のうち100万円以上200万円未満が1事例，200万円以上400万円未満が2事例，他4事例が400万円以上600万円未満となっており，回答者全体の世帯年収の特徴と比較するとかなり低い結果となった．外国人住民の家庭もシングルマザーの家庭と同様に保育所利用について，経済的に厳しい状況に置かれている．しかし，このような経済的に厳しい状況とは裏腹にシングルマザーや外国人住民は，フレキシブルな働き方となるサービス職に従事する者が多く，さらに労働時間は夜間，深夜までとなる長時間労働者となる傾向が強いため，24時間保育のニーズが切実な人びとであることが，本書のエイビイシイ保育園（第4章及び第5章）や「Ｉ保育園」のケース（第6章）から明らかになっている．

　以上のように，サービス職に就くシングルマザーや外国人住民は，24時間保育のニーズが切実であるが，経済的な環境においては保育所の利用は容易ではない．そのため彼らについては，エイビイシイ保育園のような認可の24時間保育園の入園が適切であると思われるが，入園の申請窓口が行政に置かれていることや外国人住民にとっては言語の面において難しさがあり，認可の保育園であるがゆえに，彼らにとってハードルの高い場所となっていることが本書第4〜6章において明らかになった．第6章の内容となるが，特に，風俗業で働くシングルマザーは，認可保育園の入園制度に適合しない人びとが多く含まれている可能性があり，彼女たちは認可保育園の入園制度の枠外に置かれてしまっている可能性が指摘される．

　「多文化空間」では，24時間保育のニーズが確実なことは，本書のこれまでの調査から明らかになっている．誰にどのようなかたちでサービスを提供すればよいのか，ニーズのあるひとに適切なかたちで保育サービスを提供する仕組みを考え直す必要がある．

第8章　現代の大都市東京のインナーシティの特徴

　本研究は，大都市インナーシティにおける人びとの生活世界や生き方を通してインナーシティの特性を分析してきた，1980年代後半以降の日本のインナーシティ研究に依拠しつつも，これらの研究がエスニシティ研究に傾倒し過ぎてきたきらいがあり，そのことによって，社会的多様性が見えづらくなってきた可能性を問題視している．従って，本研究において現在の大都市東京のインナーシティの特性を分析するにあたっては，従来から大都市インナーシティの特徴として注目され続けてきた，エスニック・マイノリティの存在や彼ら／彼女らに関連する多様性に加えて，現在の東京都心部で起きている人口の都心回帰に着目し，都心回帰の中心的な担い手であるヤングアダルトの専門・技術的職業従事者や販売・サービス職従事者の存在，彼ら／彼女らの生き方，そして価値観なども現在の大都市東京のインナーシティの特質を語るうえでは外せないものであることを主張した．

　そして本研究では，以上のような大都市東京のインナーシティにおける，エスニック・マイノリティに限定しない社会的多様性を捉えるための最適な事例として，保育所を取り上げた．その理由として，まず人びとと地域社会を繋ぐ結節機関としての社会的施設を事例として取り上げることで，地域社会全体の特性分析が可能となることが挙げられる．実際に先行研究においても小学校やエスニック・スクールといった社会的施設が取り上げられ，地域社会の特性分析を可能としてきた (広田・藤原 1994; 広田 1996; 藤原 1996, 2008)．では様ざまな社会的施設があるなかで，なぜ本研究では保育所を取り上げるのか．先ず保育所は，これまでのインナーシティ研究において，事例としてほとんど注目されてこなかった施設であることから，保育所を事例として地域の特性を分析したとき，これまで見逃されてきたインナーシティの側面を捉えることが可能となることが挙げられる．しかしこのような先行研究の検

討や弱点を指摘せずとも，社会的多様性を捉えるための事例として，保育所，もっと言うならば行政で認められた公立の保育所が適切であることを示すのは可能であるように思われる．なぜならば，子どものいる全ての共働き夫婦にとって，保育所の獲得は死活問題であるからだ．そこには，階層の違いなど関係ない．保育所の獲得は，どの階層にとっても社会的或いは経済的生活と子育てを両立させるために，欠いてはならないものだからだ．さらに行政で認められた公立の保育園である場合は，入園の窓口は広く社会全体に開かれているはずであり，また利用料金についてもそれぞれの家庭の所得に応じて決まるため，インナーシティにおける多様な階層の住民を受容することが可能となっている．つまり保育所は，地域の多文化性が現れやすいところなのだ．このようにインナーシティの社会的多様性の写し鏡となる保育所を事例とすることで，当該地域の全体像をみることが可能となり，本研究の目的である，現代の大都市東京のインナーシティの特質を分析することができる．具体的に本研究では，大都市東京のインナーシティである新宿，そのなかでも特にインナーシティ性の高い大久保地域に照準しながら，認可の24時間保育園「エイビイシイ保育園」を主な事例として，現代の大都市インナーシティに生まれた子育てや保育に関する生活様式のニーズや課題を明らかにし，さらにそのことを通して現代の大都市東京のインナーシティの特質を分析した．

　それでは，これまでの各章で得られた結果を整理したうえで，最後に本書全体の結論を提示する．

8.1 現代の大都市東京のインナーシティに形成された「多文化空間」

　本研究で対象としたインナーシティ新宿，大久保においては，「多文化空間」の形成以前からインナーシティの特徴として取り上げられてきた外国人住民の数が増加を続けており，さらに彼らの居住形態における流動性は著しい．また地域においては，外国人住民の形成したマルチエスニックな社会空間において，彼ら／彼女らをホスト社会と繋ぐ，或いは母国と繋ぐ結節機関

が集積しているなど，エスニック・マイノリティに関連した多様性は進行を
続けている．それに加えて当地域では，1990年代後半以降から人口の都心回
帰が起きており，都心回帰の中心的な担い手であるヤングアダルトの専門・
技術職層と販売・サービス職層がインナーシティにおける新たな住民層とし
て加わったことによって現代のインナーシティ新宿，大久保は，エスニッ
ク・マイノリティの存在或いは価値観や生活様式のみならず，新住民層と
しての都心回帰の担い手の存在，彼らの価値観や生活様式を包摂しており，
その多様性は進行するばかりである．そのため本研究では，インナーシティ
新宿，大久保を通してみた現代の大都市東京のインナーシティを，その多様
性の進行する様を表して「多文化空間」と位置付けた．言い換えれば，現代
の大都市東京のインナーシティには，エスニック・マイノリティと新住民層
としてのヤングアダルトの専門・技術的職業従事者と販売・サービス職従
事者を特徴的な住民構成として，「多文化空間」が形成されているということ
だ．では，本研究の調査対象地域である新宿，大久保を例にとり，「多文化空
間」の中身をさらに具体的に説明しよう．

8.1.1　人口動態と住民構成の特徴

　まず，「多文化空間」新宿，大久保の人口動態と住民構成の特徴について述
べる．新宿の人口動態は，都市化－郊外化－再都市化といった，東京の都市
部における社会変動過程と符合するかたちで動いてきた．新宿区の人口は，
都市化を背景として，1950年代から1965年まで急増し，その後郊外化の時
代に入り，1965年以降1997年まで減少し続けた．

　しかしこの32年に及んだ人口減少は，1997年でストップし，1998年から増
加に転じ，以降，2012年の大幅減少[1]を除いて，現在（2016年6月現在）まで
増加を続けている．インナーシティ新宿では，1950年代以来，都市化による
人口急増，郊外化による人口減少を経て，現在は，人口の都心回帰が起きて
いるのだ．

1　2012年の人口の大幅減少は，2011年3月11日に起きた東日本大震災の影響である．この時
　期，多くの東京の住民（日本人も外国人も）が，原発等の被害を恐れて東京から離れた．

以上のように人口の都心回帰を特徴とする現在の新宿では，住民構成にお
いてどのような特徴がみられるのだろうか．まず職業分類別の構成をみると，
専門・技術的職業従事者，事務従事者，そして販売・サービス職従事者で全
体の6割以上を占めており，住民構成の中核を成している．このような職業
分類における特徴のなかで，その職種は，非常に多様である．例えば，本書
第7章の調査票調査の回答者は，「経営者又は管理職の専門・技術職」，「正社
員の管理又は専門・技術職」，「正社員の事務又は販売・サービス職」，「不安定
雇用の多様な職業層」，「自営の多様な職業層」，そして「無職」という職業分
類と雇用形態の特徴に従った6つの階層に分類することができた．そして各
階層の職業・職種をみると，会社役員や経営者，医師，弁護士，大学教員，
銀行員，総合商社，大手の新聞社勤務などのいわゆるエリート層又は高収入
の者，一般企業の営業や事務といった中間層の人びと，そして飲食店の接客，
お惣菜の販売員，量販店のレジ係，美容師，エステティシャン，ネイリスト，
アイリスト，ソープランド等の風俗店勤務など販売・サービス職に就く比較
的低所得な人びと[2]などその中身は，非常に多種多様である[3]．そして，この
ような多種多様な職業・職種に基づいて，必然的に人びとの働き方も多様な
ものとなっている．働く時間や場所が固定されている／されていない人びと，
勤務形態がシフト制になっておりフレキシブルな働き方をする人びと（その
なかには週替わりのシフトを組み非常に流動的な働き方をするひとも含まれる），深
夜までの長時間労働の人びとなどである．

　では次に，世帯構成についてはどうであろうか．新宿は，未婚者世帯と子
どものいない世帯が非常に高い割合を示している．2010年の未婚者世帯の比
率は60％を超えており，市部，郡部と比較すると約25〜40％高く，区部の
なかで比較しても10％以上の高い割合を示す．また子どものいない世帯の
比率も60％を超えており，市部，郡部と比較した場合は約16〜30％高く，
区部と比較した場合でも9％程高くなっている[4]．このように新宿区は，東京

2　一部には高所得者もいるが稀である．

3　詳細は，第7章表7-14に記載．

4　第3章表3-5〜7に記載．

の都心，インナーシティのなかでも未婚者世帯と子どものいない世帯につい
て特に高い割合を示している．では，子どものいる世帯についてはどうで
あろうか．新宿区内の保育所で実施した調査票調査の結果をみてみると（第
7章），その世帯構成は，日本人カップル世帯，国際結婚カップル世帯，外国
人カップル世帯，そして日本人シングルや外国人シングルといった多様な世
帯形態がみられた．第 4 章及び第 5 章では，このような様ざまなタイプの世
帯における子育てや保育を通したライフスタイル，価値観，生活の選択の状
況について，インタビューデータを通して詳細に記述してきた．本章8.2以
降では，子育て，保育をめぐる現場から得られた知見について述べる．

　また新宿は，外国人住民の存在も住民構成の特徴として挙げられる．新宿
区の外国人住民の数は増加を続けており[5]その比率が，住民全体の10％以上
を占める．この数値は，全国の外国人住民の割合と比べると 4 倍，東京都区
部のなかで比較しても約 3 倍の高さとなっており，顕著な割合を示してい
る．そのなかでも大久保とその周辺の地域は，新宿区の外国人住民の約 3 分
の 1 が居住する外国人住民の集住エリアとなっている．例えば大久保 1 丁目
では，外国人住民の比率が45.4％となっており目を見張るものがある．また
国籍についていえば，中国・台湾，韓国・朝鮮，ミャンマー，フランス，フィ
リピン，アメリカ，タイ，そしてイギリスの 8 ヶ国は，年代による順位の入
れ替わりはあるものの，近年安定的に一定数を保ってきたエスニック集団で
ある．現在は上記 8 ヶ国にこの数年の間で急増したベトナムとネパールが加
わり，以上の国で人数の多い上位 10 ヶ国となっている．ベトナム，ネパー
ルが急増し上位10ヶ国に入ったのと交代で，マレーシアとインドネシアが
上位国から抜けた．エスニック集団内での多数派や少数派の動向も年代に
よって変化しているのだ．このように，その数や比率，国籍だけを取り上げ
ても新宿，特に大久保エリアは，エスニシティの多様性が顕著な地域である
ことが分かる．

　では以上のように，新宿の住民構成を特徴付けている外国人住民は，新宿，

5　2011年, 2012年は，東日本大震災の影響で一時的に人口が流出した．

大久保においてどのような社会空間のなかで生活を営んでいるのだろうか. 外国人住民の集住地域となっている大久保では, 1990年代初頭から外国人住民によって営まれるエスニック系施設の展開が始まり, 今日では外国人住民のみならず, 日本人にも人気の高い盛り場として発展した. また, このような盛り場は, 外国人住民にとって日常生活, 活動の拠点でもあり, 大久保には, 新宿の多様なエスニシティを反映したマルチ・エスニックな社会空間が形成されている. そしてこのマルチ・エスニックな社会空間は, 食材や日用雑貨を売る店, 飲食店, 海外送金業者, 移住者の宗教施設といったエスニック系施設で形成されておりこれらの施設は, 外国人住民とホスト社会, または母国を繋ぐ結節機関として機能している. 大久保は, このような結節機関の集積地となっており, 国境を越えた移住者たちが形成する社会空間の中心地, 或いは彼ら／彼女らの生活や活動の中心地となっている.

ハーバート・ガンズ (Herbert Gans) によると, インナーシティの住民は, 大半がきわめて流動性の高い人びとで構成されており, ゆえにインナーシティの住民は, 典型的に多様性が高くなっている (Gans 1962= 松本 2012). ここまで, 新宿の住民構成の特徴をみてきたが, 新宿では, 専門・技術的職業従事者, 未婚者世帯, 子どものいない世帯, そして外国人住民の割合が高い. これらの人びとは, ガンズの言う「インナーシティ住民の5つのタイプ」にあたる人びとであり, 彼ら／彼女らの高流動性という特徴によってインナーシティ新宿, 大久保に多様性をもたらしている. そして, このような流動性が高いと言われる人びとに加え, 1990年代末よりインナーシティ新宿, 大久保に定住をはじめた都心回帰の担い手の存在によって, 当該地域の多様性は, より重層的なものになっているのだ.

8.2 「多文化空間」に生まれた保育のニーズと課題

それでは, 本研究を通じて明らかになった,「多文化空間」に生まれた保育のニーズや課題とはどのようなものなのだろうか. 大久保において, 東京都で唯一の認可の24時間保育「エイビイシイ保育園」が誕生したことだけを

取っても明らかなように，この地域に24時間保育という独自のニーズが生まれていることが挙げられる．それは，「多文化空間」を構成する人びとの多様性に連動した多様な職業や働き方と関係している．

　「多文化空間」新宿，大久保では，インナーシティの住民としてはニューカマーとなるヤングアダルトの専門・技術的職業従事者，販売・サービス職従事者，事務職従事者が住民構成の中核を成している．第4章において，エイビイシイ保育園の利用者の親の職業と利用している保育時間の関係をみた結果，夜間や深夜，朝方までの保育利用者は，飲食店に勤める従業員か経営者といったサービス職従事者が大多数を占める他，医師，看護師といった専門的職業従事者が少数見られた．事務職従事者は，皆夜10時までの利用者だが，基本的にこの時間を超えての利用は見られなかった．このことを就労形態との関連で考えると，専門的・技術的職業従事者と事務職従事者は，医師や看護師など夜勤のある一部のケースは除き，夜間まで働いているが時間的に固定された勤務形態となる場合が多いため，保育時間としても固定された時間を利用する傾向にあるだろう．販売・サービス職従事者の勤務時間は，他の職業と比較して遅くなる傾向があるため，夜間保育の利用者が多くなる．特に飲食店などのサービス職は，就労時間が深夜に及ぶケースもあり，夜間保育のなかでも24時を超えての深夜，朝方までの利用者となる傾向がある．さらに販売・サービス職従事者は，シフト制等のフレキシブルな勤務形態をとる場合が多いため，同様のカテゴリー内においても必要としている保育時間が固定化できないことが考えられる．このように，利用者の職業と必要としている保育時間，就労形態の関係をみてみると「多文化空間」新宿，大久保では，必要となる保育時間が固定化できず，24時間保育のニーズが生まれることが理解できる．さらに，「多文化空間」の構成要素である外国人住民の働き方をみると，深夜，朝方までの飲食業に従事している傾向が強く，彼ら／彼女らの存在が「多文化空間」における，保育時間の多様性を一層強化している．

　またこのような，「多文化空間」における24時間保育のニーズについては，第7章の調査票調査の分析結果からも明らかになっている．第7章では，調

査票調査の結果をもとに，回答者の職業と利用している保育時間の関係について，改めて分析をおこなった．その結果回答者の約6割において，保育時間のニーズに一定の傾向は見られず，むしろ様ざまな時間帯に保育のニーズがあることが分かった．これらの人びとは，雇用形態がパート・アルバイト，契約社員や自営であること，また一部正社員も含まれるが，職種としては販売・サービス業が入ってくるため，全体としてはフレキシブルな働き方をする人びととなり，必要としている保育の時間帯も一様ではなくなっている．このような人びとが回答者の約6割を占めていることから，新宿では保育時間のニーズを固定化することが難しく，多様なニーズに応えるためには，「24時間保育」というかたちがどうしても必要となる可能性が改めて示された．このように「多文化空間」では，多様な住民層と関連した多様な職業上の働き方故に，必要とする保育時間も多様なものとなり，それに対応するためには，24時間保育が必要となるのだ．

　以上のように，多文化空間では24時間保育のニーズが生まれているが，そのなかでも，シングルマザーと外国人住民は，特に24時間保育のニーズが切実な人びとである．シングルマザーと外国人住民は，フレキシブルな働き方となるサービス職に従事する傾向が強く，労働時間は夜間，深夜までとなる長時間労働者であるケースが多いことがエイビイシイ保育園（第4章）や「Ｉ保育園」（第5章）のケースから明らかになった．さらに，彼ら／彼女らは，家族や親族からの子育て支援を得られない／得づらい立場にあり，保育園のような社会的施設に頼らなければ，家計と子育てを両立できない状況にある．

　しかし彼ら／彼女らは，保育所の利用について経済的に厳しい状況にあることが，第7章における調査票調査の分析結果から浮き彫りになった．第7章における分析結果によると，「多文化空間」における保育所利用者は，世帯年収が1,200万円の人びとで全体の約半数を占めており，高収入者が利用者の中心を成していることが特徴だ．しかしこのような利用者の特徴の一方で，シングルマザーと外国人住民の世帯年収の低さが浮き彫りになった．既婚者（事実婚も含む）の平均世帯年収は905万円と高額であるのに対し，シングル

266

マザー家庭の平均世帯年収は，431万円であった．また8事例あった外国籍回答者の世帯年収についての回答結果は，1事例が100万円以上200万円未満，3事例が200万円以上400万円未満，他4事例が400円以上600万円未満となっており，シングルマザーと外国人住民の世帯年収は，回答者全体の世帯年収の特徴や平均と比較すると，かなり低いことが分かる．

　以上のように，夜間，深夜までのサービス職に就き，長時間労働になる傾向の強いシングルマザーや外国人住民は，昼夜を問わず子どもを預けることのできる24時間保育のニーズが切実であるが，経済的な環境においては保育所の利用は容易ではない．そのため彼らについては，所得に応じて保育料が決まるエイビイシイ保育園のような認可の24時間保育園の入園が適切であると思われるが，認可保育園は，入園の窓口が行政に置かれており手続きの書類も複数あるため，昼夜問わず忙しく働く，外国人住民やシングルマザーにとっては，言葉の壁や時間的な面においてハードルの高い場所となっていることが第4章及び第5章において明らかになった．特に風俗業で働くシングルマザーは，認可保育園の入園制度に適合しない人びとが多く含まれている可能性があり，彼女たちは認可保育園の入園制度の枠外に置かれていると指摘できる．「多文化空間」である新宿においては，24時間保育のニーズが確実なものであることは，本書の調査から明らかになっている．ニーズのあるひとに適切なかたちで保育サービスを提供する仕組みを考え直す必要がある．

8.3 都心回帰の担い手における，新たな価値観と生活様式

　「多文化空間」では，従来から大都市インナーシティにおける特徴的な住人として取り上げられてきたエスニック・マイノリティと新住民層としての都心回帰の担い手たちを特徴的な住民構成として，そこには特に都心回帰の担い手の女性における「働くこと」や「子育てをすること」について，新たな価値観と生活様式が生まれている．都心回帰組の担い手たちは，世帯形成の特徴として，DINKs (Double Income No Kids), DIWKs (Double Income With

Kids），そしてシングルといった様ざまな世帯を形成することが先行研究において指摘されている通り（松本 2004），結婚や出産を経ても専業主婦にはならず，仕事を続けるライフスタイルを選択する傾向にある．本研究においてインタビュー対象者となった人びとも皆，子育てをしながら仕事を続ける女性たちであった．そのなかでも都心回帰の担い手となっている彼女たちは，経済的な事情のために仕方なく働くといったような消極的な理由で働くことを選択しているわけではないことが特徴的だ．むしろインタビュー対象者のなかには，毎月数十万円の保育料を支払ってまで，子育てをしながら働く方法を必死で獲得しているケースさえあった（G さん）．彼女たちにとって「働く」ということは，パートやアルバイトではなく，独身社員と同じようにフルタイムで働くことを志向しており，そのため夜間まで働くことを厭わない生活様式となる．「働く」ことは，彼女たちにとってごく当たり前のことであり，結婚や出産をしたからといって，仕事をしなくなることの方が不自然なことであり，苦痛でさえあるのだ．

　またこのような都心回帰組の担い手の女性は，フルタイムで仕事をし続けることで，「自分の人生」を生きている．それが彼女たちにとって，「自分の人生を楽しむ」ということなのだ．仕事を続ける母親の多くは，子どもの成長に合わせて働き方を変えるため，フルタイムの責任のある仕事は出来ず，労働を続けようとすると，パートやアルバイトになる傾向が強い．本書で対象とした都心回帰の担い手たちは，そのような意味においては，子どもに合わせない．自分の人生を優先させている．この点に関する彼女たちの発言は以下の通りであった．

　　やっぱり子どもと 2 人きりで過ごす時間が多くて，今までずっとめいっぱい働いてきたので，子どもと 2 人きりでどう過ごせばいいんだろっていうのがあって，私は，子どものために洋服作ってあげるとか，何かを凝ってするっていうタイプでもないので，旦那さんのために美味しいご飯をつくりたいとかそういうタイプでもないし，普通に作ればいいや，とかそんな感じなので．（D さん）

本当にエイビイシイがなかったら，美容院も行けない，マッサージも行けない．ちょっとした飲み会にも行けない．友達にも会えない．多分，私と同じような状況のママで，普通の保育園に預けてる方っていうのは，そういうところも制限されてると思うんです．すごいストレスですよね，きっと……．（Ｆさん）

　[女性が社会で活躍できるような仕組みをつくらないと] 子どもの晩ごはんは，母親の手づくりのものを食べさせてないと子どもが可哀想とか，そういう訳の分かんないことを言う人が減らない．（Ｇさん）

　以上のような，自分が子育てをあまり得意としないと受け取られたり，保育園に預けている間に美容院やマッサージに行くことを当たり前のことのように話したり，家事は手抜きであると思われたりするような発言は，一般的には，「口にしづらいこと」だろう．なぜならここで挙げたような母親像は，一般的な「良い母親像」とは異なっており，世間の多くの母親自身もこのような言動を良しとしないからだ．しかし大都市東京の都心部における都心回帰の担い手たちは，子育てに関して一般的には良いと思われないことを堂々と発言する．それは，彼女たちの価値観と生活様式に基づいた言動であり，彼女たちにとっては，おかしなことではないからだ．
　このように彼女たちのことを述べていると，彼女たちが一般的な見た目など気にせず，まるで自由に楽に生きているかのように映るかも知れない．しかしこのような自由な発言の一方で，「自分のわがまま，エゴなんですけどね……」，「子どもには申し訳ないことしていると思うんですけど……」（Ｄさん）や「[子どものためには] 仕事を諦める方が良いんだろうけど……」（Ｇさん）と複雑な心境を話す一面も見られる．子育てをしながらフルタイムで働くことの物理的な大変さは，第4章4.3のインタビューデータから明らかだが，このような発言からは，子育てをしながら夜間まで働くことが物理的な難しさにまして，現在の母親像，家族観のなかでは，いかに肩身の狭

い行為なのかが分かる．実際に，子育てをしながら夜間まで働く彼女たち
の行為は，学校教育現場では教員から説教の対象になる場合がある．Aさん
やDさんは，小学校の先生から子どもを夜間の保育園に預けながら働いて
いることについて，「子どもがかわいそうだと思わないの？」や「もっと早く
帰ってきて［子どもを］ちゃんと早く寝かせてください」などと注意を受け
た．このように，「子どもがいても仕事を続ける」という人生を保ち続けるこ
とは，決して気楽なものではないことが分かる．それは，子育てをしなが
ら夜間まで仕事をする母親に対する世間の無理解や偏見と闘っていかなけ
れば成立しない生き方だ．

　以上のような，都心回帰の担い手たちの子育てに関する価値観，生活様式
に下支えされて，「多文化空間」における24時間保育のニーズが生まれてい
る．そして，都心回帰の担い手のこのような価値観は，従来，大都市イン
ナーシティの特徴として強調されてきたエスニック・マイノリティの価値
観や生活様式と大きく異なっているため，大都市インナーシティに一層の多
様性をもたらしているのだ．

8.4 結論——現代の大都市東京のインナーシティの特質

　これまで何度も述べてきたように大都市東京のインナーシティでは，1990
年代末より現在にかけてヤングアダルトの専門・技術的職業従事者や販売・
サービス職従事者を中心的な担い手として人口の都心回帰が起きている．本
書で調査対象地域とした新宿においても，1998年以降現在まで人口増加を続
けている．序章でも述べたように，このような都心部における中高所得者層
の人口増加は，地域の再開発を主な要因とするジェントリフィケーションに
他ならないが，ジェントリフィケーションにおいて近年問題視されている低
所得者層の地域からの追い出しといった負の側面は，インナーシティ新宿，
大久保では観察されたのだろうか．

　本書を通じて分析してきたインナーシティ新宿，大久保では，ジェントリ
フィケーションによる低所得者層の追い出しや排除を主張するといったケー

スは見られなかった．そのことは，本研究において主な事例として取り上げた認可の24時間保育園「エイビイシイ保育園」の利用者が，多種多様な職種，階層，世帯形態，エスニシティの人びとで構成されているという事実からも見て取れる．また以下のような，Eさんの発言も象徴的だ．

　　うちの子どもは，生まれたときから夜間保育園育ちっていうこともあるけど……．[大久保では]周りで仲良くなる子どもたちもみんな似たような環境で育ってる子が多いので，やっぱり[子どもの]友達同士の会話を聞いてても，どうもそれ[夜間保育に対する抵抗感]はない．ただ，これが大久保ではないところだったら……．大久保って割とそういうお家の人も多いので．だから，マジョリティーまではいかなくても，そういう環境の子たちが必ずしもマイノリティーじゃないっていうか，[大久保は]そこがすごく特殊なところで．大久保は，同じ新宿区内でも，多分，全然雰囲気が違う所だと思うんです．大久保ってすごく緩やかっていうか，とにかくいろんな人がいるので．いろんな人がいる中で，特殊とか特殊じゃないっていうことじゃなくて，なんか，夜間保育にお泊まりだろうが，母子家庭だろうが，外国人だろうが，割と普通だよみたいな．それがどうした的なものは，何となくあるような……．（Eさん）

　以上のようなEさんの話からは，特定の住民が疎外感を感じていたり，排除されている状況は見えてこない．むしろ，大久保のもつ独特な繋がりの雰囲気を要因として，多様な人びとが共存している状況を読み取ることができる．
　「多文化空間」とは，多様なエスニシティに関連した働き方，子育て，家族の在り方についての多様な価値観やそれと連動した生活様式，それら全てを包摂する空間のことである．本研究において，「多文化空間」として特徴付けた現在の大都市東京のインナーシティの特質は，多様な人びとが共存している／することのできる空間のことであるといえる．
　しかしながら，「多文化空間」を行政の保育制度から見てみると，本章8.2

で指摘したように，一部の外国人住民や風俗店で働くシングルマザーについては，そこから排除されている可能性が指摘できる．

　先にも述べた通り，夜間，深夜のサービス職に就き長時間労働となる傾向の強い外国人住民やシングルマザーは，24時間保育のニーズが切実な人びとであるが，相対的に所得が低くなる傾向が強く，経済的な環境においては保育所の利用は容易なことではないため，エイビイシイ保育園のような認可の24時間保育園の入園が適切であると思われるが，彼ら／彼女らにとって認可保育園の入園は，入園の方法，申請書類，保育時間，認可保育園ならではの雰囲気などの点において，ハードルの高い場所である．なかには，職業上，そもそも申請書類を揃えることが困難であるケースもある．

　このような保育制度からの排除の現実は，ジェントリフィケーションによって中高所得者層が地域に定住したことによるものではなく，国・行政における「多文化」の意味の理解が地域の現実とズレを起こしていることによるものであると考えられる．第3章3.6で述べたように，新宿区は「多文化共生」を目指すことを区の条例として定めるなど多文化の共生について積極的な立場をとっている．しかしそこで打ち出されている施策の数々は，外国人住民に特化したものとなっている．もちろんこれらの施策が外国人住民の生活を保障するものであることに間違いはないが，これまで見てきた通り新宿は，エスニック・マイノリティに限らない様ざまな社会的多様性を包摂しており，その社会的多様性によって新宿，大久保の開かれた地域性がつくられているため，これらが「多文化」の概念として含まれないことについては，地域の実態との齟齬を指摘されることは免れ得ないだろう．

　「多文化」や「多文化共生」と言ったとき，外国人住民の存在以外含まれないのだろうか．エスニシティを限らない多様な人びとが共存する「多文化空間」が現在の都市の姿だ．国や行政は，そのことを念頭に現在打ち出している「多文化共生」施策を検討し直さなければならない．本研究で提示した「多文化空間」概念は，現代の大都市東京のインナーシティにおける様ざまな社

会的多様性を含み込んだものとして，提示したものである．

参考文献・資料

秋元律郎, 2002,『現代都市とエスニシティ──シカゴ社会学をめぐって』早稲田大学出版会.

Anderson, N., 1923, The Hobo: The Sociology of the Homeless Man, Chicago: University of Chicago Press. (＝1999, 広田康生訳『ホーボー(上)(下)』ハーベスト社.)

浅野敏和, 2008,「戦時下保育運動における保育項目「観察」研究──「保育問題研究会」を中心に」『中部学院大学　中部学院短期大学部研究紀要　第9号』　中部学院大学 : 1-10.

大野光子, 2016,「東京のインナーシティにおける『多文化空間』形成に関する社会学的研究── 新宿区大久保における保育所と関わる事例を通して ──」2016年度博士論文(立教大学).

Basch, L.G, N. Glick Schiller and S. Blanc, 1994, Nation Unbound, London: Gordon and Breach Science Publishers.

Faris E.L. Robert, 1967, CHICAGO SICIOLOGY 1920-1932, Chandler Publishing Company.(＝1990, 奥田道大・広田康生訳『シカゴ・ソシオロジー1920-1932』ハーベスト社.)

Fischer, Claude S., 1975, Toward a Subcultural Theory of Urbanism, American Journal of Sociology, Vol. 80, No. 6: 1319-1341, University of Chicago Press.(＝2012, 広田康生訳「アーバニズムの下位文化理論に向かって」『都市空間と都市コミュニティ』日本評論社 : 127-164.)

Fischer, Claude S., 1982, To Dwell among Friends: Personal Networks in Town and City, University of Chicago Press.(＝2002, 松本康・前田尚子訳『友人のあいだで暮らす── 北カリフォルニアのパーソナル・ネットワーク』未来社.)

藤田ラウンド　幸世, 2008,「新宿区で学びマルティリンガルとなる子どもたち」『「移民国家日本」と多文化共生論』明石書店 : 191-228.

藤田弘夫, 2012,「都市と社会学研究──都市社会学の多系的発展」『都市の政治経済学』日本評論社 : 255-297.

藤原法子, 1996,「外国人児童生徒の生活世界と都市施設」『多文化主義と多文化教育』: 203-229.

藤原法子, 2008,『トランスローカルコミュニティ──越境する子ども・家族・女性／エスニックスクール──』ハーベスト社.

Gans, H., 1959, the Urban Villagers: Group and Class in the Life of Italian-American, (＝2006, 松本康訳『都市の村人たち：イタリア系アメリカ人の階級分化と都市再開発』).

Gans, H., "Urbanism and Suburbanism as Way of Life: A Re-evaluation of Definitions." In Arnold M. Rose (ed.), Human Behavior and Social Process: An　Interactionist Approach, 1962, pp. 625-648. (＝2012, 松本康訳『生活様式としてのアーバニズムとサバーバニズム』日本評論社).

濱嶋・竹内・石川編,『社会学小辞典』有斐閣.

長谷川公一, 1990,「資源動員論と『新しい社会運動』論」『社会運動論の統合をめざして』社会運動研究会編, 1990,『社会運動の統合をめざして』社会運動論研究会：3-27.

橋本宏子, 2006,『戦後保育所づくり運動史――「ポストの数ほど保育所を」の時代』ひとなる書房.

樋口直人, 2005,「共生から統合へ――権利保障と移民コミュニティの相互強化に向けて――」『顔の見えない定住化』名古屋大学出版会：285-305.

樋口謙一郎, 2005,「文化政策としての言語サービス」『比較文化研究 No.67』日本比較文化研究会：67-75.

広田康生・藤原法子, 1994,「外国人児童・生徒のアイデンティティの行方――横浜日本語教室アンケート実態調査から――」『外国人居住者と日本の地域社会』明石書店：258-293.

広田康生, 1996,「多文化化する学校・地域社会――外国人児童生徒問題を出発点にして――」『多文化主義と多文化教育』明石書店：17-33.

広田康生, 2010,「地域社会の『多文化多民族化』――『トランスナショナリズムと場所』研究から」渡戸一郎・井沢泰樹編『多民族化社会・日本』明石書店：147-165.

広田康生・藤原法子, 2016,『トランスナショナル・コミュニティ――場所形成とアイデンティティの都市社会学』ハーベスト社.

宝月誠・中野正大編, 1997,『シカゴ社会学の研究』恒星社厚生閣.

井口泰, 2001,『外国人労働者新時代』筑摩書房.

イシ・アンジェロ, 2002,「エスニック・メディアとその役割――在日ブラジル人向けポルトガル語メディアの事例から」『変容する日本社会と文化』東京大学出版会：169-190.

稲葉佳子・塩路安紀子・松井晴子・小菅寿美子, 1994,『外国人居住と変貌する街――まちづくりの新たな課題――』学芸出版会.

稲葉佳子, 2008,『オオクボ　都市のちから－多文化空間のダイナミズム―』平凡社.

稲葉佳子, 2008,「共に生きる街・新宿大久保地区の歴史的変遷」『「移民国家日本」と多文化共生論――多文化都市・新宿の深層』明石書店：32-49.

稲葉佳子, 2008,「受け継がれていく新住民の街の遺伝子」『「移民国家日本」と多文化共生論——多文化都市・新宿の深層』明石書店 : 51–74.

磯村英一, 1959,『都市社会学研究』有斐閣.

磯村英一, 1962,『日本のスラム——その生態と分析——』誠信書房.

磯村英一, 1961,『東京』有斐閣.

磯村英一, 1989,『都市論集(Ⅰ〜Ⅲ)』有斐閣.

梶田孝道・丹野清人・樋口直人, 2005,『顔の見えない定住化』名古屋大学出版会.

金菱清, 2008,『生きられた法の社会学——伊丹空港「不法占拠」はなぜ補償されたのか』新曜社.

柏崎千佳子, 2010,「日本のトランスナショナリズムの位相——〈多文化共生〉言説再考」『多民族国家・日本』明石書店 : 237–255.

片野清美, 1997,『ABC は眠らない街の保育園』, 広葉書林.

片野清美, 2008,「大久保地域に根ざした保育園からの発信——どの子にも平等な保育を——」『おおおくぼ綿眼鏡——おおくぼから世界が始まる——』共住懇.

川相典雄, 2005,「大都市圏中心都市の人口移動と都心回帰」『経営情報研究』第13巻第1号 : 37–57.

河原俊昭・野山広, 2007,『外国人住民への言語サービス』明石書店.

川村千鶴子編著, 2008,『「移民国家日本」と多文化共生論』明石書店 .

川村千鶴子, 2008,「ディアスポラ接触——地域が日本を超えるとき——」『「移民国家日本」と多文化共生論——多文化都市・新宿の深層』明石書店 : 75–109.

川村千鶴子, 2015,『多文化都市・新宿の創造——ライフサイクルと生の保障』慶応義塾大学出版会株式会社.

河村茂, 1999,『新宿・街づくり物語——誕生から新都心まで300年——』鹿島出版会.

金泰泳, 1999,『アイデンティティ・ポリティクスを超えて——在日朝鮮人のエスニシティ』世界思想社.

北川稔, 2004,「社会運動と集合的アイデンティティ——動員過程におけるアイデンティティの諸相——」曽根中清司・長谷川公一他編『社会運動という公共空間——理論と方法のフロンティア』成文堂 : 53–82.

駒井洋, 2006,『グローバル化時代時代の日本型多文化共生社会』明石書店 .

小室泰治, 2013,「保育運動史——東京帝大セツルメント託児部を中心に——」『武蔵野短期大学研究紀要　第27号』武蔵野短期大学 : 289–293.

倉沢進, 1986,『東京の社会地図』東京大学出版会.

倉沢進, 2004,『東京の社会地図——1975-90』東京大学出版会.

町村敬志, 1994,『「世界都市」東京の構造転換－都市リストラクチュアリングの社会学』東京大学出版会.

町村敬志編,『都市の政治経済学』日本評論社.

松本園子, 2013,『証言・戦後改革期の保育運動——民主保育連盟の時代』(株)新読書

社.

松本康編, 2011,『近代アーバニズム』日本評論社.

松本康, 2004,『東京で暮らす——都市社会構造と社会意識』東京都立大学都市研究所.

宮島喬, 2003,『共に生きられる日本へ』有斐閣.

水上徹男, 2000,「ポスト・サバーブに関する一考察——郊外化の進展とメルボルンの居住動向の事例——」『社会学評論』, 51(2): 251-263.

水上徹男, 2002,「ポストサバーブと都市論の新たなアプローチ」『都市問題』, 93(5): 25-34.

水上徹男, 2004,「シカゴ社会学と都市エスニシティに関する一考察——秋元津郎著『現代都市とエスニシティ　シカゴ社会学をめぐって』をもとに——」『日本都市社会学年報第』第22号: 201-220.

水上徹男, 2009,「大都市インナーエリアの変貌に関する一考察——豊島区における中国系住民の増加と商店街の事例を中心に——」『グローバル都市研究』, (2): 141-156.

森岡清志, 2012,「解題」『都市空間と都市コミュニティ』日本評論社: 233-265.

二階堂裕子, 2007,『民族関係と地域福祉の都市社会学』世界思想社.

西垣美穂子, 2014,「保育職業病認定闘争の意義と課題——1960年代〜70年代の保育運動・保育労働をめぐって——」『佛教大学社会福祉学部論集　第10号』佛教大学社会福祉学部: 11-32.

大橋薫・四方寿雄・大藪寿一・中久郎編, 1973,『社会病理学用語辞典』学文社.

奥井復太郎, 1940,『現代大都市論』有斐.

奥田道大, 1985,『大都市の再生』有斐閣.

奥田道大・田嶋淳子, 1991,『池袋のアジア系外国人』めこん.

奥田道大・田嶋淳子, 1993,『新宿のアジア系外国人』明石書店.

奥田道大・広田康生・田嶋淳子編, 1994,『外国人居住者と日本の地域社会』明石書店.

奥田道大・鈴木久美子, 2001,『エスノポリス・新宿／池袋——来日10年目のアジア系外国人調査記録』ハーベスト社.

奥田道大, 2004,『都市コミュニティの磁場』東京大学出版会.

奥田道大, 2006,「都市コミュニティ研究のもう一つ先に」『先端都市社会学の地平』ハーベスト社: 108-129.

大場幸夫・民秋言・田中カヨ子・久富陽子, 1998,『外国人の子どもの保育』萌文林書林.

大倉健宏, 2012,『エッジイワイズなコミュニティ——外国人住民による不動産取得をめぐるトランスナショナルコミュニティの存在形態——』ハーベスト社.

大野光子 2014「『多文化空間』における保育の在り方に関する一考察——新宿区大久保のA保育園を通して——」『社会学研究科年報』21号: 7-18.

小内透, 2003,『在日ブラジル人の教育と保育——群馬県太田・大泉地区を事例とし

て——』明石書店.

Park R.E., 1984, The City: Suggestion for Investigation of Human Behavior in the Urban Environment, University of Chicago Press.(＝2011, 松本康訳『都市——都市環境における人間行動研究のための提案』日本評論社.)

佐久間孝正, 2006,『外国人の子どもの不就学—異文化に開かれた教育とは—』勁草書房.

新宿区地域女性史編集委員会, 1997,『新宿　女たちの十字路——区民が綴る地域女性史』ドメス出版.

新宿区, 2004,「新宿区多文化共生まちづくり会議条例」.

新宿区, 2012,「総務区民委員会会議概要禄」: 45–46.

新宿区多文化共生推進課, 2014,「新宿区多文化共生まちづくり会議　答申」.

新宿区多文化共生推進課, 2014,「平成26年度新宿区多文化共生関連施策一覧」.

新宿区都市計画部地域整備課, 2015,「まちづくり『昨日・今日・明日』」.

新宿区保育園子ども園課, 2015,「しんじゅく保育施設ガイド　平成27年度入園版」.

白水繁彦, 1996,『エスニック・メディア』明石書店.

白水繁彦, 2004,『エスニック・メディア研究』明石書店.

Smith, M.P. and L.E Guarnizo eds., 1998, Transnationalism from Below, New Brunswick, NJ: Transaction Publishers.

Smith M.P., 2001, Transnational Urbanism: Locating Globalization, Malden, MA: Blackwell.

Smith M.P. and J. Eade eds., 2008, Transnational Ties: Cities, Migrations, and Identities, New Brunswick, NJ: Transaction Publishers.

Soja, E.W., 1996, Thirdspace: Journeys to Los Angeles and Other Real-and-Imagined Places, Oxford: Blackwell. (=2005, 加藤政洋訳『第三空間——ポストモダンの空間論的展開——』青土社.)

Soja E.W., 1997, Six Discourses on the Post metropolis, Oxford: Blackwell. (＝水上徹男訳「ポスト・メトロポリスにかんする六つの言説」『都市の政治経済学』日本評論社: 159–180)

園部雅久, 2001,『現代大都市社会論: 分極化する都市？』東信堂.

園部雅久, 2014,『再魔術化する都市の社会学——空間概念・公共性・消費主義——』ミネルヴァ書房.

総務省自治行政局, 2006,「地域における多文化共生推進プランについて」.

鈴木栄太郎, 1957,『都市社会学原理』有斐閣.

竹中英紀, 1994,「インナーエリアの衰退と再編」『今日の都市社会学』学文社: 37–56.

田村公人, 2015,『都市の舞台俳優たち——アーバニズムの下位文化理論の検証に向かって——』ハーベスト社.

田中宏, 1995,『新版　在日外国人——法の壁, 心の溝——』岩波書店.

丹羽洋子, 1991,『職安通りの夜間保育園——夢を叶える保母たち——』ひとなる書房.

谷富夫編, 2002,『民族関係における結合と分離』ミネルヴァ書房.

谷富夫, 2015,『民族関係の都市社会学——大阪猪飼野のフィールドワーク——』ミネルヴァ書房.

寺倉憲一, 2009,「我が国における留学生受け入れ政策——これまでの経緯と『留学生30万人計画』の策定——」『レファレンス』国立国会図書館調査及び立法考査局 : 27–47.

富田和暁, 2004,「三大都市圏における地域変容」『空間の経済地理』朝倉書店 : 80–105.

徳田剛・二階堂裕子・魁生由美子, 2016,『外国人住民の「非集住地域」の地域特性と生活課題——結節点としてのカトリック教会・日本語教室・民族学校の視点から——』創風社出版.

東京都総務局統計部, 2013,『平成22年　東京都の昼間人口』.

浦辺史, 1969,『日本保育運動小史』風媒社.

Vertovec S., 2009, TRANSNATIONALISM, Routledge.(＝2014, 水上徹男・細萱伸子・本田量久訳『トランスナショナリズム』日本評論社)

和田清美, 2006,『大都市東京の社会学——コミュニティから全体構造へ』有信堂高文社.

渡戸一郎, 2005,「多言語生活情報の提供・流通——その現状とこれから」, 財団法人神奈川県国際交流境界 .

渡戸一郎, 2010,「外国人政策から移民政策へ——新たな社会ビジョンとしての『多民族化社会・日本』」『多民族化社会・日本』明石書店 : 257–276.

Wirth L., 1938, "Urbanism as a Way of Life," the American Journal of Sociology, 44: 1–24.

山本薫子, 2006,「外国人の社会統合・排除とはなにか —— 日系人，超過滞在者の事例から —— 」,『研究論叢．人文科学・社会科学 56(2/1)』山口大学 .

山本薫子, 2008,『横浜・寿町と外国人——グローバル化する大都市インナーエリア』福村出版株式会社.

山脇啓三, 1994,『近代日本と外国人労働者——1890年代後半と1920年代前半における中国人・朝鮮人労働者問題——』明石書店.

山脇啓三・近藤敦・柏崎千佳子, 2001,「他民族国家・日本の構想」『世界 no.690』岩波書店 : 141–160.

山脇啓三, 2009,「多文化共生社会の形成に向けて」『移民政策研究　創刊号』社現代人文社 .

Zorbaugh, H., 1929, The Gold Coast and the Slum: A Sociological Study of Chicago's Near North Side, Chicago: University of Chicago Press.(=1997, 吉原直樹ほか訳『ゴールドコーストとスラム』ハーベスト社 .)

資 料 1. 調 査 票 (第 7 章 で 使 用)

資料1. 調査票（第7章で使用）

新宿区の子育て家庭の生活と保育ニーズについてのおうかがい

2015年6月

【調査主体】　　立教大学社会学部　水上徹男研究室
〒171-8501　東京都豊島区西池袋3-34-1
電話：03-3985-2176
【調査担当】　　立教大学大学院社会学研究科　博士後期課程
大野　光子
【お問合せ先】　　調査担当者　大野光子
電話：090-2463-7112
メール：11sb004e@rikkyo.ac.jp

【ご協力のお願い】

　　この調査は、子育て家庭の生活や保育所の利用状況、保育ニーズについて明らかにしようとするもので

す。ご回答の内容については、統計的分析のみに使用し、個人が特定されることは決してありません。ま

た、ご回答は厳重に管理され、結果が学術研究以外の目的に使用されることは決してありません。

　　15分程度で回答できる簡単なものとなっておりますので、是非、ご協力をお願い申し上げます。

お子さんについてうかがいます

Q1　はじめに、お子さんは何人いますか。

　　　　　　　　　　人

Q2　お子さんは何歳ですか。

第一子　　　　　歳　　　第二子　　　　　歳　　　第三子　　　　　歳

　　お子さんが4人以上の方は、以下の枠内にご記入下さい。

資料1．調査票（第7章で使用）

Q3 現在、同居のお子さんは何人いますか。

人

Q4 現在、保育所に何人、お子さんを預けていますか。

人

Q5 保育園に預けているお子さんの年齢は何歳ですか。以下の枠内にお答えください。

保育所の利用状況についてうかがいます

Q6 現在の保育所を選んだ理由は何ですか。以下からあてはまるものを選んで下さい。（○はいくつでも可）

1 自宅から近いから	6 区、行政機関から紹介されたから
2 職場から近いから	7 保育所の保育理念に共感したから
3 友人が利用していたから	8 その他
4 知り合いが利用していたから	（　　　　　　　　　　　　　　　　　）
5 利用できる保育時間が仕事・生活の時間と合うから	

Q7 週にどのくらい保育所に子どもを預けていますか。

1 毎日	2 平日全部	3 週3〜4回	4 週2〜3回	5 週2回以下

資料1．調査票（第7章で使用）

資料1．調査票（第7章で使用）

Q8 利用している保育時間はどのくらいですか。

　　　　□ 時 から □ 時 まで

Q9 保育所等の利用に一ヵ月どのくらいのお金をかけていますか。普段利用している以外の緊急時の保育サービス（例えば、ベビーシッターなど）の利用も含めて、以下から当てはまるものに一つだけ○を付けて下さい。

1 2万円未満	5 8万円以上〜10万円未満
2 2万円以上〜4万円未満	6 10万円以上
3 4万円以上〜6万円未満	7 その他 （ ）内にご記入下さい
4 6万円以上〜8万円未満	（　　　　　　　　　　　　）

保育所に関わる子育て事情についてうかがいます

Q10 お仕事やその他の理由で、ご自身が保育所にお子さんを迎えにいけないとき、頼るひと又はサービスは、以下のうちどれですか。あなたからみた関係でお答え下さい。（○はいくつでも可）

1 夫／妻 （事実婚も含む）	9 友人
2 自分の母親又は父親	10 近所の住人
3 夫／妻の母親又は父親	11 預けている保育所の延長保育を利用する
4 自分の祖母又は祖父	12 ベビーシッター業者など一般の保育サービス
5 夫／妻の祖母又は祖父	13 頼るひと／サービスはないため、自分でどうにかする
6 兄弟姉妹	14 子どもを迎えにいけない状況にはならない
7 親戚	15 その他 （ ）内にご記入下さい。
8 子ども	（　　　　　　　　　　　　）

Q11 お子さんの病時や週末、夜間で保育所が開所時間外のため、お子さんを保育所に預けられないとき、

資料1．調査票（第7章で使用）

頼っているひと又はサービスは以下のうちどれですか。あなたからみた関係でお答え下さい。（○はいくつでも可）

1 夫／妻　（事実婚も含む）	9 友人
2 自分の母親又は父親	10 近所の住人
3 夫／妻の母親又は父親	11 いつもと違う保育所に預ける
4 自分の祖母又は祖父	12 ベビーシッター業者に頼む
5 夫／妻の祖母又は祖父	13 頼るひと／サービスはないため、自分でどうにかする
6 兄弟姉妹	14 その他　（　）内にご記入下さい。
7 親戚	（　　　　　　　　　　　　　　　）
8 子ども	

保育・子育てのニーズや問題点についてうかがいます

Q12　あなたが保育・子育てについて必要だと思うものは何ですか。当てはまるものに○を付けて下さい。

（○はいくつでも可）

1 夜間保育　（　　　　　　　）時まで	8 緊急時や悩んだときに頼れるひと
2 24時間保育	9 緊急時や悩んだときに頼れるサービス
3 一時保育	10 相談相手
4 休日保育（土・日も含む）	11 ママ友
5 ゼロ歳児保育	12 特にない
6 保育料の値下げ	13 その他　（　）内にご記入下さい。
7 認可保育園の入園方法を簡単にしてほしい	（　　　　　　　　　　　　　）

Q13　子育てをしていて、困っていることや問題に感じていること、また、国や行政に主張したいことなどについて、下の枠内に自由にご記入ください。

資料１．調査票（第７章で使用）

資料1. 調査票（第7章で使用）

お住まいについてうかがいます

Q14 あなたはどこにお住まいですか。新宿区以外の方は、（　　　　）にご記入下さい。

1　新宿区	2　新宿区以外　（　　　　　　　　　　　）

Q15 現在お住まいの場所はどのくらいの期間、住んでいますか。＊1ヵ月未満の方は、0ヵ月でお答え下さい。

　　　　　　　　　　年　　　　　　　　　　ヶ月

Q16 現在のお住まいは、次のどれにあたりますか。当てはまるものに一つだけ〇を付けてください。

1　持ち家（一軒家）	6　賃貸（間借り）
2　持ち家（分譲マンションなど）	7　賃貸（シェアハウス）
3　賃貸（戸建て）	8　住み込み
4　賃貸（マンション）	9　その他　（　　）内にご記入下さい
5　賃貸（アパート）	（　　　　　　　　　　　）

Q17 お住まいでは、誰と同居していますか。あなたからみた関係でお答えください。（〇はいくつでも可）

1　夫／妻　（事実婚も含む）	6　夫／妻の祖父又は祖母
2　子ども	7　兄弟姉妹
3　自分の父親又は母親	8　親戚
4　夫／妻の父親又は母親	9　友人
5　自分の祖父又は祖母	10　その他　（　　）内にご記入下さい

資料 1. 調査票（第 7 章で使用）

(	)

Q18　今後の新宿区の滞在の予定や希望について、以下からあてはまるものを一つだけ〇を付けて下さい。

1　新宿区に住み続ける	3　他区・他市町村へ移動する
2　地元に帰る	4　その他　（　　）内にご記入下さい。
	（　　　　　　　　　　　　　　　　　）

最後に、あなたご自身についてうかがいます

Q19　あなたの性別と年齢をご記入ください。

1　男性　　　　2　女性	年齢 [　　　] 歳

Q20　あなたは、結婚されていますか。

1　未婚	2　既婚	3　事実婚	4　離婚・死別

Q21　あなたの国籍又は、母国はどこですか。日本以外の方は、（　　　）にご記入下さい。

2　日本	2　日本以外　（　　　　　　　　　）

Q22　Q20で1～3に回答した方にお伺いします。現在のあなたのパートナーの国籍又は母国はどこですか。
日本以外については、（　　　）にご記入下さい。

1日本	2　日本以外　（　　　　　　　　）

Q23　あなたは新宿区のご出身ですか。

1 はい	2　いいえ

286

資料１. 調査票（第７章で使用）

資料1. 調査票（第7章で使用）

Q24 あなたのお仕事は、大きくわけて次のどれにあたりますか。一つだけ○を付けて下さい。

1 経営者、会社・団体役員	6 自営業主、自由業者
2 常時雇用されている一般従業者・一般社員・一般職員（公務員、教員を含む）	7 自営業の家族従業者
	8 内職
3 臨時雇用、パート、アルバイト	9 無職
4 派遣社員	10 学生
5 契約社員、請負・委託業務	

Q25 あなたは、職場でどのような仕事をしていますか。お仕事の内容を教えて下さい。

Q26 昨年度（2014年4月〜2015年3月）の収入は、税込みで次のうちどれに近いですか（臨時収入、副収入も含みます）。あなたご自身の収入と、ご家族全体の収入について、それぞれあてはまる番号をご記入ください。

あなたご自身

あなたご自身を含むご家族全体

1 100万円未満	6 800万円以上1000万円未満
2 100万円以上200万円未満	7 1000万円以上1200万円未満
3 200万円以上400万円未満	8 1200万円以上
4 400万円以上600万円未満	9 わからない
5 600万円以上800万円未満	

（例）「小学校教員」、「自動車製造工場で製造作業」、「スーパーのレジ係」、「銀行の窓口の仕事」、「飲食店で接客」など、仕事がわかるように具体的にご記入下さい。

資料１．調査票（第７章で使用）

日本国籍以外又は、母国が日本以外の方にうかがいます

Q27　Q27〜Q30 は、日本国籍以外又は母国が日本以外の方のみお答えください。

日本にはどのくらいの期間住んでいますか。＊１ヵ月未満の方は０ヵ月でお答えください。

	年		ヶ月

Q28　日本に住んでいる間、母国との関わりはありますか。

1　ある	2　ない

Q29　Q29 で「１ ある」に答えた方にうかがいます。母国との関わりはどのようにおこないますか。

以下からあてはまるものを答えてください。（○はいくつでも可）

1　定期的に母国に帰る	5　送金／仕送り
2　手紙	6　その他　（　）内にご記入下さい。
3　国際電話	（　　　　　　　　　　　　　　　）
4　インターネット	

Q30　今後の日本滞在の予定や希望について、以下からあてはまるものを１つだけ○を付けて下さい。

1　日本に住み続ける	3　日本以外の外国に行く
2　母国に帰る	4　その他　（　）内にご記入下さい。
	（　　　　　　　　　　　　　　　）

――最後までアンケートにご協力頂きまして、大変にありがとうございました！――

資料1．調査票（第7章で使用）

資料1. 調査票（第7章で使用）

＊アンケートの内容について短時間でも直接、お話しを伺える方がいらっしゃいましたら、頭記の調査担当者：大野までご連絡もしくは、下記にご連絡先をご記入頂ければ幸いです。何卒、よろしくお願い申し上げます。

資料２．認可運動の際に作成され、街頭で配られたビラ

資料3-1. 保護者に対して認可運動支援を呼びかける文章

平成 12 年度認可にむけて

新宿に夜間保育園を開設するために

あと一歩のご支援をお願いいたします

　ご父兄の皆様、ご理解くださる新宿区の皆様、保育者や理事者、そして研究者、社会福祉にたずさわる皆様、ＡＢＣ乳児保育園は昭和 58 年に昼夜保育園として、新宿区大久保に４つの運営方針を掲げて開設されました。
○午前7時から深夜１時までを保育時間とし多様化する保育への要望と期待に応えていきます。
○誰もが信頼し安心して子どもを託すことが出来るように努力します。
○一人ひとりの子どもを大切に乳児期から幼児期の健やかな成長のために保育内容の充実に努めます。
○父母と保育園は子どもの幸せを守るために力を合わせて進みます。
　そして、「働き続けたい」という働く若い父母の願いを受けて、産休明けからの０歳児保育、緊急一時保育、休日保育、延長保育、夜間保育に力を注いでまいりました。当時はまだ、夜間保育が「悪」とされる時代でしたが、地域的に社会的ニーズの高まりもあり、午前7時から深夜１時まで、どの時間帯でも預けることのできる保育を父母と職員の共同の力で実現しました。現在新宿区の夜間保育室として、東京都に一ヵ所しかない保育園です。公立や認可園では対応できない部分の保育をやっている状況です。本年度も４月時点から定員 100 パーセントの状態でスタートしており、毎月 100 件以上の申し込み、問い合わせがあります。現在のＡＢＣだけでは、受け止められない多様な保育要求があります。
　ＡＢＣ乳児保育園では、この機会に認可を取得し、児童福祉法に基づいた安定した基盤にたって、更なる夜間保育の充実、これまで以上に地域に密着した保育園を目指していきます。現在、来年度中の認可にむけて書類の整備を行っておりますが、ご理解くださる皆様のお力添えに頼らざるを得ない状況にもあります。主旨書を同封させていただきましたのでご高覧いただき、ぜひ「あと一歩」のご支援をどうか切にお願い申し上げます。また、ご紹介いただける方、ご推薦いただける方もございましたら、どうぞよろしくお願い申し上げます。
　最後になりましたが、皆様のご健康と今後いっそうのご活躍をお祈り申し上げます。　　　　　　　　　　　　　　　　　　　　　　　敬具

資料3-2. 保護者に対して認可運動支援を呼びかける文章

おねがい

先日の保護者懇談会、大変有難うございました。
その後、沢山の御父母の方から励ましの言葉や智恵を
いただき力強く思っております。様々な意見を検討した
結果、不足分の金額￥11000000を現在ABCに在る
園児プラス職員の人数で割ると約保育料の2ヶ月分に
統とりします。不足分の￥11000000をなんとか5月末までに
集めなければ法人格を取る事が出来ません。
私達の手で東京都に一園しかない夜間の認可
保育園をぜひともぜひとも創りたいと思います。
社会的に不況が続くなかどの家庭も経済的に
苦しいこととわかっておりますが御父母の御協力なしでは
認可保育園にはなりえません。どうか御理解と
ご協力をいただける事をお願い申し上げます。

平成12年4月28日
ABC乳児保育園
園長　片野清美

資料3-3. 保護者に対して認可運動支援を呼びかける文章

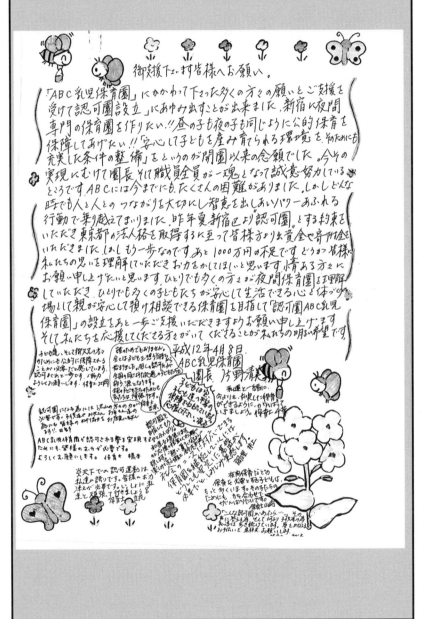

資料４．新宿に夜間保育の開設を求める陳情書

新宿に夜間保育園の開設を求める陳情書

（陳情の要旨）
ABC夜間保育園を新宿区の夜間保育園として認可して下さい。

（陳情の理由）
ABC夜間保育園は昭和58年8月に私立夜間保育園として開園しました。その後、地域の保育さんや子供たちを送り出し、16年になります。この間、多くの父母、地域の方々に支えられて今日まで来ております。そして、この中心を担ってABCの職員として働いてきたスタッフも、パートの職員も含め100名以上に及んでいます。

現在の園児は、ほぼ0歳児保育、緊急一時保育、休日保育、延長保育、夜間保育に力をいれてまいりました。毎年の実績により運営の継続を続けながら、職員に対しても出来る限りの労働条件の改善をしてきました。共働きの家庭の増加、働く親も多様化する中で保育需要は多様化しています。地域的に社会のニーズの高まりもあり、保育時間は、朝6時から夜11時までの公立保育園では対応できない部分の保育をおこなっている状況です。東京都に一か所しかない夜間保育園として、運営日同での実績はありますが、補助は公の制度のもので運営している私立の認可保育園です。

本年4月より区立保育所等が全面展開されました。子育て支援法の趣旨などで、女性の深夜労働も解禁になります。これはあらゆる職種で、男性も女性も24時間開園として仕えるようになり、子育てを続ける勤め先も役割を担う地域を建設として不可欠になって来ています。女性の子供をもつ母が働くために、安心して働けるような保育園が必要と思います。そして、どんな職種の人の子供でも保育を保障し、保育の面でも、大きな可能性を持ったこの計画を基盤に職員も熱い思いで受け止めています。

ぜひとも ABC 私立夜間保育園を新宿の夜間保育園として認めて頂きたく要望し上げます。

新宿区長　小野田　隆殿

（提出）
平成１１年８月　　日

陳情者父母会代表
陳情者職員代表

資料5_嘆願書に寄せられた保護者の文章

　私達 保育士に とっては 子供が 健せかに 成長してくれる事が 何より大切な事です。それと同等に、保護者が安心して働ける環境を整える事も大切だと考えています。

　男女雇用均等法や厳しい経済状況により、女性だから、母親だから という特別扱いは 今まで以上に許されなくなってきました。

　私事になりますが、私の母も参議院の速記者として働きながら、二人の子供を育ててきました。忙しい時期には、保育園（公立）のお迎えに 間に合わないのでは… と気が気ではなく、仕事が終わると 子供や園の先生に申し訳ないと、泣きながら走ってお迎えに行ったそうです。

　そんな状況を抱えている母親が、今の時代 どれなり多く いらしゃることでしょう。

　子供を預けようと思っても 無認可園では 保育料が高く、公・私立園では 時間や年令による枠に制限があり、なかなか ニーズに合った園が見つからない。

これでは、第2子、第3子をと思っていても、
躊躇してしまう事でしょう。

　母親とて、自分の力を発揮する場を持ち
続けたいはずです。そして、それと共に子育て
にも、力を注いでいきたいはずです。

　私共、ABC乳児保育園は、様々な職業の
方が集まっています。子供には親の職業は
選べません。けれど子供は皆、平等です。
どんな状況の子供にも質の良い保育を
提供してあげるべきです。

　今の時代に生きる子供と保護者を助ける
為には、夜間保育園の存在が是非共必要
です。ABC乳児保育園を夜間保育園として
認可して頂けるよう、切に願っております。

　　　ABC乳児保育園
　　　　保育士

296

資料5_嘆願書に寄せられた保護者の文章

私は、ABC保育園に、満1才になる息子を預けている母親です。
15年間続けている仕事は大変充実しており、やりがいを感じて
います。経済的にも私が稼がなければならないので、産休明け
にすぐ復帰し、こちらに息子を預けています。役職にもついて
おり、いわゆる総合職なので、仕事柄、夜遅くまで働くことも
多いですし、急な用事で近急になることもしばしばあります。
そのような時、0才児でも安心して預けられるABC保育園は、
私にとってはなくてはならない存在です。
しかし、毎月の保育園料は決して安いものではなく、かなり
の負担になっていることは事実です。もし、ABC保育園が
認可になれば少しは家計も楽になるでしょう。私のように
考えている女性は多いと思います。しかし夜遅くまで
預けられる認可園がない為に、仕事がおもしろく、能力
があっても育児の為にやむなく退職する女性、逆に子供は
欲しいけれど、仕事を中断したくない為に子づくりに踏みきれ
れない女性など、私の職場でも多くの事例があります。
やりがいのある仕事だったり、要職についていたりすると、育児勤務
ではなく、フルタイムで働きたいと望む女性も多いでしょう。
もし、ABC保育園のような夜間保育園が認可になれば、
私も大変助かるばかりか、このような潜在的な女性の
需要を呼び起こし、大きな励みになると信じています。
是非、認可園として認めていただきたいと思います。

▲
INSERT

DEAR :	PAGE :	
	DATE :	
FROM :	TIME :	a.m./p.m.
	TEL :	
	FAX :	

　　　認可保育園 の夜間保育 の必要性.

時代の流れの変化と共に. 女性の社会進出が広がったという背景が
あるにもかかわらず. その家庭をサポートする保育園等の 施設の不十分さが.
痛い程感じている 2才3ヶ月の長男を持つ 母親です.

夜間保育を特別とした システム自体が 疑問であり. 複雑化した現代の
社会において 働く環境が 夜であったり. 不規則であったりしているのです. そんな
背景をサポートし. ベビーホテルのような環境下でなし. 子供が自由に走り回れる
広さと, 何より親と子供にとっての理解・協力する施設は やはり. 夜間の
認可保育園で あると思います.

　ABC乳児保育園が 無認可で ここまでこれたのは. 先生方の私達・母親・子供
に対する協力. 理解・そして 愛情 が大きかったからだと思います.
おそらく私達利も 保育エムたちが 一番望んでる 認可だと思うのです.
利用者である私達と一緒に 眠らない保育園として 一生けん命に働らい
ている 先生方に 毎日 感謝の気持ちで一杯です. 1人. 1人. 家庭環境の
ちがう 子供達ですが. その全てを受け入れるのは 本当に大変だと
思います. 子供にとって オムの家 としての 保育園が 認可されると
保育エムが 増え. また 子供にとっての 友達を増員でき. 働らいている
家庭にとって また 夜間働らく 私にとっては. 仲間ができ. 交流の
機会が できます. Transmit a Message　　それは. 普通とはちがう 家庭の

資料5_嘆願書に寄せられた保護者の文章

▲
INSERT

DEAR :

FROM :

PAGE:

DATE:

TIME:　　　　a.m./p.m.

TEL:

FAX:

スタッフの人達と励まし合ったり、自分だけじゃない…と育児に対する
不安や相談にも、解決の糸口が見つかる場となるはずです。
母子家庭の方が家にとっては、フルタイムの保育園料金も、夜間働らかざるを
得ない状況です。それでも、ここに居るのは、絶対的な味方となり、協力
して受け入れて下さる先生方に惚れているからです。保育士という仕事を楽しみ
ながら、子供と一緒に遊んで大声を上げている元気な先生達。そんな姿を見ると
安心して頂けられます。ABC乳児保育園だからこそ、認可保育園としてまた
夜間保育施設として、多くの子供を受け入れ、更に成長していけるだけの
powerを持っていると信じています。時代の流れに対応した第2の家として
発達できると思います。

認可保育園・夜間保育園として 許可して頂き、今までのシステムが続けられる
事を強く願います。

━━━━━━━━━━━━━━━━━━━
Transmit a Message

　私達の家庭では両親とも働いていますが、父親は勤務時間が長くａｍ１１：００〜ｐｍ
１１：００までが勤務となっています。
　母親は看護婦をしている為、不規則で夜勤も月８回あります。
　現在ＡＢＣ乳児保育園に娘を通わせていますが私達の家庭にはＡＢＣ乳児保育園の存在が
重要となっています。
　私達夫婦の両親も離れて暮らしており核家族で親戚も近くにおらず、孤立無援の状況です
そんな中、共働きを続けていく為には夜間保育が絶対必要となってくるのです。
　夜間保育と言いましてもベビーシッターやベビーホテル等の選択肢もあるでしょう。
　しかし、先日ありましたように赤ちゃんの事故が生じたりと保育の水準が低いところに大
切な娘を預けるのも考えものです。
　やはり信頼のおける、子供にとってものびのび生き生きと過ごせる場所を選んであげたい
ものです。
　　昭和５６年頃にベビーホテルで保育上のトラブルが多発し、厚生省の無認可保育園への
指導が強化された時期があったと聞きます。以来ベビーホテルのイメージはかなり悪くな
ったにもかかわらずその数があまり減っていない。ということは、それだけ夜間保育を必
要としている人が多いということではないでしょうか。
　　最近少子化が進み、保育制度は働く女性のニーズにあわせて徐々に変わりつつあります
が、まだまだ課題がたくさんあります。果たして働く女性の誰もが安心して子供を産み育
てられるような労働環境・保育園等のサポートシステムが整っているのでしょうか。
　　私達は、今回のＡＢＣ乳児保育園が夜間保育園の認可園になることがまず保育制度の大
きな変化の契機になることだろうと思っています。
　ご検討よろしくお願いします。

資料5_嘆願書に寄せられた保護者の文章

点スクール　　　　　　　　2000年 7月24日(月) 8:58/受信 8:57/文書番号4850065843 P 1

２４時間保育について

男女雇用機会均等、少子化などがキーワードとして論じられてすでに１０年以上経つ。しかし、社会変化の実情に施策が追い付いていないのが現状である。これほど少子化問題が取り上げられているにもかかわらず、自分が子供を持ってみて、保育の実情が貧しいのには驚かされた。これでは相変わらず女性は責任ある仕事はできない。また、雇用する側に立ってみても、相変わらず子供をもつ女性に重要な仕事を任せにくい状況は変わらない。

私は、語学学校を経営しているが、２年前に４０歳で第一子を出産した。出産直前まで仕事をしていたこともあり、職場復帰の条件である保育園探しが遅れてしまった。公立の内容を調べてみたが、場所や時間、手続き（抽籤であるため申し込み時に確定できない）など、どれも満足するものはなかった。運良く私立の未認可園が職場の近くにあり、評判も良さそうだったために、見学に行ったその日に申し込み、産後３ヶ月弱で職場復帰を果たすことができた。もし保育園が見つからなかったらと思うと、今でもぞっとする。

そこで、初めて夜間保育をしているという理由でその保育園が「未認可」であるということを知り、ひどく驚いた。正直なところ、「今どき何と遅れた感覚なのだろう」と思ったものである。夜間子供の世話をできないことと、親の責任とは別である。夜は子供といるべきだ、というのは親が決めることであって、国が決めることではない。夜子供のそばにいないことと虐待は同義ではない。虐待も非行もそんな次元で防止できる問題ではない。むしろ、そうした状況を国が認識し、夜間仕事をする親が否定されないことこそ、余計な差別をなくすことにつながると確信する。

子供を実際に預けてみると、２４時間保育が大変優れていることがわかる。それは子供が常にいる、という点である。親がそばにいないという状況が子を預ける親として、わが子が一人ぽつんと自分の迎えを待っている場面ほど、胸が痛む光景はない。しかし、２４時間保育では、その心配がない。遅い迎えをいらいらと待っている保育士を見ることもない。子供も賑やかな中、昼間と変わらぬ雰囲気の中、遊びながら、遅いときにはふとんに寝て待っている。親の都合という以上に、多面的に機能している優れたシステムであり、これこそ国が税金を使って支援すれば、さらに充実し、安全性も高まることは間違いない。

　「重点的に推進すべき少子化対策の具体的実施計画について 」という平成1
1年12月19日 大蔵・文部・厚生・労働・建設・自治6大臣合意 l. 策定の
趣旨には、「多様な需要に応える保育サービスの推進 」として、延長保育の推
進 〔通常の11時間を超える保育〕という項目が挙げられているが、「延長」
という考え方自体がすでに現実離れしている。すなわち「親たる者夕方6時か
7時までに迎えに来るべき」という小姑的精神がもとになっているのである。
しかし、それでは夜間の労働に従事する親はどうすればよいというのだろうか。
あるいはまた、子供を持つ親は出張には出るな、ということであろうか。子供
を置いて堂々と海外出張できるのは、皇室だけというつもりであろうか。

　今年2月の雇用均等政策研究会報告書 「変革期における企業の人材活用と個
人の働き方の調和を目指して」によると、「女性雇用者のうち、有配偶者が6
割弱を占めており、子供のいる世帯においても、母親のうち半数以上が就業者
である。ただし、末子の年齢が3歳以下の世帯の母親についてみると、就業者
率は3割弱にとどまっており、この水準は近年変化していないことが特徴であ
る。」の意味を施策者にはよく考えてもらいたいものである。

2000年7月24日

資料5_嘆願書に寄せられた保護者の文章

新宿区担当者御机下

　この度、ABCと乳児保育園が無認可から認可園になると聞き、大変喜んでいます。働く母親の一人としては、ABCのような夜間も保育をしてくれる園があることは非常にありがたく、心強いことです。大抵の認可園は遅くても夜6時や7時に終了してしまい、フルタイムで働く人の事情をまったく考えていません。また0才児の枠も狭き門で、働きたくても預けられる園がなく泣く泣く働くのをあきらめるか、異常に高いベビーシッターを雇って働きに出る母親が多いのが現情です。少子化・少子化と叫ばれて久しいですが、行政のとり組みはまだまだ遅れていて働く母親にとって環境は厳しいです。

　このような状況で、働く母親の希望に沿った形で献身的に保育を続けてきたABCの存在は重要で、是非行政のバックアップをして、より充実した保育園作りも支えて欲しいと思います。

　夜間も預かってくれ、また0才児の受け入れも積極的に行ってくれる

園がきちんと認可されることを多くの母親、父親は望んでいます。

新宿区が手本を示すことで他の自治体もこれに習って夜間認可園を作ってくれれば素晴らしいと思います。

無認可でありながら日々がんばっている保母さんたちを評価し、ナイガ保証してあげたいと思います。保母さんが安心して働ける園であることは保育の質を高めることにつながるでしょう。

今後も、父母の声に沿った保育園を行政が支えていくことを期待しています。ひいては少子化にも効果があることでしょう。

ABC乳児保育園

父兄

医師

七月二十日

あとがき

　私が初めて調査地として大久保を訪れたのは，2012年のことだった．その際ある席で，長年に渡り大久保の外国にルーツを持つ子どもの為の支援活動をおこなう方とお話しをさせて頂く機会を持った．大久保の有名人でとても顔が広い方だ．私は訪れたチャンスに高揚し，緊張しながらも自分の「研究計画」を語ったのだが，次のようなことを言われた．「大野さんは，何の為にそのテーマに取り組むの？　ただ論文を書きたい為なら，辞めた方がいい．」「もしも長く関わるつもりがあるなら，また連絡を下さい．」その場では何も言葉が出なかった．それが「大久保」との出会いだった．その後，「ここで調査はしないで欲しい．」との条件付きで，その方が関わる支援の場を紹介して頂き，私はボランティアスタッフとして関わらせて頂けることになったのだが，確か2年程が経過した頃に，「どんなひとと話しがしたいの？」とその方の方から声をかけてもらった．この時の「え！」という意外な気持ちと喜びが入り混じった感情は，今でも思い出す．何か大きな壁を突破したような感覚だった．私にとってこの経験は，自分と大久保，そしてフィールドワークの原点となる出来事で，とても貴重な経験をさせて頂いたことに感謝している．

　本書は，東京の新宿，大久保でおこなった，フィールドワーク，インタビュー調査，参与観察といった，質的調査法を駆使しておこなった調査の成果である．フィールドワークの過程では，大久保のハラルフードショップなどのエスニック系施設に通い，時には居座り，お店の方から地域のことや生活のことを教えて頂き，そして他愛もない会話に花が咲いた．そのまま自宅に招かれ，手料理をふるまって頂いたこともあった．インタビュー調査にご協力頂いた方々は，仕事と子育てでほんとうにお忙しいなか，時間を割いて下さり，楽しくそして真剣に想いを伝えて下さった．

　また，特に次の方々からは，本書の執筆にあったって，多大なご協力を頂

いたため，感謝の意を込めて，お名前を記させて頂きます．「エイビイシイ保育園」園長・片野清美先生，理事長・片野仁志先生，「韓日合同授業研究会」代表・善元幸夫先生，在日コリアンのための学習支援教室「チャプチョ」代表・木川恭先生，同教室「オモニ(母)会」代表・元波慶禧さん．以上の方々からは，筆者が本研究の調査を始めた2012年から約5年間にわたり，インタビュー調査へのご協力をはじめ，地域の歴史や変化などについて口頭で多くの教示を得ました．非常にお忙しい中で貴重なお時間を割いて下さり，感謝申し上げます．そして，本書の出版において多大なご協力を頂きました，「ハーベスト社」の小林達也さん・千鶴子さん，高尾しおりさん．私自身，初めての単著の出版という大仕事の為，要領が悪くご迷惑をおかけしましたが，無事に出版できますのも，皆さまのおかげです．このような素晴らしい機会を与えて下さったことに心より感謝申し上げます．最後に，指導教授である立教大学の水上徹男先生からは，博士課程の入学以降，約6年の長きにわたり，最後までご指導を頂きました．感謝の想いしかありません．

　本書は，以上で挙げた全ての方々からのご協力，ご指導が無ければ，決して書きあげることの出来なかったものです．この場を借りて，改めて深く御礼を申し上げます．

2020年6月20日

大野光子

著者略歴

大野光子（おおの　みつこ）

1981年生まれ．2016年，立教大学大学院社会学研究科博士課程後期課程修了．
博士（社会学）．
博士課程修了後，2017〜18年，モナッシュ大学社会と人口研究センター（Centre for
Social and Population research, Monash University）でリサーチ・アフィリエイトとし
て研究活動を行い，帰国後，2020年より，立教大学社会学部助教．

大都市東京の「多文化空間」で生きる人びと
—新宿・大久保の24時間保育園の記録—
だいとしとうきょうの「たぶんかけんくうかん」でいきるひとびと
しんじゅく・おおくぼのにじゅうよじかんほいくえんのきろく

発　行——　2020年8月31日　第1刷発行
——定価はカバーに表示

©　著者　大野　光子
発行者　小林　千鶴子
発行所　ハーベスト社
〒188-0013　東京都西東京市向台町2-11-5
電話　042-467-6441
振替　00170-6-68127

http://www.harvest-sha.co.jp
印刷・製本　日本ハイコム㈱
落丁・乱丁本はお取りかえいたします。
Printed in Japan
ISBN978-4-86339-112-3 C3036
©Mitsuko Ono, 2020